正誤表

該当箇所		誤	正
p23.	2行目	奪われること恐れて	奪われることを恐れて
p37.	4行目	図員	随員
p38.	7行目	日清戦争に勝利すると	日清戦争を開始すると
p83.	図表2	三屯子大捷	青山里大捷
p93.	4行目	あまりなった	あまりなかった
p105.	11行目	畑400町歩と水田の半分1000町歩は法定価格で東拓がとり	畑400町歩は法定価格・10年返済で農民に分譲し、水田は2000町歩のうち半分の1000町歩を東拓が自分のものとしてとり
p113.	11行目	国際協力外交	国際協調外交
p121.	下から1行目	宣言活動	宣伝活動
p175.	8行目	再会	再開
〃	9行目	過ぎていた	過ぎていった
p186.	下から7行目	支給しはじめた。	支給しはじめた。
p214.	2行目	7・4南北共同宣言	7・4南北共同声明
〃	10行目	南北共同宣言	南北共同声明
p231.	図表1	1985(年)	1980(年)
p232.	14行目	住んでいた	住んでいた
p258.	4行目	強化することを考えた	強化することを考えた
p280.	下から3-2行目	文益喚牧師	文益煥牧師
〃	下から1行目	黄晢暎	黄晳暎

向かいあう
日本と韓国・朝鮮の歴史
近現代編

歴史教育者協議会（日本）・全国歴史教師の会（韓国）＝編

大月書店

プロローグ

ともに記憶し，ともに書く日韓近現代史

　19世紀半ば以降，東アジア各国は自分たちから望んだわけではなかったが欧米諸国に門戸開放を迫られた。しかし，東アジア各国は強制的な門戸開放に抵抗しただけでなく，西欧の文物を受け入れて「新しい国づくり」という課題に乗り出した。そして，このような動きは，各国内部の意見の違いや外部からの圧力の違いによって異なる結果をもたらした。結局，日本は近代国家への道を進んだが，中国は半植民地，朝鮮は植民地に転落した。植民地に転落する前，大韓帝国は近代的改革のための主体的な努力を積極的に展開していたが，国内外からの挑戦に効果的に対処できなかった。一方，近代国家の建設に成功した日本では，明治維新を主導した下級武士たちが実権を握った。軍人中心のこのような国家構造は，日本が困難に直面するたびに軍事的挑発を通じた武力による解決方法をとらせ，日本の軍事的侵略は東アジア各国で多くの人命・財産に被害を与えた。

　このように東アジアの歴史過程が不安定ななか，新しい未来をつくろうとする努力はさまざまな場所で進められた。朝鮮の3・1運動や中国の5・4運動はこのような努力がわかる象徴的な運動だった。圧迫を受けていた民衆は連帯し，反戦と平和を追求する運動に発展した。朝鮮と中国の民衆は連帯を通じて日本軍に対する武装闘争を展開した。また，東アジアの女性たちは主体的な人生のため，女性の人権を高めることに力を傾けた。

　1945年に日本が降伏したのちも，世界は期待とは異なり平和を手にすることはできなかった。各国が民主主義国家の枠組みを整えていこうとするとき

に，アメリカとソ連を軸とする冷戦体制が強化された。中国では共産党が政権を握り，朝鮮半島は分断されて冷戦の最前線に立つことになった。敗戦後米軍政が実施された日本では，米軍のアジア地域での軍事基地としての役割が固まり，その多くが駐屯する沖縄の返還は遅れた。朝鮮半島では同族間の血なまぐさい戦争が繰り広げられた。ベトナムでは帝国主義国家の強欲と冷戦の論理が結びつき，長きにわたる戦争が起こった。この二つの戦争は国際戦争に拡大し，ベトナムには第2次世界大戦のときよりも多くの爆弾が投下された。これらの戦争の傷跡はいまだ東アジア各国にさまざまなかたちで残っている。

　一方，冷戦の展開は核兵器の拡散につながった。原爆の被害を経験した日本は，1950年代にふたたび南太平洋でアメリカの核実験による放射能被害を受けた。これをきっかけとした反核運動は，日本の市民運動の重要な位置を占めるようになった。そして，冷戦の象徴であり現実である米軍基地は，日韓両国を悩ませた。米軍基地のある地域の市民は，戦争なき平和を渇望している。

　南北に分かれた朝鮮半島は，分断の痛みだけでなく，これを利用した抑圧的な統治を長期にわたって味わった。そして，韓国の民衆は独裁勢力に立ち向かい，長い闘いをへて民主主義を勝ち取った。韓国の民主主義の発展は「漢江（ハンガン）の奇跡」と呼ばれる経済成長とともにあったが，このような経済成長の裏には貧富の差や都市と農村の格差，環境破壊などの問題がある。

　2006年に発行された『向かいあう日本と韓国・朝鮮の歴史　前近代編』は，日韓両国の読者が互いの歴史を理解することに重点をおいた。そのため，先史時代から開港前までの時期を対象に，日韓の歴史を学ぶうえで意味のあるテーマを各分野から選定した。テーマは日韓両国が一組になって一つずつ配置することを原則とし，これを通じて共通点と異なる点を知ってもらい，歴史への理解が深まるようにした。

　今回発行する『向かいあう日本と韓国・朝鮮の歴史　近現代編』は，門戸開放から現在までのテーマを扱っている。両国の歴史過程をバランスよく扱

おうと努めたが,「前近代編」のように同じテーマを並べてはいない。両国が侵略と収奪,加害と被害など異なる立場にあり,市民運動の展開状況にも大きな差があったためだ。

　日本帝国主義が突き進んだ侵略の歴史は,第2次世界大戦の終結により幕を下ろした。しかし,戦争と植民地支配の終結は新しい歴史の出発を意味したわけではなかった。日本の侵略戦争による加害・被害の歴史はその後の東アジアの歴史に影を落とし,今日の私たちの暮らしや意識のなかに依然としてその跡を残している。過去の事実は隠蔽したり,忘れ去ったりできるものではないからだ。日本政府や民衆がそのような事実を正しく記憶し反省すれば,アジアの民衆はもちろん日本人自身もふたたび同じ苦痛に陥らなくなるだろう。もちろん韓国でも同じである。

　本書の日本関連のテーマでは,帝国主義に抵抗した日本の民衆の姿が記されている。また,敗戦後に関しても,過去の記憶への反省というよりも現在の問題を克服するための日本の民衆の努力が書かれている。本書を執筆した韓国の「全国歴史教師の会」と日本の「歴史教育者協議会」は,歴史を教える教師が中心となってつくられ,歴史を通じて平和や人権を学びあおうとする共通の目的意識をもっている。したがって本書では,「日本による侵略の事実とそれに対する韓国の抵抗」だけでなく,「両国の平凡な市民が日常において平和や人権のためにどのような実践をしているか」がわかるようなテーマを掲げた。人によって考え方は違い,歴史の見方は固定的なものではない。そのため本書の編集方針と異なる見解をもつこともあるだろう。テーマを選定し執筆する過程で,執筆者間にも多くの論争があった。

　特に,本書では既存の日韓共通歴史教材に叙述されていない竹島（独島）問題を扱っている。摩擦から逃げずに直接向きあうことだけが未来を見つめることだと判断したからだ。本書の編集作業を行っている2014年現在の竹島問題を見ると,冷静に,理性的に対処しようという主張は少ない。極端にわき上がった竹島問題から目をそらしては両国の未来がない,と執筆者たちは判断した。しかし,客観的な歴史叙述が多くの批判を呼び起こすことも予見

した。それでもこの問題を扱ったのは，竹島問題の向こうにある世界がやはり重要だからだ。

　どのような未来をつくっていくかは，個人の歴史的省察と未来への意志にかかっている。ただしこれは，歴史を「我田引水」で解釈できるという意味ではなく，個人の人生と意志は人類の平和と和解，共存の羅針盤とともにあるべきという前提に立って考えるという意味である。

　日本と韓国の教師が2002年8月に『向かいあう日本と韓国・朝鮮の歴史』の出版に合意してから12年，両国を行き来しながら意見を交換し，本書を完成させた。加害と被害の近現代史をともにもつ日韓両国の市民が過ぎてきた道をともにふり返ってみることには，未来をともに見つめるという意味がある。過ぎし100年あまりの日韓両国の歴史と関係，前世代の夢と希望，苦痛と絶望をふたたび見つめながら，和解と共存の可能性を探っていくために本書が役立つことを願う。

『向かいあう日本と韓国・朝鮮の歴史　近現代編』執筆委員一同

目　次

プロローグ　ともに記憶し，ともに書く日韓近現代史　2

第1章　近代国家の樹立　近代人の生き方
    1　断髪が語る新しい時代　12
    2　民衆あっての国家か，国家あっての民衆か　21
    3　朝鮮が進む道は　30
    4　朝鮮をめぐる日本と清との戦い　39
    5　帝国主義に立ち向かうアジアの連帯　49

第2章　帝国主義日本の植民地支配と解放闘争
    6　日露戦争と日本による韓国の植民地化　60
    7　日本，武力で朝鮮を支配する　70
    8　抵抗する人々　80
    9　植民地時代の京城の人々　89
    10　朝鮮民衆とともに闘った日本人　97
    11　中国革命の熱い熱気　106

第3章　戦争，そして平和に向かう長い道すじ
    12　日本の侵略に対抗して朝鮮と中国が手を握る　118
    13　若者たちが戦場に追いたてられる　127
    14　アジア太平洋戦争とアジアの人々　136
    15　南北に分けられた朝鮮半島　145
    16　同族間の悲劇，朝鮮戦争　154
    17　アメリカが敗北したベトナム戦争　162

18　問題を残した日韓条約　171
　　　19　ハルモニたちの涙は今も流れる　180

第4章　経済成長と民主主義の発展
　　　20　男女平等を求めた長い道のり　192
　　　21　反核平和を求める日本の市民運動　201
　　　22　1970年代朝鮮半島の南と北　211
　　　23　暮らしを変えた高度成長　220
　　　24　「産業戦士」の汗と涙が韓国経済を建て直す　229
　　　25　繰り返される教科書問題と市民運動　238
　　　26　1987年6月，民主主義を叫ぶ　247

第5章　平和共存の東アジアのために
　　　27　「命どぅ宝」は沖縄の心の叫び　258
　　　28　駐韓米軍と平和を願う人々　267
　　　29　休戦ラインを越えて汽車は走りたい　276
　　　30　多文化共生社会をめざす日本と韓国　285
　　　31　竹島と独島　294

　　エピローグ　若者たちの東アジア宣言　304

　　参考文献　309
　　資料提供元・出所一覧　315

凡　例
＊読者の理解を助けるために，必要に応じて訳注をつけました。
＊人名，地名は原則としてそれぞれの国の発音になるべく近く記しました。ただし，慣用的に使われている表記に従った場合もあります。
＊資料を引用していますが，原文そのままではなく，読者が理解しやすいように直してあります。

欧米諸国の軍事的圧迫のもとで日本も朝鮮も近代国家の建設を進めていくことが課題となった。そして，新しい時代に対応するため，それまでの風俗・習慣を変えようとさまざま改革が進められた。その一例が断髪であった。日本では旧武士の帯刀を禁止するとともに，旧武士・庶民にまげを切り短髪にすることを強要した。朝鮮では国王が率先して断髪にし，両班(ヤンバン)・庶民に断髪を強要した。両国で断髪は近代化の象徴とされたのである。日本の人々・朝鮮の人々はこうした動きにどのように対応していったのだろうか。

　さらに，近代化のためには欧米の思想や議会制度を導入し，それらをどのように根づかせるかが課題であった。それとともに，国家を支える国民をつくりだすことが求められていた。こうした課題に対し，日本では欧米に学び自由や権利の思想を掲げ，日本の政治・社会の改革を求める運動が起こり議会が設置された。朝鮮では近代化政策を急

第1章
近代国家の樹立
近代人の生き方

速に推進しようとする人々が，政権を掌握し，ただちに近代化政策を実施しようとして挫折した。しかし，改革への動きは庶民層にも及んでいた。

　近代国家の建設を進めていた両国の関係を大きく変えたのは，朝鮮を主戦場にした日清戦争であった。この戦争後，日本，韓国そして中国もそれまでとは異なる道を歩むことになった。日本は台湾を植民地にし，朝鮮を支配する動きを加速させ，ロシアとの戦争にそなえて軍備を拡大していった。朝鮮はこうした日本の動きを警戒し，日本の圧迫を退け独立を維持するためにさまざまな努力が行われた。

　一方，欧米諸国の圧迫に対し独立を重視し，東アジア諸民族の交流・連帯を求める人々がいた。しかし，そうした人々の思想と運動は生かされず，日本は抵抗する朝鮮の人々を武力で弾圧し，朝鮮を支配する道を選んでいくことになった。

1

断髪が語る新しい時代

　江戸時代と朝鮮時代の男たちにとってまげは身分の象徴だった。特に支配層の男にとって，まげは命をかけて守るべきものだった。したがってまげを切るということは社会の変化を受け入れるという意味だった。彼らはどんな思いでまげを切って短髪に変えたのだろうか。

日本の断髪

　徳川氏が武士階級の最高の地位である将軍として権力を握り封建社会体制を確立した江戸時代に，日本社会はおおまかに支配階級である武士と庶民である百姓・町人に分かれていた。1603年から260年あまり続いたこの時代には，職業はもちろん服装や髪型にいたるまで身分による大きな違いがあった。

　ところが，江戸幕府を倒して天皇中心の中央集権国家を形成する変革過程である明治維新以後，政府は江戸時代の身分差別を次々と廃止した。身分の壁を取り払って同等な「国民」に再編成することが近代国家の大前提と考えたからである。1870年9月，百姓・町人を「平民」とし，武士の特権の一つだった苗字を庶民にも許した。そして翌年には髪型と服装を自由にした。また身分を超えた結婚も許し，職業の選択も自由にした。それとともに被差別民の呼称を廃止して「身分・職業ともに平民と同様」とすることにした。職業・結婚・服装がこうして身分から切り離された。

ザンギリ頭をたたいてみれば

右の絵は明治初期の散髪屋のようすを描いている。

散髪屋は1868年には横浜に現れ、翌年には東京でも開業した。椅子の前には大きな鏡がはめこまれ、頭上をガラス製の石油ランプが明るく照らしている。手前には順番待ちのちょんまげ頭のふたりが囲碁を打っている。たぶんこの人は元武士なのだろう。そのころ東京ではこんな歌がはやった。

図表1　明治時代初期の風俗画
ふたりの理髪師のひとりはちょんまげで、もうひとりはザンギリ頭だ。入口近くの客は散髪が終わって鏡を見ているが、ちょんまげからザンギリ頭に変わった自分の顔を見て何を思っただろうか。

　　ちょんまげ頭をたたいてみれば／因循姑息(いんじゅんこそく)の音がする
　　ザンギリ頭をたたいてみれば／文明開化の音がする

1873年ごろの新聞は「東京府民の7割がまげで3割が短髪だ」と伝えている。短髪の女性も出現したが政府はこれを禁止した。政府は女性を男性と同等な「国民」とは見ていなかったからである。

しかし、こうしたようすは東京の中心部だけの話で、一歩郊外に足を踏み出せば、そこは江戸時代と変わらない風俗だった。

1873年に明治天皇が断髪すると、地方の状況も変わった。中央政府の方針を受けて、地方各県は自分の管内からちょんまげをなくそうとやっきになっ

図表2　日本のちょんまげ
相撲の力士だけでなく，年寄（親方）や行司までもちょんまげを結っている。

た。断髪が古い習慣を捨てて開化に進む一端であるとか，万国と交わるうえで野蛮だと見下されないためだとか，あるいはちょんまげは不衛生で健康長寿のために短髪がよいなどと説得に努めた。村の役人が強制的に断髪した地域もあったし，断髪を拒む者には課税すると脅した県もあったという。

　1889年に行われた明治憲法発布式典にはまだちょんまげ頭で参席した華族もいたが，1890年代には大部分の男性は短髪になった。

文明開化の波

　庶民が文明開化の新しい世の中になったと実感したのは髪型だけではなかった。

　江戸時代には幕府が仏教を民衆支配に利用したので，動物の肉を食べることは原則としてタブー視されていた。だが明治政府は神道を国民統合の柱にして仏教の保護をやめた。そのうえ欧米化＝開化という風潮の広がりで肉食タブーが崩れた。

　こうして牛鍋屋が大流行した。牛鍋は薄く切った牛肉をネギや椎茸などの野菜といっしょに醤油や味噌で味つけしたものである。次ページの絵の人物

は，短髪に洋服を着て片手に杯を持っている。この人は牛鍋を食べながら，完全な文明人になったと自負したのではなかろうか。こうした文明開化ブームは，「キツネやウサギの襟巻きがはやる。新しい店の5，6割は洋品を売っている」と記した1873年の新聞によく現れている。

新しい学校制度がつくられて子どもたちの生活にも開化の波が及んだ。1872年，フランスの制度を手本に小学校から大学までの学校制度が定められた。小学校の4年間は義務教育だった。政府は「これからは身分や地位にかかわらず，また男女にかかわらず，村に1軒の不学の家もなく，家にひとりの不学の人がいないように努力する」と宣言した。教科書には福沢諭吉の『学問のすゝめ』など新しい時代に必要な知識と見聞を伝える啓蒙書が多く使われた。

図表3　牛鍋の流行
この時代によく読まれた小説の挿絵だが，作者は中央の紳士に「牛鍋を食べないやつは時代遅れだ」と言わせている。

開化の実態

明治新政府は，鉄道，電信・電話，建築など欧米の技術文化といっしょに，上に見たような新しい生活文化を取り入れた。だがこれは，個人の自由と平等を基盤とする社会を日本に実現するためではなかった。

身分制度について見ると，江戸時代の身分差別は廃止された。しかし，国民の上に特別な新しい身分としての天皇と皇族が存在し，国民は華族・士族・平民の3階層に分けられた。藩を治めていた大名と朝廷の高官だった公家は華族となった。公家は依然として貴族身分であり，大名は旧領主として

図表4　新しい教育
断髪して洋服を着た教師が小学生に五十音を教えている。

の莫大な財産が引き続き保障された。士族も江戸時代に受けていた給与をしばらくの間与えられるなど、なお社会的に高い地位を占めた。1873年施行の新刑法でも、華士族に対する刑罰は平民に対するのとは違った。軽い罪は金で償うことを認め、平民なら懲役刑にあたる罪を禁固刑にした。つまり、人はすべて平等であるという理念に立ったものではなかった。

　1880年代に入って、民衆の権利伸張を求める自由民権運動が全国に沸き起こると、政府は教育の目的を国家のために役立つ国民を育成することに切り替えた。1890年、明治政府は教育勅語を発布し、日本人に天皇のためには喜んで命を投げ出す忠良な「臣民」になれと命令した。大日本帝国憲法によれば、天皇が日本の主人だからである。

朝鮮の断髪

　一方、朝鮮は1894年に始められた近代的改革である甲午改革を通して、両班（ヤンバン）の特権を保障した科挙制を廃止した。両班と平民の差別はもちろん、奴婢制度までなくした。この改革を進めた開化派と呼ばれた人々は、朝鮮が近代化に成功するには近代的国民を養成しなくてはならず、そのために身分制をなくすべきだと主張した。開化派の一員として改革を主導していた兪吉濬（ユギルジュン）は、「国民がみな独立した人になってはじめて国家の独立を実現できる」と言った。個々人の権利がよく守られてこそ国民としての誇りが生まれ、自主独立精神も発揮されて国力が強まると考えたのである。

　朝鮮政府は1895年12月30日、断髪令を公布した。断髪して「カッ」という

両班帽が不要になると，西洋式の帽子をかぶるようになった。それまでのようにカッや衣服での身分区別はなくなって，人々は身分制が廃止されたことを身体で感じることができた。

甲午改革で封建的身分制度を廃止して新たな役人の任用制度を施行したが，これを支えたのは教育制度の近代化だった。両班と平民を分け隔てなく教える学校教育を施行したのだ。国王高宗〔コジョン〕が1895年2月に「教育は国家を保持する根本」という内容の詔勅を発表し，これに沿って政府は小学校と師範学校，外国語学校など各種の官立学校を建てた。

図表5　朝鮮時代後期の風俗画に描かれたカッとまげ
金弘道が描いた「シルム」（韓国の相撲）の絵には，カッをかぶった様子はもちろん，地面に置いたカッとカッを脱いだまげの形も見える。

甲午改革の限界

1894年，日本は日清戦争を遂行するにあたり，協調的な政府を朝鮮につくるために軍事力を動員して景福宮〔キョンボックン〕を占領した。親清派である王妃閔〔ミン〕氏勢力を武力で追い出し，これに代えて開化派の政権を樹立させた。

彼らが改革を推進したのだから限界を免れなかった。日本軍将校の指揮を受ける訓練隊を設置しただけで，軍事力の強化策が改革から除外されたのはその具体的な例である。教育の側面でも限界が現れた。甲午改革で構想した教育体系は，初等教育機関である小学校から中学校，大学校，専門学校など

にいたる体系的なものだった。だが，日清戦争で勝利した日本が内政干渉を強めたため大学校設立構想をとりやめて，その代わりに日本留学を積極的に奨励した。

たとえ首は切られてもまげは切らせない

　高宗は断髪令を下し，広くは政治改革と民衆と国家の富強のため，狭くは各人の衛生と働きやすさのためにまげを切れと命じた。断髪令を公布した日，国王は太子とともに断髪し，翌日には政府の官僚と軍人，巡査などが断髪した。

　政府は1896年1月1日付で民衆にも大々的に断髪を強要した。役人たちが通りかかる人々の髪を強制的にかりとると，それを避けようと田舎や山の中に逃げこもうとする民衆の怨みの声が道にあふれた。誇りに思っていたまげが無惨に切られていくのを見た人々は憤慨した。

　開化勢力の近代化政策推進に反対した代表的な勢力が保守的な儒学者たちだった。両班と平民の区別は厳然たるものだと思っていた彼らは，甲午改革で身分制が廃止されると危機意識を募らせていた。そこに王妃が日本公使らに殺され，次いで断髪令まで施行されると，儒学者たちは全国的に義兵を組織して決起した。儒学者崔益鉉(チェイッキョン)は，「私の首を切ることはできても私のまげを切ることはできない」と言って断髪令に抵抗した。現職の学部大臣まで「檀君(タングン)以来4000年間続いてきた風習をいきなり変えようとしてはならない」と官職を捨てて郷里に帰ってしまった。

　一方，一般民衆は，断髪令を強制する開化勢力は侵略者日本の手先であり，断髪はすなわち「日本化」であるとして正面から拒否した。一般民衆が日本に対する敵対感をもつようになったのは，景福宮占領のような軍事的侵略以外に開港後の経済の変化にも原因があった。日本商人たちはおもに朝鮮の米と豆を安く買い入れて日本に輸出し，日本でつくった綿製品を朝鮮に売った。当時の日本は，労働者の低賃金を基盤に急速に経済を発展させていた。日本

の労働者たちが少ない賃金で暮らしていけるには主食である米の値段が安くなければならなかった。このために日本は朝鮮の米を大量に輸入した。米輸出が増加して朝鮮での米価も上がった。これにつれて地主たちは多くの利益を上げたが、米を買わなくてはならない都市民の生活は困難になった。さらには農業を営む農民たちも米価が安いときにお金が必要となって米を売り、米価が上がったときには米がなくなって高い米を買って食べる事態が頻繁に生じた。彼らはこうしたことが日本商人たちの企みのせいだと考えたのである。

図表6　断髪
洋服に帽子をかぶった役人がハサミを持ってまげを切っている。

断髪が広まる

　日本の影響力が強まっていた朝鮮の状況は、やがて高宗が日本の手を離れてロシア公使館に避難することによって急激に変わった。日本の威勢はまたたく間に地に落ち、断髪令を推進した内閣もその日のうちに崩壊した。日本の軍事力を背景に改革を推進していた内閣の中心人物たちは、群衆に殴り殺されたり日本に逃亡したりした。高宗は断髪を強要しないという詔勅を公布した。
　ところが、断髪はしだいに朝鮮社会に広がっていった。1896年5月の『独立新聞』を見てみよう。

　　　かつてわれわれは新聞で、髪を切って洋服を着るのは家を直した後で
　　　新しく壁紙やオンドル用の油紙を貼るようなものだと比喩したのだが、
　　　……壁紙と油紙はいつ貼るにしてもやらなくてはならないことだ。

図表7　1930年ころ，女生徒の刺繡の授業

要するに強要がなくとも，断髪はどっちみち行われるべきことだと言うのである。アメリカ人宣教師によって建てられた朝鮮最初の近代的学校である培材学堂〔ペジェ〕では，1898年に学生会の討論をへて断髪を決定し，学生全員が断髪することにした。知識人はしだいに，まげを切る行為が新しい世の中に適応するために避けられないことだと考え，みずから進んで断髪した。こうして，国家の自主と独立を守るためには，断髪のような近代文化を積極的に受け入れるべきだという考えがだんだんと広まっていった。

　だが女性の場合は違った。日本と同じく女性は断髪令の対象ではなかった。ソウルに断髪した女性がはじめて登場したのは1920年代の初頭だった。たいへんな勇気のいることだったが，男性たちは「ヘドが出る」と非難した。家父長的文化に漬かっていた社会において男と女は異なったのである。左上の写真のように，1930年代の女子生徒は，断髪した男子生徒とは違ってまだ髪を編んでいた。だが，しだいに断髪する女性が増えていった。社会に進出する女性が増えて意識が変わっていったからである。

民衆あっての国家か，国家あっての民衆か

　明治維新後，日本は世界の国々と新しい関係を結んでいった。世の中が大きく変わるなかで，福沢諭吉は『学問のすゝめ』という本を出版した。この本は，70万冊も売れたので，当時の日本の10人に1人は読んだことになる。また，ほぼ同時代に，自由民権をさかんに唱えた人に植木枝盛がいる。

　その後の人々に大きな影響を与えた福沢諭吉と植木枝盛の考えを比較しながら，当時の人々が何を願っていたのか考えてみよう。

『学問のすゝめ』に書かれていること

　『学問のすゝめ』は，「天は人の上に人を造らず人の下に人を造らずと言われている」という書き出しの一文がよく知られている。しかし，これはこの本の中心テーマではなかった。たとえば，福沢は，現実の社会には雲泥の差があるとして次のように書いている。

> 　世の中には，難かしい仕事もあるし，簡単な仕事もある。難しい仕事をする人を地位の重い人と言い，簡単な仕事をする人を地位の低い人という。およそ心を働かせてする仕事は難しく，手足を使う仕事は簡単である。だから，医者・学者・政府の役人，また大きい商売をする町人，たくさんの使用人を使う大きな農家などは，地位が重く，重要な人だといえる。

図表1　福沢諭吉とアメリカ人少女
咸臨丸でアメリカに行ったときにサンフランシスコで撮影した（1859年）。

福沢はこのような違いが生じるのは学ぶかどうかによる。だからしっかり学ばなければならないと，文字どおり学問をすすめているのだ。

では福沢は，なぜ多くの人が学ぶ必要があると熱心に説いたのだろうか。福沢は次のように主張する。これからの時代はいつ戦争が起こるかわからない。もし外国との戦争となったらどうなるか。国民が「命まで捨てるのはさすがにやりすぎだよな」と言って逃げてしまったら，とても一国の独立など保てない。だとしたら，国中の人々がそれぞれ国民としての責任を果たさなくてはならない。

つまり福沢は，欧米と対抗できるように日本という国家を支える国民が育たなければならないが，そのためにはどうしても学問が必要だと考えたのである。

福沢諭吉の青年時代

福沢は，1834年に中津藩（大分県の一部）に仕える武士の家の次男として生まれた。長崎に出てオランダ語に触れる機会を得て，その後，大坂の蘭学塾で本格的に学んで力を伸ばし塾生のまとめ役をまかされ，1858年には，藩の命令を受けて江戸で蘭学の塾を開くにいたった。ときはちょうど，日米修好通商条約などで貿易が始まったころだった。

ある日，貿易でにぎわう横浜に出かけた福沢は，自分の知っているオランダ語が通用せず，英語がさかんに話されていることを体験した。福沢は，すぐにオランダ語から英語の学習に転換し，1860年に下働きとして幕府の訪米

団に従い，帰国後には翻訳の部署に雇われた。さらに，1861年，今度は幕府の訪欧団に通訳の一員として加わり，1867年には軍艦購入交渉団の図員としてふたたび訪米して見聞を広めた。こうして中津藩士から幕府の役人として歩む道が開けていった。

しかし，その道は長くは続かなかった。二度目の訪米のときに上役とのトラブルがあった。そして，帰国したころは，薩摩藩（鹿児島県）・長州藩（山口県）を中心として幕府を倒そうとする戊辰戦争が始まっていた。福沢は翻訳の仕事のかたわら，英語塾（のちに年号から慶應義塾と名づけられた）を続けていた。訪欧・訪米に際しては原書を買いこみ，翻訳をして，自分の見聞とあわせたいわゆる啓蒙書の出版も進めた。

戊辰戦争は幕府の敗北に終わり，新しい政府ができた。福沢は，新政府の役人となる道を選ばなかった。英語塾と翻訳や啓蒙書などの出版で生活をしていくことにしたのである。こうしたなかで，『学問のすゝめ』が書かれた。

植木枝盛の『民権自由論』

国家を支える国民を育てるという考えをもっていたのは福沢だけではなかった。自由民権運動の指導者，植木枝盛も同じだった。

自由民権運動は，1870年代後半～80年代に，ヨーロッパやアメリカで発達した自由や権利の思想を学んで起こされた日本社会の改革をめざす運動である。新しい明治政府は一部の藩出身の人々だけで専制政治を進めていると批判し，議会をつくって憲法を制定することを主張した。その中心になったのが，高知県出身の自由党党首板垣退助だった。植木はその板垣と同郷だった。

植木は，福沢諭吉より22歳年下で，武士の家に生まれた。藩の学校で優秀な成績をおさめて東京に出る機会を与えられたが，軍人養成の教育に反発して藩の学校を離れ，以後，独学で学んだ。植木は高知に戻ったり東京に出たりしながら，当時盛んになりはじめた自由民権運動に加わっていった。東京では，福沢演説を聞いて政治への関心を強めたという。ちょうど征韓論をめ

図表2　演説会
自由民権運動ではこのような演説会がさかんに行われた。

ぐって政府が分裂していたころだった。

植木は1879年に『民権自由論』という本を出した。この本は，「日本の御百姓様……ご商人様……職人様…ご士族様はじめ，みなさんはそろって一つの大きな宝をお持ちでいらっしゃる。この大きな宝とは自由の権というものです」と，多くの人々に呼びかけるかたちで書かれている。

第1章は「人民は国家のことに関心をもたなければいけない」という内容である。植木は，民衆を「人民」と呼んだ。そして，人民は国家のことについて知らなくてはいけない，国家が安全であれば人民もまた安楽になる，国家が危うければ人民の命も保てなくなると強調している。

そして次に「人民は自由の権を得なければならない」として自由の価値と天賦人権論（人権は天から与えられたものだという考え）が述べられる。「幸福も安全も自由がなければ得られない。自由は天から与えたのです。大いに民権を主張し自由を広げなさい」という。

さらに，国家は自由や人民の権利を伸ばさなければならない，人民の自由や憲法がなければ国家をしっかり護ることはできない，と続く。人民が強くなってこそ国家は強くなる，だから国家は人民の権利を伸ばさなければならない。人民の権利を広げなければ，外国に対して国家の権利を広げて独立を保つことはできない。専制の政治は国家を滅ぼし，国家を売るようになってしまうとまとめている。

ここに見るように，植木が自由民権を広めようとするのは，民衆がもっと

国家の担い手として自覚するようにならなければならないということにあった。国家の担い手として自覚する人を育てる，つまり国民をつくりだすことを植木は考えていたのである。この点で福沢と共通している。

そして，このような考えは他の自由民権運動の指導者たちとも共通していた。江戸時代には兵役をになうのは武士であり，民衆は，年貢は負わされたが兵役にはかかわりがなかった。だから1871年に徴兵令が出されると，民衆はこれを嫌い，徴兵免除の道が探られ，徴兵反対の一揆も起こされた。

図表3　植木枝盛

しかし，自由民権運動の指導者たちは徴兵制に反対ではなかった。そして，国民が国家を守るために兵士となるのだから，その国民に参政権が与えられるのは当然だ，という論理で明治政府の方針を批判していた。

政府と人民の関係——福沢の場合

福沢が『学問のすゝめ』のなかで大きなテーマとして取り上げていたことがもう一つある。政府と人民（福沢も民衆を「人民」と呼んだ）は対等であるべきなのに，日本では政府が強すぎるという主張である。福沢は，日本社会には官（政府）を不当に重んじる伝統があり，官の権威などに頼らない人民の役割をもっと高めなければならないと強調した。それは，役人の道を選ばなかった福沢自身の生き方とつながることだった。

しかし同時に福沢は，「政府とわたりあえる人民となれ」とは言うが，現実に人民が政府と政治的に対立すると，秩序の維持を優先して政府を擁護する立場に立った。『学問のすゝめ』にも悪法も法なりと言わんばかりの次の記述がある。

今、この明治の日本にいる者は、今の時代の法律に従うと約束をしたのである。ひとたび国家の法律と定まったことは、個人のために不便があったとしても、正式な改正の手順を踏まずには、これを変えることはできない。気をつけてこの法律を守るべきである。これは人民の責任である。

　福沢は、国会開設は当然のこととしていたが、自由民権運動には加わらなかった。自由民権運動が政治的な運動に偏っていると批判していたが、秩序の維持を重視する思想から自由民権運動に距離をおいた面も大きい。
　それは、1880年代に『時事新報』という新聞を発行することになり、いっそうはっきりする。そのころから、民衆への啓蒙より、政府がどのように日本社会を維持していくかという政治的な提言が多くなっていった。
　また1880年代はじめ、福沢は朝鮮の改革にも関心をもっていた。金玉均（キムオッキュン）など朝鮮の改革を望む勢力と連絡をとり、朝鮮からの留学生を慶應義塾に受け入れたりした。資金援助を求める朝鮮からの一行を、日本政府関係者と引き合わせたりするなど、かなり深くかかわっている。それは、進んでいる日本が朝鮮を導こうという意識から行ったことだった。しかし、この動きは1884年に、甲申（こうしん）事変（朝鮮開化派と日本の関係者のクーデター）の失敗という結果になった。すると福沢は、金玉均を自宅にかくまうが、その後クーデターへの批判が高まると、関与してきたことはなかったかのように関係者を見放し、反対に、日本は中国や朝鮮というアジアの国からは距離をおき、ヨーロッパやアメリカと同じように振る舞うべきだという「脱亜論」を書いた。そのなかで福沢は、軍備を拡張するために、国民は税金を率先して納めなければならないと主張した。そして、「内安外競——国内を安定させるためには外国と戦争も辞さず競い合おう」と強く訴えるようになっていった。
　他方で福沢は、「人倫の大本は夫婦なり」として一夫多妻や妾（めかけ）をもつことを非難し、女性にも自由を与えなければならず、女も男も同じ人間だから、

正誤表

該当箇所	誤	正
p23. 2行目	図員	随員
p37. 4行目	奪われることを恐れて	奪われることを恐れて
p38. 7行目	日清戦争に勝利すると	日清戦争を開始すると
p83. 図表2	三屯子大捷	青山里大捷
p93. 4行目	あまりなった	あまりなかった
p105. 11行目	畑400町歩と水田の半分1000町歩は法定価格で東拓がとり	畑400町歩は法定価格・10年返済で農民に分譲し、水田は2000町歩のうち半分の1000町歩を東拓が自分のものとしてとり
p113. 11行目	国際協力外交	国際協調外交
p121. 下から1行目	宣言活動	宣伝活動
p175. 8行目	再会	再開
〃 9行目	過ぎていった	過ぎていった
p186. 下から7行目	支給しはじめた。	支給しはじめた。
p214. 2行目	7・4南北共同宣明	7・4南北共同声明
〃 10行目	南北共同宣言	南北共同声明
p231. 図表1	1985(年)	1980(年)
p232. 14行目	住んでいだ	住んでいた
p258. 4行目	強化することを考えた	強化することを考えた
p280. 下から3-2行目	文益喚牧師	文益煥牧師
〃 下から1行目	黄晢映	黄晳暎

図表4　慶應義塾の前の朝鮮人留学生（1895年）

同様の教育を受ける権利があると主張した。

日清戦争と福沢

　1894年に日本が清との戦争を始めると，福沢は熱狂的ともいえるほど日本を支持し，人々の戦意をあおり立てる論説を『時事新報』に発表した。そこでは，日本を文明国の側において文明のために正しい戦争をしていると主張する一方で，中国は「文明の進歩を妨げる者」「文明を受け入れず無知である」と決めつけ，中国人を蔑視する考えが強く示されていた。「日清の戦争は文明と野蛮の戦争である」として次のように記している。

　　戦争で皆殺しになる多数の清の兵隊は，罪のない人々だが，世界の文明の進歩のためにこうした犠牲を生むことは仕方がないことだ。彼らも清国のような「腐敗政府」のもとに生まれたという運の悪さをあきらめるほかはない。

実際に戦争で死ぬのは清の兵隊だけではない。日本兵も多数犠牲になっている。戦死者の多くは普通の民衆だった。福沢の主張は，命を失う日本の民衆は憐れむべきだが，学問のない家庭に生まれた不幸を悲しむほかはない，とも読める。中国人を蔑視した福沢は，日本の民衆の立場に立った人物でもなかった。

世界政府の構想——植木枝盛の場合

植木は，すでに1873年に「戦争が天下に対して大きな罪だというのは，戦争が尊く霊をもつ人命を損なうからだ。人の容貌風格は国によって違うが，尊く霊をもつ同一の生物だ。互いに助け合わなければならない」という思想を示し，強者が弱者を虐げたり，大が小を圧することがないよう「万国統一の話し合いの場所」が必要だという構想を述べた。そして「万国共議政府を設け，世界共通憲法のようなものをつくることをめざすべきだ」とし，1887年には「人民が国家を建設するのは自由を保全し権利を強くするためだ」と国家中心の思想を批判している。このような世界政府の構想をもった人は，自由民権家のなかでもそれほど多くなかった。

では，どうしてこういう発想をしたのだろうか。

それは，植木の「自分は民権家だ」という強い自覚とかかわっていた。植木は『民権家』という文章を残している。ただ人民の利益のために働いたとか，人民のことを思っていたというだけでは民権家ではないと言い，アメリカがイギリスから独立したときのことにふれて，「簡単に言えば，不法な統治に従わずに民権を守った者，民権家とはそういうものだ」と記している。専制政府と対立してでも人民の権利を主張し，実現するために行動してこそ民権家だ，というのである。植木は，人民の権利は天から与えられたもので，民衆の立場でそれを実現することを自己の課題としていた。こうした考えをしっかりもちつづけていたことが，国家や戦争についてもたえず民衆，民権を基本にして考えることにつながっていたと言えよう。

植木は日清戦争を見ることなく1892年に35歳の若さで亡くなった。もし生きていたら，日清戦争という非常事態のなかで植木の考えがどのようになったかはわからない。植木は，1884年に朝鮮で甲申事変が起きて日本と中国が朝鮮をめぐって対立すると，「欧州の諸国が朝鮮の独立を援けないのはなぜか」を記し，朝鮮を属国としている中国に対して自由の国であるヨーロッパやアメリカが干渉すべきであったと主張している。

明治政府が国民に求めたこと――「教育勅語」から

　日本が，江戸時代までとは違うかたちでヨーロッパやアメリカ，そしてアジアの国とのつきあいを始めたなかで，国家と民衆はどうかかわるべきか，戦争に対してどう対応すべきかという点について，福沢諭吉や植木枝盛の考え方を見てきた。
　では，明治政府は国民に何を求めたのだろうか。すでに徴兵制は敷かれていたが，よりはっきりと政府が民衆に求めたことが教育勅語のなかに示されている。教育勅語は，大日本帝国憲法が制定された翌1890年に，天皇の名前で教育の目標を国民に示した文書である。そのなかに次のよう書かれていた。

　　もし国家が非常事態となったなら，公のため勇敢に仕え，天下に比類なき皇国の繁栄に尽くしていくべきです。

　「非常事態となったら」というのは，具体的には戦争のような事態を意味している。これは，この後日本という国家が起こした戦争と民衆のかかわりを強く規定するものとなった。

3

朝鮮が進む道は

東学農民運動の指導者全琫準(チョンボンジュン)は1894年に農民蜂起を起こして朝鮮を改革しようとし，捕らえられて裁判を受けた。この裁判で全琫準に死刑判決を下したのが開化派の徐光範(ソグァンボム)だった。彼もまた甲申(こうしん)（1884）年，朝鮮を改革するために政変を起こして日本に亡命した経験があった。同じように改革を試みた2人が夢に描いた世の中には，どんな違いがあったのだろうか。

急進開化派，甲申政変を起こす

　甲申政変に失敗して日本に亡命した徐光範は，1885年横浜で朝鮮に行く船を待っていた宣教師アンダーウッドに出会った。彼はアンダーウッドから英語を習い，朝鮮語を教えた。次ページの写真右側はそのとき撮ったもので，アンダーウッドの勧めで洋服を着てハイカラな髪型にした。彼は政府が断髪を強要する10年も前に，みずから断髪して洋服を着たのである。それほどに徐光範は朝鮮を改革しようとする意志が強かった。

　徐光範がはじめて日本に行ったのは1882年のことで，開化派の指導者の金玉均(キム オッキュン)に随行して日本近代化の実状を把握するための訪問だった。この時期に朝鮮では二つの大きな政治的変化が起きた。

　一つは，朝鮮がはじめて西洋列強の一つであるアメリカと通商条約を結んだことである。政府が保守勢力の激しい反対を抑えてアメリカに門戸を開放したのは，開化への強い意志の表れと言える。

図表1　徐光範
1883年はじめてアメリカに派遣された使節団一行の写真ではカッをかぶっていた彼が，2年後にはまったく違う姿を見せた。

　もう一つは，軍人たちが暴動を起こしたことである。朝鮮政府は1880年に国防力強化のために新式軍隊をつくり，日本人教官を招いて訓練させた。政府がこの新式軍隊だけを優遇すると，旧式軍隊の軍人たちが暴動を起こしたのだ。腐敗した閔氏（ミン）政権に対する不満とともに，開化政策に対する不満が重なって起きた事件だった。金玉均，徐光範らがこの知らせを聞いて日本から帰国したのは，清の軍隊が介入して暴動を鎮圧した直後だった。

　軍人たちと志を同じくしていた保守勢力は暴動鎮圧とともに弱まった。国王は西洋との交流を禁止する内容を盛った斥和碑（せきわひ）を抜き捨てて開化意志を明確にした。朝鮮政府はこうして本格的に開化政策を推進した。

　だが軍人の暴動を鎮圧した清が軍隊を駐留させて朝鮮内政への干渉が強まると，開化派は大きく二つに分かれた。金弘集（キムホンジプ）をはじめ穏健開化派は清と協力し，清の洋務運動のように徐々に開化しようと主張した。そして金玉均のような急進開化派は清の干渉を排除して，日本の明治維新のような急進改革を断行すべきだと主張した。このとき政府の要職を占めていた閔氏勢力は，穏健開化派と同じ考えだった。

急進開化派は韓国最初の近代新聞である『漢城旬報{ハンソンスンポ}』を発刊し，近代的郵便制度導入を主張した。だが政権を握る閔氏勢力の牽制で，急進開化派は思いどおりの開化政策を推進できなかった。日本から借款{しゃっかん}を導入して実施しようとした計画まで挫折して，いっそう窮地に追いこまれた。急進開化派はこれを打開するために，クーデターを起こして権力を掌握しようとした。
　おりしも清がベトナム問題でフランスと戦争になり，朝鮮に駐屯していた兵力3000人の半分を本国に撤収させた。これに乗じて急進開化派は日本の協力を得てクーデターを起こした。日本の助けがあれば，ベトナム問題で苦境にある清は内政干渉をしにくいだろうと予想したからである。彼らは郵政局開局祝賀宴を機会に閔氏政権の高官たちを殺害して政権を握った。これを甲申政変という。しかし予想外にも清が軍隊を動員して日本軍を追い払い，クーデターは失敗した。徐光範は金玉均，朴泳孝{パクヨンヒョ}らとともに日本に亡命した。

人民平等権の意味

　甲申政変を起こした急進開化派は，改革構想を盛った14か条の政綱を発表した。このなかに「門閥を廃止して人民平等の権利を制定し，能力によって官吏を登用すること」という項目がある。門閥の廃止や人民平等権の確立は当時としてはきわめて進歩的な内容である。
　だが開化派は「主権は国民にあって，すべての人は平等である」と考えたのではない。さらに，人民の認識水準が低いので政治参加は不可能だと考えていた。ならば甲申政変政綱に示した門閥廃止と人民平等権についての内容はどう理解すべきなのか。金玉均が門閥について言及した資料を見よう。

　　今まさに世界が商業を主として産業の多さを争い，生業を多く得ようと
　　競争するときにあたって，両班{ヤンバン}をなくしてその弊端の根源を除くことに
　　力を注がなくては国家の敗亡を待つのみであって……。
　　　　　　　　　　　　　　　　　　金玉均「池運永事件糾弾上訴文」

金玉均は，はっきりと身分制度をなくすべきだといった。ところがその理由は，人民が平等だからということではない。世界資本主義経済体制において朝鮮が生き残るために身分制度をなくし，農・商・工業を振興させるためである。

甲申政変指導者たちは，人民平等権を民権，人権の次元で理解したのではなく，富国強兵のためのきわめて現実的な改革方法として提示したものと見ることができる。

争乱を願う農民たち

> 全羅道泰仁郡山外面東谷居住，農業，平民，被告全琫準41歳。
> 　上記の者，全琫準に対する刑事被告事件を審問するに……被告全琫準を死刑に処する。
> 　開国504年（1895年）3月29日　法務衙門臨時裁判所宣告
> 　　　　　　　　　　　　　　　　　　　　　法務衙門大臣　徐光範

これは東学農民軍指導者の全琫準に死刑を宣告した判決文である。亡命者だった徐光範が法務衙門大臣になっている。どうなっているのだろうか。今日の法務部にあたる法務衙門という機構ができたのは甲午改革の結果だった。日本に亡命していた徐光範は1885年にアメリカに渡り，1894年に帰国した。甲午改革で甲申政変関係者たちに赦免令が下されたからである。

徐光範は帰国したのち，法務衙門の大臣として司法制度改革に努めた。その結果，朝鮮時代には王の命令によって罪人を罰していた義禁府が，法務衙門臨時裁判所となってすべての裁判を管轄し，首を切る斬刑を廃止して代わりに絞首刑を採用した。徐光範は法務衙門の長官として，農民運動指導者全琫準の裁判をまかされたのである。

では全琫準とはどんな人物だったのだろうか。上の宣告書によれば，全琫

準は農業に従事する庶民である。全琫準が逮捕されて審問されるとき，なぜ自分が被害を受けてもいないのに争乱を起こしたのか，という問いに次のように答えた。

　　自分一身の被害のために蜂起することがどうして男子の仕事と言えようか。無数の民衆が苦しみ嘆いているがゆえに，民衆のために害を除こうとしたのだ。

こうした意志こそは，民衆のために世の中に向かって発言しようとする知識人としての自覚から生じたものと言える。それは農民代表者たちの決意を盛った沙鉢通文（サバルトンムン）で確認できる。署名者たちの名の横に書かれている文を訳してみると次のようだ。

　　各村の代表者宛てにこのように檄文（げきぶん）を四方に伝えると議論が沸騰した。毎日乱が起きることを願って歌っていた民衆は処々に集まって，「起きたぜ，起きた，騒ぎが起きた。ああ，ほんとによかったじゃないか，このままじゃ民衆の誰ひとりが生き残れようか」と言いながら，その日が来るのを待っていた。

農民たちが騒乱が起きることを願っていたのは，何よりも官吏の不正腐敗が大きな原因だった。東学農民運動の発端になった古阜（コブ）民乱（百姓一揆）の重大な原因となった古阜郡守趙秉甲（チョビョンガプ）が犯した不正行為のいくつかを見てみよう。彼はまず，親孝行をせず兄弟仲が悪かったという罪名をかぶせて富裕な農民から2万両を奪った。二つ目，その地域の官吏をした自分の父を称える石碑を建てると言って，村の住民たちから1000両あまりを奪った。三つ目，税を徴収するときは基準どおりに徴収し，これを政府に納付するときには低い等級の米を差し出して差額を横領した。このような彼の収奪のために，沙鉢通文で「古阜城を撃破して郡守趙秉甲を梟首（きょうしゅ）すること」というスローガン

が出てきたのである。

　だが問題は，官吏たちの不正腐敗が古阜だけで起きていたのではなく，全国的な現象だった点である。加えて開港以後米や豆などが日本に輸出されて穀物価格が上がり，農民たちの暮らしがいっそう悪化した。日本への怨みが高まったのにはこうした理由があった。

東学，蜂起をつなぐ輪となる

　争乱が起きることを願う農民たちはすでにあちこちで蜂起していた。1890年代になって農民蜂起は急増し，発生地域も全国に拡大した。各地域の蜂起は互

図表2　捕らえられていく全琫準
脱出しようと垣根を飛び越え，脚を痛めた全琫準が担架に載せられている。

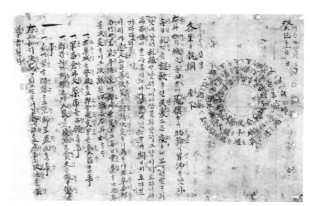

図表3　沙鉢通文
首謀者が誰かわからないように，参与した者の署名を丸く廻して書いた伝達文書だ。

いに連携できないまま起きていたが，条件さえ整えば，いつでも全国的な規模に広がりうるものだった。このような蜂起の連携に大きな役割をなしたのが東学だった。

　東学は慶州(キョンジュ)地方の没落両班だった崔済愚(チェジェウ)が創始した宗教である。官吏と

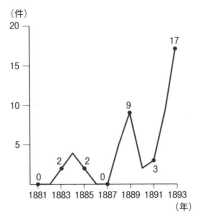

出典：金洋植『近代韓国の社会変動と農民戦争』。
図表4　1894年以前の農民蜂起発生推移

地主の収奪で苦しめられていた多くの農民が東学に流れこんだ。東学が、「すべての人はそれぞれに天であって平等な存在だ。今こそ新しい世を開く」と主張したからである。朝鮮政府は「世間を騒がし、民衆を欺く」という罪で崔済愚を処刑した。だが、東学は慶尚道、全羅道、忠清道地域に急速に広がっていった。

勢力が大きくなると、1892年に全国から集まった東学教徒たちは、忠清道の公州と全羅道の参礼などで東学を承認せよと示威集会をもった。全琫準は1893年、忠清道の報恩で大規模集会があったとき、全羅道の金溝で別個に集会を開いた。ここで彼は都に押し寄せようと強硬に主張したが、東学教団上層部の反対で実現できなかった。

示威行動は朝鮮政府の宣撫策と東学教団上層部の消極的な態度で目標を達成できずに終わった。だが東学には全国に散らばっている教徒たちを一箇所に集める能力があることを明確に示した。報恩集会に集まった東学教徒は、なんと3万人を超えた。彼らは東学組織を通じて下された指示を受けて、全国から報恩に集まったのである。

農民たちが改革を推進する

全羅道の古阜で起きた民乱を契機に東学農民軍が蜂起した。彼らは全琫準を総大将にしてソウルに押し寄せ、腐敗した権力者を追い出して新しい世をつくろうと決議した。そして破竹の勢いで全羅道を席巻し、朝鮮政府が派遣した中央軍さえ追い払って全州城を占領した。全羅道の中心だった全州が陥落すると、政府は清に援軍を要請した。清が出兵すると、日本も朝鮮居留

の日本人保護を名目に朝鮮に軍隊を派遣した。思いがけない日本軍出兵に慌てた政府は，大急ぎで農民軍を解散させようとした。両国に撤兵を求めるには派兵の理由がなくなったことを示さねばならないからである。東学農民軍も外勢によって主権が奪われること恐れて，政府が改革を約束するとみずから解散した。

　約束にもとづいて農民軍は解散後，執綱所(チプカンソ)活動を通して本格的に改革を推進した。執綱所は，全羅道観察使が全琫準をはじめとする東学農民軍と「官と民が和合」する方策を相談して官庁に設置することにした機構だった。執綱所で実施した改革は大きく二つに要約できる。

　第1に，国家と両班が好き勝手に収奪することができなくした。租税の不足分と運賃を農民に負担させないようにし，両班たちが強制的に他人の墓地を奪ったり，高い利子で元金の数倍もむしり取ったりすることなどがないようにした。

　第2に，身分解放運動を展開した。農民軍は互いに東学組織のリーダーを意味する「接長(チョプチャン)」という平等な呼称で呼びあったが，執綱所を運営した時期に日常化し，これが両班と平民の間でも使われた。農民軍たちは道を歩い

図表5　無名東学農民軍慰霊塔
1994年，東学農民運動100周年記念事業の一つとして，沙鉢通文作成地の井邑(チョンウプ)市古阜に建てられた。無名東学農民軍のための造形物としては最初のものである。

ていてカッをかぶった者に会うと,「お前も両班か」と悪口を言ってカッを取り上げ,自分がかぶって歩いては侮辱したりもした。こうした行為は多くの両班たちの反発を招きもしたが,身分解放への意志がそれほどに強かったことをよく示している。

改革派の夢と農民たちの夢

　1894年7月,政局は農民たちの願いどおりには流れなかった。日本軍は景福宮(キョンボックン)を占領して朝鮮政府を圧迫した。さらに日清戦争で勝利すると内政干渉をいっそう強め,朝鮮政府軍を先に立てて農民軍を攻撃した。

　そのため全琫準をはじめ農民軍は,日本軍を追い出すためにもう一度大規模な軍隊を組織した。今回は忠清道と慶尚道,黄海道(ファンヘド)の東学教団の大部分が同調した。日本軍の保護を受けてできた開化派政権は日本軍に農民軍討伐を要請した。1894年11月,農民軍は公州牛金峙(ウグムチ)戦闘で日本軍に大敗し無数の農民軍が殺された。

　東学農民運動が展開していた時期に,農民軍は奴婢(ぬひ)文書を焼却したり,奴婢の主人を縛り上げて鞭打ったりするなど,封建的身分制を革命的に破壊した。開化政権も甲午改革を推進して奴婢制度をなくし,人身売買を禁止し,屠畜(とちく)業に従事する白丁(ペクチョン)や演芸人だった才人(チェイン)などの賤民を解放した。

　だが徐光範のような開化政権担当者たちは農民軍の行為を無秩序の典型と見て,日本軍と力を合わせて残忍に鎮圧したのである。全琫準と徐光範は,同じように封建的な制度に反対して社会を改革しようとした。だが彼らの意識も,社会改革の方法も大きく異なっていた。

朝鮮をめぐる日本と清との戦い

　朝鮮を支配しようとした日本は清との戦争に突入していった。なぜ，日清両国の戦いで，朝鮮が戦場となったのだろうか。戦場となった地域で人々は日本軍兵士の行動をどのように受けとめたのだろうか。戦争の結果，中国・朝鮮・日本の三国はどのように変化したのだろうか。

清と日本，朝鮮に出兵する

　日本が1889年に凶作になると，日本人商人は朝鮮で大豆・米を買いあさった。朝鮮の物価が高騰すると，地方長官は大豆・米の輸出を禁じる防穀令を出した。日本政府は，これにより日本人商人が損害を受けたとして，防穀令の廃止と賠償金15万円の支払いを要求した。交渉は難航し，日本政府は最後通牒を出し武力に訴えることをほのめかすなど強硬な態度をとった。日本政府がこの問題の調停を清政府に依頼すると，朝鮮政府は清政府の調停を受け入れ，11万円の賠償金を認めることで問題は一応解決した。しかし日本政府は，朝鮮政府との交渉が難航した背後には清の影響力があると考え，清との開戦を真剣に検討するようになった。

　朝鮮では1894年春，宗教結社の東学が指導する東学農民運動が起きた。5月31日に全琫準らが率いる農民軍は全州を占領した。朝鮮政府は同日，農民軍を鎮圧するため，清に出兵を依頼した。そのことを知った日本政府も清に

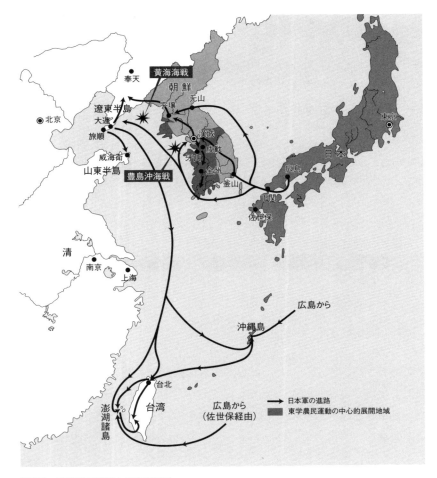

図表1　東学農民運動と日本の派兵
日本軍が主戦場としたのは、朝鮮、中国東北地方であった。

対抗し、軍隊を朝鮮に派遣しようとしていることが朝鮮側に伝えられた。農民軍と朝鮮政府は日本の侵略を警戒し、6月10日に全州で和解した。
　一方、伊藤博文内閣は6月2日に、要請されなかったにもかかわらず、朝鮮在留の日本人の保護を名目に約8000人を派兵することを決定していた。そして、すでに和解によって農民軍の動きは沈静化しており、出兵の名分はな

くなっていたが，日本軍の派遣をそのまま続行した。伊藤内閣は何の成果もなく朝鮮から撤兵するわけにはいかないと考えたのである。伊藤内閣は戦争に訴えなければならないほどの必然性はなかったにもかかわらず，この機会を利用し朝鮮を従属させ支配下におくという野心を実現しようとした。

　こうしたなかで，朝鮮政府は6月14日，日清両軍の撤退を公式に求め，清政府もすでに農民軍は平定されているとして両軍の撤退を主張した。それに対し日本政府は翌15日，①農民軍鎮圧後に日清両軍をとめおいたままで両国が朝鮮の内政改革を行う，それが終わるまでは日本軍は撤退しない，②清が不同意の場合も，日本が単独で内政改革を進めさせる，という二つを清政府との交渉内容として閣議決定した。これらは清政府が拒否することを見越したものであり，この日，対清開戦を決意した日本政府はさらに派兵を進めた。

　これに対し清政府は，6月21日，日本政府の交渉内容を拒否し速やかな撤兵を求めた。6月30日には，中国東北地方や朝鮮に勢力拡大をはかるロシアも日本の撤兵を強く要求するにいたった。

　その直後に，日本政府とイギリス政府との間に条約改正交渉がまとまり，日本での領事裁判権が撤廃されることになった。それは，ロシアと対立しているイギリスがロシアへの対抗上，日本を支援することを意味し，日本政府を戦争へと踏み切らせることになった。イギリスとの間で新条約の調印が7月16日に行われると，日本軍は7月19日，朝鮮で作戦行動に出た。新条約調印の3日後であった。

朝鮮王宮占拠の戦いと日清開戦

　漢城（ソウル）に駐屯していた日本軍は7月23日，「朝鮮の自主」を侵して駐留している清軍を退去させることを日本軍に要請する，という公文書を朝鮮政府に出させるため王宮を占領し国王を監禁するという手段を用いて，事実上，戦争を始めた。この王宮占領はのちに日本陸軍の正式な記録では偶発的な事件として扱われた。しかし，この日，爆薬を用意した日本軍工兵隊

は事前の計画どおり、電線切断後、王宮に侵入し守備軍と交戦したのち国王を監禁したのであった。その後、大院君(テウォングン)をおしたてて親日政権を樹立し、大院君に清との条約をすべて廃棄することと、清に撤兵するよう申し入れることを約束させた。こうして、清軍攻撃の名目を手にした日本軍は、清軍約2500人が駐留している牙山(アサン)へと南下した。

この時期、清では李鴻章(りこうしょう)が外交を主導していた。李は欧米の技術と軍事を学ぶことの重要性を早くから認識し、イギリス・ドイツから最新の武器・軍艦を購入し、洋式軍隊の強化、北洋艦隊の創設、旅順(りょじゅん)軍港の建設などで軍備の充実に務めていた。

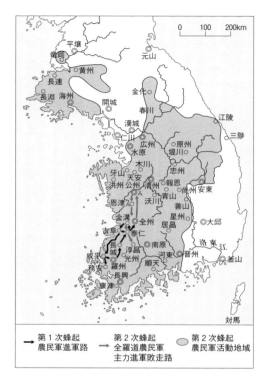

図表2　東学農民軍と日本軍の戦い
第2次蜂起をした東学農民軍は、朝鮮南部を中心に日本軍と激しく戦った。

外交では、外国を利用して他の外国の動きを抑えるという「夷(い)をもって夷を制する」という手段を用いて、欧米列強からの圧迫・侵略を回避しようとしていた。朝鮮については、それまで朝鮮が自主的に行っていた内政・外交への干渉を強化し、軍事面でも経済面でも支配下におこうとする政策を進めていた。

李は清の外交ばかりでなく、内政・経済・軍事など一連の政治も主導していた。しかし当時、宮廷内での腐敗が著しく近代化に向けた政治制度などの改革は、思うようには進んでいなかった。軍事費も宮廷費に流用されたりしていた。

李は，朝鮮からの日清両軍の撤兵については日清両政府の交渉で穏便な解決をはかることを基本方針とし，イギリス・ロシアが日清間の交渉を仲介することを期待していた。しかし，日本の強硬な対朝鮮政策を受けて朝鮮への増援部隊を送ることになった。7月25日，日本の艦隊は，増援部隊を護送中の清の艦隊を豊島沖で砲撃・交戦し撃退した。その後，日本軍が牙山で清軍をやぶったのち，日本は8月1日，宣戦を布告した。

　同日，清も宣戦を布告したが，戦争になることを予測していなかった清の軍隊は訓練が不十分で戦意も低かった。急いで，駆り集められた兵士に与えられた銃などの武器は旧式のものが多く，その武器も十分には行き渡らなかった。

　日本軍は予想外の勝利を重ねた。北上した日本軍は9月15日に平壌(ピョンヤン)を攻撃・陥落させ，清は朝鮮国内での勢力を失った。海上では日本海軍が9月17日に清の艦隊を黄海(ファンヘ)で攻撃し勝利をおさめた。

東学農民との戦いと戦争の終結

　日清戦争が始まると戦場となった朝鮮で，日本は鉄道・電信の敷設権，開港場の増設などを朝鮮政府に認めさせた。さらに，政権につけた大院君をやめさせるなどの干渉をし，朝鮮を日本に従属させようとした。また，日本が後押しをした内政改革の内実も，朝鮮に対する政治的・経済的な支配をいっそう強化するためのものであった。

　そのため，農民運動に参加した東学農民らも，奴婢(ぬひ)の廃止など民衆の立場に立った近代化を求めるともに，秋から再蜂起し，特権支配層に対する闘争から日本の軍事的侵略に対する武力抵抗へと移った。日本軍は，清軍と戦闘を交える一方，朝鮮民衆との戦闘を余儀なくされ，朝鮮軍と合同で農民軍と戦うことになった。

　10月23日，全琫準が率いる数万の農民軍が公州(コンジュ)を攻撃した。火縄銃と刀・槍(やり)を主力武器とし火力に劣る農民軍は，迎え撃つ朝鮮・日本連合軍の近代兵

器の攻撃を受け敗れた。そして，11月27日に泰仁(テイン)での戦いで敗れたのち，解散を余儀なくされ，逃亡した全琫準も12月28日に逮捕された。他地域でも農民軍は蜂起したが，ことごとく鎮圧された。戦闘が終結しても日本軍は東学に関係した農民を徹底的に探し出し処刑した。東学農民の犠牲者数は，少なくとも3万人と推定されている。

　日本は平壌の陥落と黄海海戦の勝利で朝鮮から清の勢力を排除し，戦争の当初の目的は達した。しかし，戦局が圧倒的に優位となった日本軍は，さらに清朝国境の鴨緑江(アムノックカン)を越えて中国国内に侵入し，遼東(りょうとう)半島・旅順の攻略をはかった。旅順は清の海軍の根拠地で，首都北京(ペキン)を守る要地として東洋一と言われる要塞が築かれていたが，日本軍は11月21日，わずか1日で占領した。占領時に日本軍は，多数の兵士・住民を虐殺し，世界から非難された。その後，日本軍は1895年2月山東(さんとう)半島・威海衛(いかいえい)を占領し清の艦隊を降伏させると，3月には台湾占領へと向かった。

　清は講和を求めた。代表の李鴻章は1895年4月，日本の代表伊藤博文らと下関で講和会議を行い，次のように訴えた。

　　領土 割譲(かつじょう)は，清国民に復讐(ふくしゅう)心を植えつけ，日本を久遠(くおん)の仇敵(きゅうてき)とみなすだろう。日本は開戦にあたり，朝鮮の独立をはかり清の土地をむさぼるのではない，と内外に宣言したではないか。その初志を失っていないならば，日清間に友好を結び，援助の条約を結び，東アジアに長城を築き，ヨーロッパ列強からあなどられることのないようにすべきである。

　しかし清側のこうした訴えは考慮されず，講和条約は結ばれた。清は，①朝鮮への宗主権を放棄して朝鮮の独立を承認する，②日本に遼東半島と台湾・澎湖(ほうこ)諸島を譲渡する，③償金2億両(テール)（約3億円）を支払うことになった。さらに沙市(さし)・重慶(じゅうけい)・蘇州(そしゅう)・杭州(こうしゅう)の開市・開港なども認めた。こうして清と朝鮮との朝貢・冊封という儀礼にもとづく伝統的な君臣関係は，終わりを告げた。

条約内容を知ったロシアは，朝鮮や中国東北地方での勢力拡大の障害になると考え，ドイツ・フランスとともに遼東半島を清に返還するよう，日本に迫った。三国は，日本の遼東半島領有が中国の都北京を危うくし，朝鮮の独立を有名無実にするものである，として返還を勧告したのである。軍事干渉を避けるため，日本は返還に応じ，返還の代償金3000万両（4500万円）を清から受け取った。

戦争のなかの兵士・民衆

　日本政府の長年の念願は，朝鮮政府への清の影響力を排除し朝鮮を日本の支配下におくことであった。日清戦争での日本は戦争の名目として，朝鮮の独立と内政改革を掲げた。そして，宣戦の詔勅(しょうちょく)（天皇の指示・命令）に関する当初の閣議書草案は，戦争の相手国を「清国および朝鮮国」としたが，その後，「清国」一国とし成案とした。

　このように，開戦まで交戦国を規定しえないほど，日本政府にとってこの戦争の見通しは当初明確ではなかった。それにもかかわらず，日本陸軍は17万人余の正規兵と，大砲・弾薬・食糧などを運ぶ馬の代わりに10数万の軍夫(ぐんぷ)を動員し戦った。民間の請負業者が集め雇用した軍夫は軍服と軍靴を与えられなかったが，帯刀して出征した者も多く，彼らを目にした外国人からは兵士同様に見られた。

　日本軍兵士の多くは戦争のためにはじめて海を渡り，朝鮮・中国東北地方の人々の生活を目にした。彼らはその地での異民族の生活が「臭気」「不潔」「無知」などに満ちたものだと感じた。そのため，当初，大国の清と戦うことに不安を感じていた彼らは，日本人が「文明国」の一員であるのに対し，朝鮮や中国東北地方を「野蛮」とみなし，優越感をもって戦場での略奪などを正当化した。兵士のひとりは故郷に「朝鮮というところはご承知のとおり野蛮もはなはだしきところである」とし，入浴習慣がなく不潔であること，水不足で日本人も入浴できないことなどを書き送っている。また，中国東北

4　朝鮮をめぐる日本と清との戦い

地方の九連城を1894年10月に無血で占領した別の兵士は、次のような手紙を送っている。

　　　清兵は火を放ってみな逃走した。九連城市を占領したので、精米2000石、牛馬、味噌、酒、醬油、器物、衣類が山のようであり、分捕り品を用いて今日などは防寒に務めている。……本日も近傍の村落に出かけ、芋、豚、牛、馬、里芋などを分捕っている。

日本軍の行動に対し、中国東北地方にいた外国人宣教師は、次のような証言をしている。

　　　軍人のあとから最下層の雑多な者たちで構成されている軍夫の一団がやってきた。これらの軍夫は中国人から恐怖の混じった軽蔑をもって迎えられた。彼らが衣類に無頓着で裸になったりすることは、嫌悪の感を絶え間なくもたらした。泥酔その他の憎むべき行為が彼らの日常的な振る舞いであった。

　朝鮮農民は人夫として日本軍に徴発され、厳重な監視のもとで働かされた。しかし、逃亡が相次いだ。逃亡の根本的な原因は身の安全のためであったが、反日感情と過酷な使役も一因となった。たとえば、元山に上陸した日本軍が8月の炎天下で軍を進めると、300頭あまりの牛は倒れ、人夫も日射病で前進できなかった。それでも運搬を強制すると、異口同音に「このような苦しみを受けなくて済むように、ひと思いに斬り捨てよ」と叫んだ。そこで、日本兵が人夫ひとりを斬り殺した。すると、他の人夫たちは恐れおののいたが、それでも誰ひとり荷物を担ごうとしなかったという。
　朝鮮でも中国東北地方と同様に、日本軍兵士・軍夫の行動は嫌悪感をもたらした。従軍した日本人新聞記者のひとりは「軍夫が朝鮮人の金銭をかすめ物品を奪い、また、婦女子を辱めるという行状なので、監督を厳しくせよ」

と訴えている。別の従軍記者も「大邱(テグ)付近の朝鮮婦人が山中近郷に逃亡する原因の一つは，日本の兵士・軍夫が民家に侵入し，丸裸になって，見苦しきものを婦女の目前に現出したまま水浴をなすからだ」と報告している。

このような行動は，朝鮮や中国の人々からすると，日本人の「野蛮さ」の現れと映った。

戦争後の三国と台湾の制圧

戦争の結果，日本は，最初の植民地として台湾を獲得し，以後，植民地を支配する国，すなわち欧米列強と同様の帝国主義国の一員として朝鮮・中国侵略を本格化させることになった。また，清からの賠償金総額は，戦争前年の日本政府の歳出額の4.25倍におよぶ巨額なものであった。日本はこれらの約85％を軍備拡張の費用に充てた。

清は年間の財政収入の約3倍に相当する巨額の賠償金を支払うことになり，その負担の重さにあえぐことになった。日清戦争以前の清は，周辺の国々に朝貢を求め保護をするという，アジアでの伝統的な大国として恐れられていた。しかし，日本に敗北したことで軍事的に弱体であることが明らかになった。その結果，これまで清の周辺の朝貢(ちょうこう)国に向けられていた列強の侵略が中国領土に向けられることになった。

一方，台湾では，日本支配に反対し独立を求めた。台湾の人々は，日本

図表3　台湾の抗日ゲリラ
台湾の民衆は，日本軍に対しゲリラ戦を展開し戦いつづけた。

軍が1895年5月に上陸し戦闘を開始すると，組織的な抵抗が終わる5か月間で，約1万4000人が犠牲となるほど激しく抵抗した。兵士5万人，軍夫2万6000人を投入した日本軍は，ゲリラ戦とマラリアやコレラなどの伝染病により，全島の制圧終了（1915年ごろ）までに約9600人が死亡した。

　武力で台湾を制圧しつつ日本は，1895年に台湾総督府を設置し，武断的な統治(とうち)を行った。総督府は土地調査を行い，所有者不明の土地を奪い，土地所有者すなわち納税義務者を確定した。そして，製糖業の基盤をつくるためにサトウキビ栽培を奨励し，水田をサトウキビ畑に変えていった。さらに，アヘン，樟脳(しょうのう)，タバコ，酒，塩の専売制を実施した。そのうち，アヘンは総督府収入の15～20％を占めるほど重要なものとなった。

　一方，日清戦争後も朝鮮では反日の動きは強く，日本を譲歩させたロシアが影響力を強めた。これに対し，日本公使らは日本政府高官の了解のもとに1895年10月，日本軍守備隊などを朝鮮王宮に乱入させ，親ロシア政策を主導していた王妃閔氏（明成皇后(ミョンソン)）を虐殺した。そして，その遺体を焼き払ったのち，朝鮮軍隊内部の衝突から引き起こされた事件であるかのように工作した。

　この事件は，朝鮮の人々に大きな衝撃を与え，日清戦争開始時からの反日義兵(ぎへい)闘争もさらに高まった。事件の真相が発覚し国際問題となったため，日本政府はやむをえず，公使ら殺害の実行者を国内に呼び寄せ裁判に付した。しかし，裁判はかたちだけであり，公使ら殺害関係者は証拠が不十分であるとして起訴免除となった。

　このような日本の動きに対し，朝鮮国王はロシア公使館に避難した。その後，国王は1897年，王宮に帰り，「国王」を「皇帝」とし国号を「大韓帝国」に改め，清や日本などと対等の国であることを示し，近代的改革を進めようとした。また，独立保持と近代的改革を求める知識人らは1896年，独立協会を結成し，『独立新聞』を発行するなど近代化のために民主思想と独立精神の普及に務めた。しかし，日本は朝鮮を支配下におくためロシアとの戦争へと向かっていった。

帝国主義に立ち向かうアジアの連帯

　イギリスが南アフリカを，アメリカがフィリピンを征服し，ドイツは中国の膠州湾を占領し，ロシアが東北部を奪った。……わが日本も帝国主義に熱狂して13個師団の陸軍，30万トン戦力の海軍に拡張して台湾に領土を広げ……今や帝国主義という病原菌は世界各地に拡散して20世紀の文明を破壊するだろう——1901年4月，日本の社会主義者幸徳秋水は帝国主義の広がりをこう批判した。東アジアの人々は帝国主義の侵略にどう対応したのだろうか。

日本への留学運動を始める

　日露戦争中の1905年4月半ば，上海から日本船に乗ったベトナム人3人が神戸に着いた。そのなかのひとりが38歳のベトナム民族独立運動の指導者ファン・ボイ・チャウだった。

　当時フランスの植民地だったベトナムでは独立気運が高まっていた。1904年10月下旬，ベトナム維新会という独立運動組織の指導者たちは，ファン・ボイ・チャウを代表として日本に派遣することにした。ベトナム人独立運動家たちは，日本とベトナムが漢字文化を共有する根強い絆で結ばれているという「同文同種論」の立場をとっていた。さらに日露戦争をアジアの黄色人

図表1　ファン・ボイ・チャウ
ベトナムの儒学者で，1904年に王族のクンデを迎えてベトナム維新会を結成し，翌年には独立運動への支援を得るために日本へ行った。

種である日本と白色人種であるロシアの戦争と見ていた。したがって，白色人種のロシアと戦っていた黄色人種の兄である日本が，白色人種のフランスの植民地支配からの解放を求める弟ベトナムに援助の手を差し伸べてくれることを期待していた。

　神戸に着いたファン・ボイ・チャウは汽車に乗って横浜に向かった。日本に亡命して横浜に滞在していた中国人政治家に会うためだった。その政治家は日本政府から武器援助を期待するファン・ボイ・チャウに，「ある国の政

図表2　20世紀の東アジアを覆った帝国主義

府が外国の革命勢力を支援するのは、その国と交戦状態にあるときだけであって、日本とフランスは今戦争状態ではないから、日本政府がベトナム人に武器を提供することはありえない」と語った。彼の紹介でファン・ボイ・チャウは日本政府の指導者たちとも会った。だが彼らも同じ意見で、ベトナム独立のためには人材養成が急務であり、ベトナムの青年たちを日本に留学させるよう勧めた。

そこでファン・ボイ・チャウはしばらく帰国し、維新会の同志と知識人たちに日本留学運動の意義を説得した。これに沿って維新会は、フランス官憲のものものしい警戒の目を盗んでベトナム青年を日本に送る東遊(ドンズー)運動を始めた。

1905年に3人の学生がファン・ボイ・チャウと一緒に日本に旅立ったのを皮切りに、1906年には王族のひとりが日本に亡命した。1907年には日本に滞在したベトナム人留学生は100人だったが、1908年には200人に達した。彼らは日本の政治家の推薦で日本陸軍参謀本部が管轄する学校に入学し、独立運動に必要な西欧の政治・経済・軍事について学んだ。

日本に幻滅したベトナムの指導者

しかしながら、独立に必要な人材を育てるために日本に留学生を送る東遊運動は長くは続かなかった。1907年6月にフランス政府と日本政府が、大韓帝国に対する日本の優越権とベトナムに対するフランスの支配権など、アジアで保ってきた権利を互いに承認しあう協約を結び、ベトナム独立運動に対する弾圧が強まったからである。フランス政府は、ベトナム本国で留学生への送金を妨害したり留学生の家族を逮捕・投獄するなどの弾圧をはかり、日本に在留するベトナム人活動家の引き渡しを日本政府に要請したりした。日本政府は、フランスの要請に応じてベトナム人留学生の国外追放を断行した。その結果、多くのベトナム人留学生が日本を離れて帰国するか中国に渡った。

ファン・ボイ・チャウは、日本にとどまっていた王族が日本から追放され

たという知らせを聞いた。失意のなかで彼は日本の外務大臣に手紙を送り、日本がヨーロッパの白色人種であるフランスと連合してアジアの黄色人種であるベトナムを圧迫していると抗議した。日露戦争を見て日本に大きな期待を寄せたベトナム人は日本政府の対応に幻滅し、日本を植民地化されたアジアの敵と考えるようになった。

アジアの革命家、東京に集う

　日露戦争後の一時期、東京はアジアの革命家や独立運動家が集まる拠点になった。彼らはヨーロッパの白人帝国ロシアを打倒した日本を、アジアの「解放」と「独立」の象徴とみなした。したがって日本に学び、日本の支援を通して自国の独立や変革を成し遂げたいという期待を抱いて東京に集まったのだ。

　1905年東京で、孫文を総理とする中国革命同盟会がつくられると、章炳麟が主筆となって『民報』を発行した。当時『民報』の編集に関与した中国人革命家たちは、しだいに社会主義思想に目を向け、1907年6月には社会主義研究会を創設した。その後彼らは幸徳秋水を講師に招いて何度も社会主義講習会を開き、多いときは約90人の中国人が参加した。のちに代表的な社会主義者となった幸徳秋水は1898年に『万朝報』という新聞の記者になったが、この新聞が日露戦争に賛成する開戦論に転換すると、新聞社を辞めて平民社を興して日露戦争を批判した。彼は1905年アメリカにわたり、ゼネラル・ストライキによる社会主義建設を志向する直接行動主義を

図表3　幸徳秋水
1871年現在の高知県で生まれた幸徳秋水は、思想家の中江兆民の門下に入ったのち、1891年に『自由新聞』の記者になって言論人としての第一歩を進めた。

図表4　平民新聞
幸徳秋水と堺利彦らの社会主義者たちが1903年に創立した平民社で、同年11月から1905年1月まで週刊『平民新聞』を発行した。

知って帰国し、直接行動主義を提唱して社会革命党を結成した。またこれに先だつ1901年4月には『廿世紀之怪物　帝国主義』を刊行し、帝国主義を次のように強く批判した。「帝国主義は国民の愛国心を呼び覚まし、軍事力を増強するために国民に過重な税を負担させ、国民の生活を窮乏させる。さらに軍事力で他国を支配する国は一時的には繁栄するがついには滅亡する」。

同じ時期に幸徳秋水が開催していた社会主義金曜講演をはじめ、さまざまな集まりに中国人だけでなく韓国人留学生たちも参加し、三か国の社会主義者たちが交流した。幸徳秋水ら日本の社会主義者は中国と韓国の社会主義者と交流し、自由・独立・自治権を尊重して日本政府が韓国の独立を保障すべきだと宣言した。

中国人革命家と日本人社会主義者が交流しただけでなく、日本に在留していたインド人革命家と中国人革命家の間にも友情が芽生えた。その発端は1907年4月虎ノ門で開かれた行事で、インドの英雄マラータ王国の建国者を称える席だった。このときある有力政治家が行ったイギリスを賛美する演説

を,『民報』が批判したからである。

アジアの連帯をめざした亜州和親会

こうした過程をへて1907年夏に,中国人革命家と亡命インド人を中心にして,日本,韓国,ベトナム,フィリピン,マラヤ(マレーシア),ビルマ(ミャンマー)などの人々が集って亜州和親会が発足した。第1回の会合は東京の青山にあるインド人の家で開かれ,中国人・インド人以外に幸徳秋水をはじめ何人かの日本人社会主義者が参加した。9月ころには九段下にあるキリスト教教会で2回目の会合が開かれた。ファン・ボイ・チャウとベトナム人留学生,フィリピン人などが新たに加わって規約をつくった。

章炳麟が書いた規約は,会の目的を「帝国主義に対抗し,アジアですでに主権を失ってしまった民族の独立を達成すること」と定めた。そして会員資格は民族独立を求める者,共和制樹立を目標とする者,社会主義か無政府主義を唱える者などと宣言した。さらにはアジア諸民族の独立を目標とするあらゆる勢力の参加を認めること,帝国主義の侵略に反対し互いに援助して独立を達成すること,加盟国で革命が起きたら他の国々の同志が支援することなどを明記している。

ところが,当時日本に留学していた800人ほどの韓国人留学生の大多数は亜州和親会に参加しなかった。日本の韓国侵略がしだいに本格化する状況で,「日本人が出席するならわれわれは出席しない」という固い信念があったからである。だが亜州和親会に参加した韓国人留学生も存在した。1904年に韓国皇室留学生に選ばれて日本に渡り,東京府立第一中学校に籍をおいた趙素昂である。彼は第2次日韓協約に対する抗議集会を開き,すべての韓国人留学生を結集する学会誌に主筆としてかかわるなど,日本に在留する留学生民

図表5　章炳麟
中国の伝統的な学問を深く理解した章炳麟は,清朝を打倒するために革命論を主張する。辛亥革命の功労者に数えられ,魯迅の師とも呼ばれている。

族運動の中心だった。のちに上海に亡命し、中国・インド・タイ・フィリピン・ベトナムなどの革命家との連帯を訴えたのだが、彼の連帯思想は亜州和親会の活動と関係がある。

1908年1月には日本の社会主義者たちが逮捕され、これが亜州和親会解体の原因となった。このとき中国人革命家たちは日本を離れ、日本政府は『民報』の発行を禁止した。また、同じ時期に日本政府は日本とフランスの協約にもとづき、フランス政府の要請に沿ってベトナム人留学生の国外退去を強行した。こうして日本政府が社会主義者たちを捕らえ、アジアの革命家と民族運動家を国外に追放して亜州和親会の活動は1年足らずで幕を下ろした。したがって規約が掲げた各国革命の相互援助や民族独立は、実を結ぶことができなかった。

亜州和親会は短期間の活動に終わった。だが約100年前の東京を舞台に、日本の社会主義者とアジアの革命家たちが民族解放と社会変革を夢見て、国際連帯活動を試みた事実はアジアにおける国際連帯の先駆的な例として大きな意義を残した。

「大韓独立」とアジアの連帯

1909年10月26日午前9時30分、雪が舞うハルピン駅プラットホームで銃声が鳴り響いた。韓国の義兵将安重根が伊藤博文を射殺した瞬間である。日本の初代内閣総理大臣、初代韓国統監を歴任した伊藤博文は、中国東北地方に関してロシアの財務長官と交渉するためにハルピンを訪問していた。安重根は発砲後、「大韓万歳」を叫びつづけ、すぐにロシア憲兵隊に捕らえられた。

1879年、黄海道海州の名門両班の家に生まれた安重根は、1905年11月、第2次日韓協約の締結で外交権が剥奪された事実に憤慨して民族意識に目覚め、各地に私立学校を建設するなど愛国啓蒙運動に没頭した。

そして1907年、第3次日韓協約で韓国軍が解散されたことを知ると、国権を回復する道は武力闘争以外にはないと判断して義兵闘争に身を投じた。

図表6　ハルピン駅プラットホームに到着した伊藤博文（左から3人目）。
迎えに出たロシア高官たちに挨拶している。これから30分後には銃弾に倒れた。

1908年1月には11名の同志と同盟を結成し，ウラジオストクで伊藤博文のハルピン訪問のニュースに接した。彼は伊藤博文を射殺すれば日本の韓国侵略を世界に告発するよい機会になると確信し，その殺害を決意した。

　安重根は，検挙されたのちに日本人検察官が行った尋問において，伊藤を射殺した理由として韓国皇帝を廃位した罪，無辜の韓国人を殺害した罪，韓国の政権を奪い統監政治に変えた罪，韓国軍隊を強制解散させた罪，東洋平和を破壊した罪など伊藤博文の罪状15か条を主張した。伊藤が日本を盟主として韓国の文明国化をはかる韓国保護国化構想にもとづくアジア平和論を主張したのに対して，安重根はこれとは違った独自の東洋平和論を強く主張した。すなわち東洋平和とは韓国・日本・中国などアジア各国が自主独立した状態がその前提であり，韓国の独立なしには東洋平和は存立できない。ところが伊藤が韓国を侵略して東洋平和を破壊したがゆえに，東洋平和を維持するために彼を射殺したというのである。

　安重根は獄舎において，礼儀正しい言葉で明確に意思を伝えるなど，常に

毅然とした態度で堂々と行動し，カトリック信者として祈ることも欠かさなかった。彼の言動は旅順監獄に働いていた多くの日本人に感銘を与え，日本人看守と親しく対話する場合もあって，彼らの求めに応じて書を残した。

また獄中で自叙伝を書いたのちに『東洋平和論』執筆に着手したが，未完のまま死刑執行を迎えた。彼は同書を通じて，地域的に近く同じ黄色人種である韓国・日本・中国の東アジア三国が対等な関係で提携し，欧米帝国主義のアジア侵略に対抗すべきだと訴えた。日本人通訳にはもっと具体的な東アジア平和構想を口述している。その内容は，旅順がロシア・日本・中国などの紛争地点となる恐れがあるから，旅順を永世中立地帯にして対立の危険を除くこと，アジア各国が旅順に代表を派遣して常設の平和委員会を設けること，平和委員会が各国の軍隊を共同管理し，紛争防止と地域の安全保障のために努力すること，各国が資金を提供し開発銀行を創立して地域開発や援助が必要な国を助けること，ローマ教皇も平和委員会に代表を送ることによって，委員会が西欧諸国の関与なしに国際的な承認と影響力を得ること，などである。

図表7　安重根

安重根は1909年1月、同志11名と左の薬指を切断し、その血で国旗に「大韓独立」を大きく書いて独立に対する強い意思を表した。

安重根は両班として東学農民軍鎮圧に参加するなど，民衆とは異なった立場にあったが，思想的には帝国主義に反対して韓国・日本・中国の協力を土台にした東アジアの平和と発展を構想した。その死後，韓国では彼を「大韓独立に命を捧げた義士」と評価し，中国では日中戦争中に演劇の主題にするほど抗日運動を鼓舞する模範とみなされた。

5　帝国主義に立ち向かうアジアの連帯

日本は日清戦争後，しだいに朝鮮を支配下に置きながら，遼東半島を租借して中国東北部に進出しようとした。しかし，中国東北地方と朝鮮に関心を寄せていたロシアが主導する三国干渉により意を遂げられなかった。非常に悔しがり復讐を夢見た日本はイギリスとアメリカの助けを得て日露戦争に勝利し，1905年，ついに強制的に乙巳条約を締結して朝鮮を保護国とすることに成功した。

　乙巳条約が締結されると，韓国人は実力を養おうという自強運動とともに義兵を起こして強く抵抗した。驚いた日本は保安法や出版法などの悪法をつくって義兵を鎮圧した。列強との利害関係を調整し終わった日本は1910年，韓国の国権を強奪した。

　日本は軍隊と警察を全国各地に配置し，憲兵を押し立てて朝鮮人を抑圧した。朝鮮人には集会・結社の自由もなく，総督府の機関紙を除くすべての新聞と雑誌は廃刊になり，大日本帝国憲法も適用されなかった。朝鮮総督は天皇以外の誰の統制も受けず，行政・司法・軍事権を掌握した。1945年に解放されるまでの8人の朝鮮総督はすべて軍人で，ほとんどの高官は日本人だった。

　憲兵警察の統治のもとで苦しめられていた朝鮮人は，1919年に3・1運動を起こした。

第2章
帝国主義日本の植民地支配と解放闘争

　朝鮮人は全国各地で3,4か月の間独立万歳を叫びつづけ,総督府に抗議した。日本はこの運動を弾圧するとともに,統治方法を文化政治という名前に変えた。列強の圧力や,このころ日本で起こっていた民主主義・自由主義の流れである大正デモクラシーも,このような変化に影響を与えた。文化政治は朝鮮人の文化を育てるという名分を掲げていたが,実際は朝鮮を日本に同化させることが目的だった。

　植民地下の朝鮮社会は,都市化の進展とともに変化した。特に1920年代半ばの京城(ソウル)では「モダンボーイ」と「モダンガール」が街を闊歩した。もちろん農村はそれほど変わらず,ほとんどの農民は生活が苦しかった。生計を立てるために都市に集まってきた人々は,土幕で暮らさなければならなかった。

　3・1運動を通じて社会の主人公であることを自覚した青年や市民は,各分野でさまざまな活動を繰り広げた。折しもロシア革命の影響で社会主義が流入し,大きな影響を及ぼした。それまで抑圧されてきた女性や白丁などの社会的少数者も,自分たちの権利を取り戻そうと努力しはじめた。このような運動は朝鮮だけでなく日本や中国でも起こり,国際的な連帯のための動きも展開された。

日露戦争と日本による韓国の植民地化

　ユーラシア北方の大帝国ロシアと，欧米諸国をモデルに近代国家としてのかたちを整え大陸へと勢力拡大をはかろうとする日本。20世紀初め，この両国が中国東北地方と朝鮮半島を舞台に衝突した。戦争は韓国の人々にとって重大な結果をもたらすことになった。日露戦争とはいったい何だったのか，日本は何をめざしていたのだろうか。

日本とロシアが衝突する

　1900年の義和団事件をきっかけに，ロシアは中国東北地方に大軍を送りこみ，ここを勢力下におさめた。このころ，日本の圧力を受けていた韓国政府では，ロシアとの接近がはかられていた。大国のロシアに韓国の中立を認めさせ，日本の侵略を食い止めようというねらいであった。ロシアはこうした韓国政府の要求に応え，その中立を認めることにした。
　一方日本では，「ロシアは中国東北地方から朝鮮半島へと進出しようとしている。そして朝鮮半島の次は日本である」というロシア脅威論が強調され，ロシアの脅威から日本を守るためには，ロシアよりも先に朝鮮半島を確保することが必要であると唱えられるようになった。
　日露両国の対立が深まるなか，韓国政府は1903年11月と翌年1月の二度にわたり，戦時局外中立の声明を出し，戦争には関与せず日本ともロシアともかかわらないという立場を表明していた。しかし，中立を認めたロシアに対

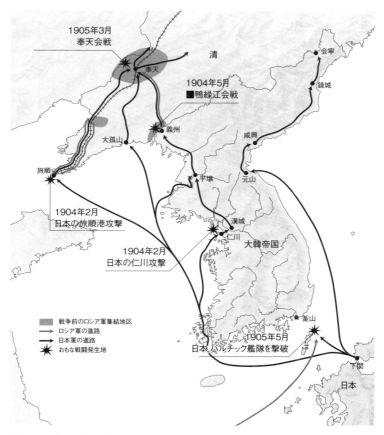

図表1　日露戦争関係図

して、日本は韓国の戦時局外中立声明を無視し、1904年2月8日、仁川沖でロシア艦隊を攻撃するとともに、仁川に上陸した。ここに日露戦争が始まった。さらに漢城（ソウル）を占領した日本は、開戦2週間後には韓国政府に対して日韓議定書を調印させ、軍事上必要な場所を日本がいつでも自由に使うことを認めさせ、韓国政府に対して日本への協力を義務づけた。

　日本は、ロシア本国から多数の援軍が到着する前にロシア軍に大打撃を与える奇襲攻撃という作戦をとった。しかし、日本の思惑どおりには戦争は進

6　日露戦争と日本による韓国の植民地化　｜61

まず長期化した。

　1905年2〜3月，奉天(ほうてん)で最大の激戦が行われた。ロシア軍32万人に対して，日本軍は25万人，両軍合わせて実に57万人という兵力の激突となった。この戦いで日本は奉天を占領したが，7万人もの死傷者を出していた。退却するロシア軍も多大な犠牲を出し，死傷者は9万人にも及んでいた。

　この奉天での戦いまでに，日本はおよそ18万7000人という死傷者を出していた。日本軍全体の兵力が約109万人であり，兵力の面でも日本はすでに戦争継続する力の限界を超えていた。

　一方ロシアでも国内情勢が大きく揺れ動いていた。1905年1月22日，生活苦を強いられた民衆が，ペテルブルクの宮殿へ戦争の終結と平和を求めるデモを起こしたのに対して，軍が発砲し多くの死傷者を出すいわゆる「血の日曜日事件」が起こった。これを契機に，ロシア各地で革命運動が起こり，その動きは軍にまで及んでいた。

　1905年5月，日本海の海戦で日本海軍はロシアのバルチック艦隊に対して壊滅的な打撃を与えた。戦況はやや有利ではあったものの，すでに限界に達していた日本政府は，これ以上の戦争継続を望んではいなかった。国内情勢が緊迫していたロシアも日本海での敗戦を機に，戦争終結の方針を固めることになった。かねてから，日本の働きかけを受けていたローズベルト米大統領が仲介に向けて動きだした。その結果，1905年8月，アメリカのポーツマスで講和会議が開かれ，講和条約が結ばれた。

　ポーツマス条約が締結されようやく戦争は終わったが，戦争が終結するまでの間に，日露両軍の多くの兵士の命が失われた。それは，人類がそれまでに経験したことのない規模の犠牲であった。

戦争に苦しむ人々

　しかし，犠牲となったのは日本とロシアの兵士ばかりではなかった。戦場とされた朝鮮半島から中国東北地方に暮らす現地の人々にも大きな被害が及

んだのであった。開戦まもない1904年2月に軍事的な威圧のもとで調印された日韓議定書にもとづいて、日本は朝鮮各地から軍需品や労働力の徴発を行った。輸送力を増強するため、1905年5月にはソウルと釜山(プサン)を結ぶ京釜鉄道(けいふ)の工事を終え、北の義州(ウイジュ)とソウルとを結ぶ京義鉄道(キョンギ)の工事にも着手した。日本は朝鮮半島を南北に貫く鉄道建設という大事業を短期間に完成させたが、この工事のために多くの韓国の人々が強制的な労働に駆り出されていた。さらに、日本は、韓国の郵便・電信・電話事業を管理下においた。そのために直接戦場となった地域以外に暮らす韓国の人々の日常生活にも大きな影響を及ぼした。こうした強制的な戦争協力に反対したり、反抗したりする者に対して日本軍は情け容赦なく処罰を加えたのであった。

ロシアとの対立が深まるなか、日本にも戦争反対の声がなかったわけではない。だがそうした声をかき消すように、日本は戦争へと突き進んでいった。その戦いは苦戦の連続で、犠牲者が増えるばかりであった。出征兵士たちの家族は心配をつのらせていた。日本軍の旅順(りょじゅん)総攻撃が失敗を繰り返し、2万5000人近い死傷者が出ていた1904年9月、雑誌『明星(みょうじょう)』に与謝野晶子(よさのあきこ)の「君死にたまふことなかれ(旅順口(りょじゅんこう)包囲軍の中に在(あ)る弟を歎(なげ)きて)」と題した反戦詩が発表された。旅順に兵士として出征している弟が、決死隊に志願したらしいとの噂を聞き、「弟よ、死なないでほしい」との気持ちをこめてこの詩を書いた。晶子は、週刊『平民新聞』に掲載されたトルストイの日露戦争論に感銘を受け、弟を思う気持ちを詩にした。晶子の詩は、危険な戦場に肉親を送った者の心情を素直に歌ったものであったが、「危険思想」であると強く

図表2　戦場となった中国東北地方
日露戦争の戦場となった中国東北地方や朝鮮半島には甚大な被害がもたらされ、人々の暮らしを破壊した。

図表3　与謝野晶子

「君死にたまふことなかれ
　（旅順口包囲軍の中に在る弟を歎きて）」
ああ、おとうとよ君を泣く
君死にたまふことなかれ
末に生れし君なれば
親のなさけはまさりしも
親は刃（やいば）をにぎらせて
人を殺せとをしへしや
人を殺して死ねよとて
二十四までをそだてしや

批判された。

アジアから離れてゆく日本

　日露戦争における日本の勝利は思わぬ影響を及ぼした。欧米列強の抑圧に苦しんでいたアジアの人々は、この戦争を「アジアとヨーロッパの戦い」ととらえていた。もちろん日本は、アジア人の代表としてロシアと戦ったわけではなかったが、日本の勝利は植民地支配に苦しむ人々に希望を与えることになった。しかし、軍国主義・膨張（ぼうちょう）主義の風潮のなか、残念なことに日本の目はアジアの人々との連帯という方向には向いてはいかなかった。日本の勝利を一度は喜んだインドの独立運動家ネルーは、その後の日本のようすを見て次のように述べている。

　　ところがその直後の成果は、少数の侵略的帝国主義諸国のグループに、もう一国をつけ加えたというにすぎなかった。その苦い結果を、最初になめたのは、朝鮮であった。日本の勃興（ぼっこう）は朝鮮の没落を意味した。日本は開国の当初から、すでに朝鮮と、中国東北地方の一部を、自己の勢力

範囲として目をつけていた。……日本はその帝国政策を遂行するにあたって、まったく恥を知らなかった。日本はヴェールでいつわる用意もせずに、大っぴらで漁りまわった。

　1905年7月、日本は、アメリカのフィリピン統治を認める代わりにアメリカが日本の韓国保護権を承認するという桂・タフト協定を結んだ。続いて8月には、日英同盟の改定を行い、イギリスにも日本の韓国保護権を認めさせた。この日英同盟の改定については、韓国の主権を侵害するとして韓国政府から日英の公使に対して強い抗議が申し入れられたが受け入れなかった。その後1907年には、日仏協約を結び、フランスのベトナム支配と、日本の韓国支配を相互承認し、同じ年、ロシアとも日露協約を結んで、ロシアの外モンゴル支配と、日本の韓国支配を相互承認した。これらの条約にもとづいて、日本政府は日本におけるインドやフィリピンの独立運動に対する取り締まりを行い、ベトナムの独立運動家であるファン・ボイ・チャウや、日本に期待し学ぼうとしていた多くのベトナム人留学生たちを国外退去させた。日本は着実に帝国主義国としての地位を固め、大国の信用を得ながら韓国の植民地化を一歩一歩進めていったのである。

日韓協約の強制

　ポーツマス条約の締結後、日本は韓国を保護国にするため、1905年11月に乙巳条約（第2次日韓協約）を締結させた。これによって、韓国は外交権を完全に日本に奪われ、韓国と外国とのかかわりは、すべて日本が決めることになった。そして、漢城（ソウル）には日本の統監府がおかれた。
　この条約の締結にあたって、天皇の親書を携えて伊藤博文が韓国に乗りこんだ。伊藤は各地に駐屯していた軍をソウルに集め、宮殿を包囲した。そして宮中にも武装した兵士を配置したうえで、条約案を韓国側に突きつけた。皇帝高宗が、外交権を渡すこと、すなわち独立国としての地位を失うことを

こばむと，伊藤は「もし韓国がこれに応じなければ，いっそう『困難な境遇』に陥ることを覚悟されたい」と脅迫した。次いで伊藤は閣議召集を強要した。8人の大臣が集まり閣議が始まったが，簡単に結論が出るはずもなかった。長引く閣議にいらだった伊藤は憲兵を連れて閣議に乗りこみ，「理由はいらないから，可か否かのみを答えよ」と大臣たちを怒鳴りつけ，大臣ひとりひとりに賛成か，反対かを尋問した。「無条件不可」と叫んだ大臣は，すぐさま室外に連れ出された。残された7人のうち2人の大臣が反対を表明，5人のなかでは李完用（イワニョン）が賛成を表明したほかは，恐怖でまともに返事もできなかった。しかし，伊藤はこれを賛成とみなし，8人中5人の賛成で，多数決によって決したとして強引に条約の調印にもちこんだのである。

声をあげて哭（な）くのはこの日である

11月20日，漢城で発行されていた『皇城新聞』（ファンソン）の主筆張志淵（チャンジヨン）は，「声をあげて哭くのはこの日である」と題して，怒りと悲しみをこめて条約締結に反対する社説を掲げた。張志淵は，社説で日本の不当性を厳しく批難するとともに，条約に強く反対しなかった大臣たちを批判し，人々に民族的闘争を訴えた。だが，その日のうちに彼は逮捕・投獄され，『皇城新聞』も1910年に廃刊に追いこまれてしまう。

張志淵は，韓国南部の尚州（サンジュ）に生まれた。その家系は両班（ヤンバン）に属してはいたものの，家庭は貧しく生活は困難であった。また，幼くして母や祖父母とも死に別れ，父とも生き別れてしまった。張志淵は不遇ななかにあっても学問に精進した。やがてその文才は多くの人々に認められるようになり，王への上奏文の代筆を頼まれるほどであった。はじめ彼は役人の道をめざすが，有力な後ろ盾をもたない者が役人になることは難しく，その道を断念し，日本の侵略に反対し戦う人々のために檄（げき）文の代筆を行うようになった。1897年に高宗が日本の干渉と迫害を逃れるため駐韓ロシア公使館に避難したとき，皇帝の宮殿への帰還を求める上奏（じょうそう）文を執筆したことで張志淵は朝廷内でも名を

知られるようになった。そのこともあって、彼は官職を得るのだが、国家存亡の危機という状況にあって、役人として与えられた仕事に満足はできなかった。そのようななか、『皇城新聞』が創刊されると、張志淵は迷わずに官僚の職を捨て、『皇城新聞』に移って筆をふるったのである。まもなく主筆となった張志淵は、愛国的な言論人として、日本の侵略行為を告発する文章を次々と書き、国民の啓蒙活動にも活躍した。しかしのちに、張志淵は、韓国が日本の植民地となることを支持した活動をしていたとして批判を受けた。

義兵運動と愛国啓蒙運動

乙巳条約が締結されると、各地で抗議の自殺者が相継ぎ、条約破棄を求めて義兵の蜂起が起こるなど激しい抵抗が続いた。1907年、韓国の皇帝高宗は日本の不当性を訴えるためにハーグの万国平和会議に使者を派遣した。しかし、日本を帝国主義の仲間に迎え入れている列強が高宗の訴えを聞くことはなかった。この高宗の動きに対して統監の伊藤博文は怒り、無理やり高宗を退位させ、幼い純宗を即位させた。そして、丁未条約(第3次日韓協約)を結び、日本の統監が法令の制定や政府高官の任免までできるようにして、韓国の国内政治まで掌握した。

政治の実権を握った日本は、さらに韓国の軍隊まで

図表4　日本の皇太子嘉仁の韓国訪問（1907年）
前列一番右が伊藤博文、ひとりおいて皇太子李垠、そして嘉仁。

解散させてしまった。しかし、解散させられた軍人のなかから、多くの者が日本の侵略に反対する戦いに参加したため、日本に対する抵抗はいっそう激しいものとなっていった。

こうした日本の侵略に対する抵抗の戦いに身を投じた人々は義兵(ぎへい)と呼ばれた。最初の義兵運動は1895年に閔妃(ミンビ)(明成皇后(ミョンソン))が殺害されたあとに起こった。日本が乙巳条約を強要して韓国の主権を奪うと、義兵運動はふたたびその激しさを増した。日本の攻撃の前に義兵の戦いは苦戦を強いられていたが、元軍人たちが義兵に加わるとそれまでの旧式の火縄銃とは違う新式の銃も使用されるようになり、軍備や軍事技術の面で義兵の戦闘力は大幅に強化された。また、はじめのころには、両班出身者が義兵運動を率いたが、元軍人が加わるころには平民出身の指導者が義兵を率いることも少なくなかった。より広範な人々が義兵運動に参加したのである。こうして軍隊の解散を契機に義兵運動は質的にも変化しながら全国的に広がっていった。義兵の戦いに手を焼いた日本は軍隊・憲兵・警察を増強するとともに、義兵に協力する村を焼き討ちし、穀物をすべて奪い取るなど過酷な作戦を展開したのである。

義兵運動とともに、文化的な面でも実力を養い日本の侵略に対抗しなければならないという愛国啓蒙運動も開始された。知識人たちは団体を組織して言論・出版・教育運動を展開した。『皇城新聞』(のちに『大韓毎日申報』)も運動の一翼を担い活発な言論活動を繰り広げた。また、運動が展開されるなかで、実に5000あまりの学校が設立され、新しい教材を開発し、人材を育成するための努力がなされた。

図表5 『大韓毎日申報』編集部
『皇城新聞』は廃刊とされたが、イギリス人ベッセルを名義人として『大韓毎日申報』に引き継がれた。

だが，日本は抵抗を激しく弾圧しながら，1910年，韓国のすべての統治権限を天皇に永久に譲り渡すという条約を締結させた。韓国併合を断行し，日本はついに朝鮮半島を完全に植民地化したのである。

日本，武力で朝鮮を支配する

　1910年8月22日，大韓帝国と大日本帝国は「併合条約」を締結した。大韓帝国のある知識人は，「鳥獣は嘆き悲しみ，この国はついに滅んでしまった」と言って悲しんだ。無念と憤懣を抑えきれなかった多くの人が全国で首を吊り，絶食し，壁に頭を打ちつけて命を絶った。韓国の人々は，祖国を日本人に奪われたのだ。その後，韓国ではどんなことが起こったのだろうか。

植民地支配の強要，奪われた国権

　併合条約は韓国を実質的に統制していた統監府が主導した。併合条約が締結された日，統監府は韓国にいた日本軍を漢城（ソウル）をはじめ全国の主要地域に配置した。ソウル市内ではあちこちを日本の憲兵が巡察し，韓国人を監視した。しかし反発を恐れた日本は，条約締結の事実を伏せていた。

　条約が締結されて1週間が過ぎた8月29日，朝鮮総督府は「朝鮮総督府官報第1号」を通じて併合条約締結を公式に発表した。「東洋の平和を永遠に確保するため韓国皇帝は韓国全部に関するいっさいの統治権を完全にかつ永久に日本国皇帝陛下に譲与する」という内容だった。こうして大韓帝国は歴史のなかに消えた。

　韓国は日本の天皇の勅令によって朝鮮総督が支配する植民地になってしまった。当然，大韓帝国の国権を象徴する「大韓」「皇国」「皇城」などの言葉は使用できなくなった。地名も変わった。大韓帝国の首都だった漢城は京畿

道に属するただの都市・京城になった。日本の軍人がいた竜山は「元々の市街地」という意味をもつ元町になり，日本人が住んでいた南山一帯は本町，日本公使館があった場所は初代日本公使・竹添進一郎の名前をとって竹添町になった。

東学農民運動や抗日義兵運動などの武装闘争，実力で祖国を守ろうという自強運動を経験していた日本は，武断統治で朝鮮人を押さえつけた。総督は現役大将のなかから任命され，初代総督は陸軍大将の寺内正毅だった。朝鮮に大日本帝国憲法は適用されず，総督は日本政府の統制も受けなかった。総督は天皇の命令により，朝鮮の立法・司法・行政すべての権力を行使した。朝鮮に駐屯する日本軍と警察も指揮した。

図表1　景福宮・勤政殿の日本国旗
1915年，日本が朝鮮初の博覧会である朝鮮物産共進会を景福宮で開催し，日本国旗を掲げて上空には帝国飛行協会の飛行機を飛ばした。

1919年の3・1運動以降，文官も総督に任命できるよう変わったが，1945年の解放まで現役軍人のみが総督に任命された。総督府の高官には日本帝国に忠誠を誓う朝鮮人がまれに任命されることもあったが，ほとんどは日本人だった。下級役人の朝鮮人の数もますます減らされていった。1910年6月，統監府の時代に半分を超えていた朝鮮人の役人の比率は，1918年には39.6%，1926年には35.9%に減った。

日本は朝鮮を植民地とし，すべての政治団体を解散させた。朝鮮人が所有する新聞は強制的に買収または廃刊にした。日本人が所有する新聞も憲兵や警察官を動員して相当な金額を与え廃刊を強要した。出版物への検閲も強化し，植民地統治を批判するものはまったく出版できないようにした。

憲兵警察, 朝鮮人を統制する

　日本は憲兵警察を利用して朝鮮を統治した。憲兵は軍隊の警察として軍人を統制した。ところが, その憲兵が軍人でない一般人を対象に犯罪防止・治安維持を担当した。これは朝鮮人の抵抗が非常に強かったことを表している。軍人である総督のもと, 日本軍憲兵司令官が朝鮮に駐屯するすべての警察指揮権をもち, 各地方の憲兵隊長が警察を指揮した。全国1624か所に配置された1万6300人の憲兵は, いつでも朝鮮人を逮捕し, 裁判をへずに罰金を課し, 殴ったり監禁することができた。

　朝鮮総督府は全国に20あまりの監獄をつくり, 日本の支配に抵抗する多くの人々を収監した。看守は夏には監房の扉を閉め, 冬には扉を開けておくなどして苦痛を与え人々を統制した。収監された地域によっては強制労働に苦しめられることもあった。1910年代の仁川監獄では, 収監者は工事現場へ動員され, 背負子で重い土を背負って高いはしごをのぼるなどの労働を強いられた。わずか数時間で肩が腫れあがり, 足がむくんで動けなくなったという。

　総督府は効率的な統制と監獄維持費用節減のために笞刑を実施した。笞刑とは, 人をうつぶせにさせて棒で殴る刑罰だ。19世紀末に朝鮮で禁止された笞刑が, 植民地支配の始まりとともに復活したのだった。街路樹を折ったとして5回, 家の前

図表2　日本の警察の監視下で働く朝鮮人労働者

の掃除を怠ったとして10回，上半身裸で働いたとして10回，学校林で薪をとったとして50回，熟していない果物を売ったとして15〜80回殴られた。笞刑により障害を負ったり，命を落とすこともあった。

　1910年代の朝鮮人の犯罪率は0.5％未満だった。一方，日本人の犯罪率は5％を超えていたが，笞刑は朝鮮人に限り適用された。朝鮮では泣きやまない子に「虎が来る」と言っておどかすことがあった。しかし，それが「巡査が来る」という言葉に変わった。虎よりも恐い巡査が泣く子を黙らせる，「恐怖」になったのだった。

　憲兵警察はこのほかにも治安や戸籍管理，日本語の普及，伝染病の予防，降雨量の測定，道路の補修，清掃巡回査察など，日常生活の全般にわたって支配網を広げた。

朝鮮の地の主人となった日本人

　日本が植民地統治の基礎を固めるために最初に実施した政策は土地調査事業だった。当時，朝鮮の経済基盤は農業だったため，総督府では税金を確保するためには土地所有権を明らかにしなければならないと考えた。土地調査事業は日本人が合法的に土地を所有できるようにし，税収を増やすためのものだった。

　土地調査事業の結果，総督府は大韓帝国や韓国皇室が所有していた土地をはじめ民間の共有地も所有して最大の地主になった。総督府がこの土地を日本人に転売したため，日本人農業移民が急激に増えた。1909年に日本人土地所有者は692人，所有面積は5万2436haだった。ところが1915年には日本人土地所有者は6969人，所有面積は20万5538haになり，それぞれ約10倍・約4倍と急増した。何より土地から取り立てる税金が2倍近くまでふくらみ，朝鮮総督府はこの税金を植民地統治の資金として使った。

　朝鮮では，農民は個人所有の土地でなくても特別な事情がないかぎり，国有地や共同所有地を生涯農耕できる権利をもっていた。地主が遊ばせている

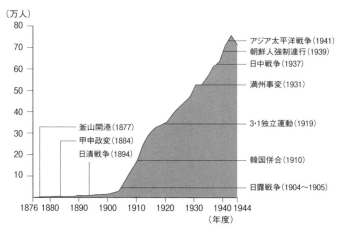

出典：森田芳夫『数字が語る在日韓国・朝鮮人の歴史』。

図表3　朝鮮に移住した日本人移民の数

土地を開墾すれば，一生その土地で小作できる権利もあった。所有権者といえども小作人から土地を勝手に奪うことはできなかった。しかし土地調査事業後，農民はこのような権利をすべて奪われてしまった。総督府は伝統を無視し，土地の所有権のみを唯一の権利として認めたため，小作人の立場は弱くなった。生活が苦しくなった農民は都市労働者になったり，中国東北地方や日本に移住したりした。一方，地主は有利な立場で小作契約を結ぶことができ，多くの利益を得るようになった。

　そればかりではない。総督府は1918年から朝鮮林野調査令を施行し，林野全体の58.6％を所有することになった。それまで村の人々が共同で所有・利用してきた山林は個人の所有する土地になった。また，日本の資本家が大規模に朝鮮の山林を取得しはじめた。山林に許可なく侵入すれば憲兵警察に逮捕され，笞刑を受けた。朝鮮は冬にはシベリアから冷たい風が強く吹いてくる。この寒さをしのぐため，オンドルをつくって部屋の床を暖めた。しかし山林を奪われ，農民たちは床を暖める木の枝を集めるのも難しくなった。

植民地支配のための教育

　教育制度にも変化があった。国権が強奪されたのち，日本語が「国語」になった。国語の授業時間は朝鮮語よりもはるかに多くなった。1911年，朝鮮教育令により朝鮮人が通う普通学校の1年生は国語（日本語）を1週間あたり10時間学ぶことになった。一方，朝鮮語の授業は6時間しかなかった。1930年になると普通学校の全科目のうち国語の授業は38％なのに比べ，朝鮮語の授業は12％だけだった。さらに，朝鮮語は1938年には選択科目になり，1943年には廃止された。朝鮮人は普通学校のときから日本語を学ばなければならないことに反対し，書堂という朝鮮伝統の教育機関に子どもたちを入れたりした。しかし1918年に書堂規則が制定され，それすらも弾圧された。公務員になるには日本語が話せなければならず，日本語ができなければ多くの面で不便だった。このような状況では普通学校に入学しようとする朝鮮人の数が増えるのは当然だった。

　朝鮮総督府は学校を統制・監視した。日本人の教員は帯剣して教壇に立ち，運動会も管轄の警察署に申告して警察官の監視下に行われた。1917年1月，水原の公立普通学校（朝鮮人の子どもたちが通う学校）で「私たちが平穏無事に暮らせるのは誰のおかげか」という問題が出された。ほとんどの子どもたちが「天皇陛下のおかげです」と答えた。「忠義とは何か」という問いには「天皇のため，国のために力を尽くすこと」という答えが最も多かった。1911年に朝鮮教育令で，朝鮮人を「天皇に忠良な臣民」に育て

図表4　帯剣した日本人教師

るという目標が立てられていたからである。

　しかし，一部の私立学校では「現実打破，国権回復，自主独立」などを目標に教育した。そこで総督府は私立学校規則を公布して学校の設立や教育内容などを統制・監督した。平壌(ピョンヤン)にあった大成(テソン)学校の歴史教師は試験問題に「国権を回復するにはどうしたらいいか答えなさい」という問題を出題し，「爆弾と暗殺が最善策」という答案に満点をつけた。これを知った総督府は学校を閉鎖した。咸鏡北(ハムギョンブク)道の温泉(オンチョン)学校は，教師が学生に朝鮮語を読むよう強調したとして廃校になった。このような総督府の弾圧により，1910年に1973校あった私立学校が，19年には742校になり，学生数も8万760人から3万8204人と大幅に減った。

　1919年，朝鮮に住んでいた日本人学生の就学率は91％を超えたが，朝鮮人学生の就学率はわずか3.7％だった。1919年6月に朝鮮全体の初等学校の数は，日本の一つの県にある学校の数より少なかった。1930年でも朝鮮人学生の就学率は17％にすぎず，学ぶ機会を得られなかった子どもたちが単純労働以外の道を探すのは困難だった。

　教員は日本語に長(た)けていなければならず，総督府が実施する試験に合格するか日本で教員免許状を取得しなければならなかった。教育内容も朝鮮人と日本人では違っていた。朝鮮人には農業・工業・商業など単純な技術を教えることを目標とした。朝鮮人は普通学校で，日本人は小学校で別々に教えた。修業の年限も違った。1920年代には文化統治という名のもと，朝鮮人も日本人と同じ学校に同じ期間通うようになった。しかし，中学校や高校に進むごとに学校の数が少なくなり，大学は1校もなかった。学校があっても生活が苦しく，女子は上級学校に進学することすら難しかった。朝鮮人が大学設立運動を始めると，総督府は巧妙な方法で妨害すると同時に京城帝国大学を設立した。しかし，この学校にも朝鮮に住んでいる日本人がおもに入学し，朝鮮人学生は3分の1もいなかった。朝鮮人のための私立大学は解放までただの1校も建てられなかった。

　このように，日本人として生きなければならないという徹底した教育の結

果,朝鮮人という意識がほとんどなく,1945年の解放後はじめて「朝鮮の存在を知った」という韓国人もいた。

資源を奪うために設置した鉄道と道路

漢城と仁川で始まった鉄道建設は,日露戦争をへて本格化した。1911年には朝鮮北部の新義州(シニジュ)と中国の丹東(タントン)を結ぶ鴨緑江(アムノッカン)鉄橋が竣工し,下関から釜山(プサン),京城,新義州をへて中国へ行けるようになった。大田(テジョン)からは朝鮮最大の穀倉地帯である全羅道(チョルラド)へいたる湖南(こなん)線を建設した。総督府は地域ごとに古くなった施設を直すという名目で1911年から道路建設7か年事業を推し進め,2700kmに達する道路網も完成させた。既存の道路を拡張する代わりに新しい道路をつくって「新作路」と呼び,その周辺に日本の象徴である桜の木を植えた。道路ができあがるにつれて収奪が始まり,朝鮮の歴史と文化が破壊された。

全国をつなぐ鉄道と新作路を通じ,総督府の各地方での支配と収奪はさらに容易になった。円滑になった物流・輸送により貿易も増加した。1910年代に朝鮮の対外貿易の70〜80%は日本を対象にしたものだったが,輸出品目の

図表5　日本へ搬出するため群山港に積み上げられた米

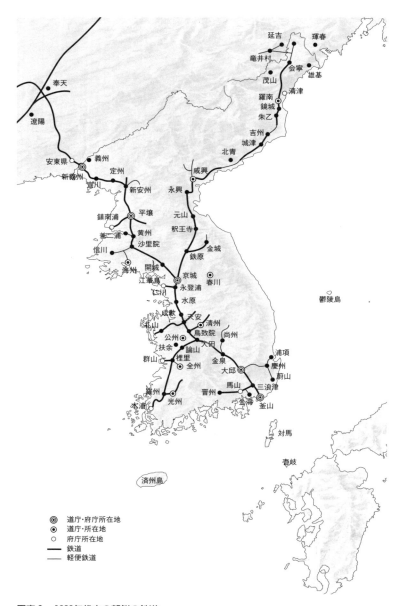

図表6　1920年代末の朝鮮の鉄道

ほとんどが食糧資源だった。朝鮮での米の生産指数は，1912年を基準にすると1918年には1.18倍程度だった。しかし，同じ期間の日本への輸出は4.2倍にもなった。整備された鉄道，道路，港湾は生活に利便性をもたらした。しかし同時に，日本による朝鮮の食糧資源の収奪と日本製品の朝鮮での販売がいっそう容易になった。

　朝鮮人は日本人に比べて劣悪な環境と低い賃金で鉄道をはじめ建設現場に強制動員された。指定された日までに道路を完成できなければ警察署に告発され，笞刑を受けたり，死ぬこともあった。日本に抵抗する人は監獄に送られ，少しでも暴力をふるった人は連行されて死んだり，負傷したりした。

　朝鮮人の抵抗もあった。京城と元山を結ぶ京元線鉄道を建設するときには義兵の襲撃のため，測量隊が憲兵の保護を受け朝鮮服を着て朝鮮人に偽装しなければ測量できないほどだった。そのうえ，このような抵抗への日本の弾圧は厳しいものだった。鉄道の運行を妨害した罪で朝鮮人を逮捕して日本の軍法会議で死刑宣告を下し，翌日すぐに銃殺刑を執行したりした。

8 抵抗する人々

1920年代，植民地朝鮮では学生や青年が社会の主役として踊り出た。農民や労働者は自分の権利を宣言し，女性たちは差別のない社会を夢見て立ち上がった。1920年代に社会運動がこのように活発に起こったのはなぜだろう。

全国を包んだ「マンセー（万歳）」の声

1918年，第1次世界大戦が終わった。帝国主義国家の間に広がった戦争は，それ以前の戦争とは比較にならないほど甚大な被害をもたらした。このため人間の尊厳や平和への関心が高まり，植民地争奪戦への反省の動きも起こった。

1917年にロシア革命が成功すると，レーニンは植民地・半植民地の民族解放を支援すると宣言した。翌年アメリカ大統領のウィルソンも，自分たちの民族の運命はみずから決める権利があるという「民族自決」の原則を示した。民族自決主義は帝国主義の侵略や戦争に苦しめられた多くの植民地の住民が独立の熱気を高める刺激剤として作用した。

朝鮮の独立運動家もこれをきっかけに，独立を勝ち取ろうとする努力に拍車をかけはじめた。1918年8月に中国で結成された新韓青年党は，1919年1月には金奎植をパリ講和会議に代表として派遣し，国内外の民族運動家と独

立運動の方法を協議した。東京では1919年2月に朝鮮人留学生学友会が中心になって朝鮮独立請願団を結成し，民族大会招集請願書と独立宣言書を発表した。国内でも天道教やキリスト教などの宗教界や学生が中心になって独立宣言を計画した。

図表1　徳寿宮前で行われた万歳デモ

　このようなときに突然，大韓帝国皇帝高宗(コジョン)がこの世を去った。高宗が毒殺されたという噂が広がると民衆はざわめいた。高宗の葬儀が3月3日に決まると，葬儀に参列するため全国から人々が京城(けいじょう)（ソウル）に押し寄せた。民族指導者たちは事を起こす日を3月1日に決めた。国葬(こくそう)の日に大規模なデモを行うのは不敬(ふけい)だとしてその日は避け，3月2日は日曜日だったためだ。3月1日，京城や平壌(ピョンヤン)を皮切りに万歳運動が繰り広げられた。万歳デモは全国を揺さぶった。学生は独立宣言書を全国各地に伝えながらデモを主導し，先頭に立って「独立万歳」を叫んだ。労働者はストライキをし，商人も店を閉めてデモに加わった。デモはしだいに都市から全国の農村地域にまで広がった。農村では市日の市場が万歳デモの舞台になった。市場に集まったデモ群衆は，主導者が演説したり檄文(げきぶん)を読んだりすると太極旗(たいきょくき)を高くなびかせ，「朝鮮独立万歳！」と叫んで行進した。日本の収奪に苦しんでいた農民が大挙してデモに加わり，その規模はいっそう大きくなっていった。3月から5月にかけて全国で1500回あまりの万歳デモが起こり，参加人数も200万人を超えた。はじめは何も持たずに万歳を叫んでいたが，日本の警察や軍隊の無慈悲な弾圧を受けると農民は鎌(すき)・鍬(こんぼう)・棍棒などで武装し抵抗した。彼らは武断統治の拠点だった駐在所や村役場を集中攻撃した。

　日本の軍隊と警察は非武装デモ隊に向かって発砲，デモ隊が散り散りにな

ると村に踏みこんで住民を探し出し逮捕した。京畿道華城郡堤岩里(キョンギドファソングンチェアムニ)では村民30人あまりを教会に追いこんで外から扉を閉めたのち、銃撃し火を放って殺害した。こうして全国で公式に確認された被害状況だけでも死者が約7500人、逮捕者が約4万6000人にもなった。

大韓「帝」国から大韓「民」国へ

　3・1運動は日本の厳しい弾圧と西欧帝国主義列強の無関心により失敗した。しかし、運動を組織的に導くことができなかったのも大きな原因だった。これに刺激を受けた独立運動家は3・1運動ののち、プリモルスキー州(沿海州(えんかいしゅう))や上海(シャンハイ)、京城などに臨時政府を樹立した。そして各地に組織された臨時政府の統合のために力を尽くした。この過程で、武装独立闘争を指導するのに有利な沿海州に臨時政府をおくべきだという主張と、外交活動に有利な上海におくべきだという主張が対立し、産みの苦しみを味わった。臨時政府の場所や独立運動の方法をめぐる激しい論争の末、上海に統合臨時政府をおくことが決まった。完全な合意ではないにしても統合が実現したのは、3・1運動をきっかけに団結しなければならないという共感があったからだった。

　また、驚くべきことに大韓民国臨時政府は「大韓民国の主権は大韓人民全体にある」と宣言した。韓国は国権を奪われたとき、皇帝がすべての権限をもつ君主国家だった。しかし臨時政府は大韓帝国のような皇帝国ではなく共和国であることを宣言したのだった。国の主人が皇帝でなく人民であるという考えは、3・1運動のときにはじめて現れたのではなかった。乙巳(いっし)条約後、自強(じきょう)運動家は国家と君主の同一視を打破すべきだと主張し、義兵運動を導いた義兵将にも平民出身者がしだいに増え、身分意識の変化が現れはじめた。

　国民が主権をもっているという考えは、1911年の辛亥(しんがい)革命により中国で皇帝制度が崩壊したのち、朝鮮の独立運動家の間で急速に広まった。1917年に上海で発表された「大同団結宣言」で、独立運動家たちは大韓帝国が滅亡して皇帝が放棄した主権を国民が引き継いだと宣言した。このような自覚があ

ったため，朝鮮人は3・1運動で職業や階層にかかわらず一つになって独立を叫ぶことができた。

中国東北地方で武装闘争が展開される

中国東北地方で活動していた武装独立運動団体は，3・1運動の後いっそう活気づいた。多くの青年が独立軍に入ろうと中国東北地方に押し寄せ，軍資金も集まった。独立運動家はあちこちに散っていた独立軍を集めて中国東北地方や沿海州など鴨緑江・豆満江流域の国境地帯に独立軍の根拠地を整備した。彼らは国境を越え国内に入ってきて日本軍の国境守備隊，駐在所，村役場など総督府の植民地統治機関を攻撃した。

独立軍の国内侵攻作戦に苦しめられた日本軍は，独立軍を攻撃するため不

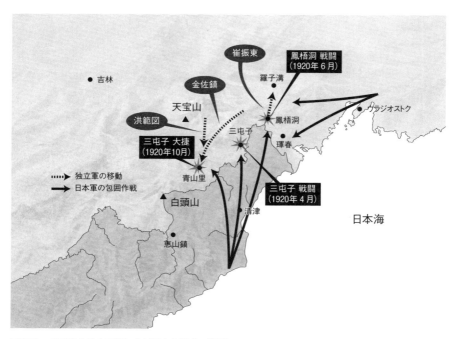

図表2　中国東北地方で繰り広げられた独立の戦闘

8　抵抗する人々　｜83

法に国境を越えて独立軍の根拠地である鳳梧洞(ポンオドン)を攻撃した。洪範図(ホンボムド)率いる独立軍は、日本軍を鳳梧洞の渓谷におびき寄せて大勝利を収めた。独立軍に惨敗を喫した日本軍は、1万5000の大兵力を動員して独立軍を攻撃した。日本軍の攻勢に対し、白頭山(ペクトゥサン)に集結した独立軍は青山里(チョンサンニ)一帯で日本軍と激戦を繰り広げ、大勝した。青山里で大敗した日本軍は、1920年10月から約3か月にわたり、中国東北地方に住む朝鮮人を報復虐殺した。独立軍の根拠地をなくし、住民に恐怖心を植えつけて独立軍を後援できないようにしようとしたのだった。

社会主義思想が流行する

3・1運動以後、社会主義思想が急速に広がっていった。国内の新聞や雑誌などの報道機関は社会主義を「新思想」という名前で広く紹介した。社会主義が民族運動の新しい指導理念として根を張ることができたのには理由があった。まず、3・1運動を非難し日本を擁護する帝国主義列強が臨時政府の外交的独立への努力から目をそらすと、独立運動家たちは民族自決主義が虚構であることを自覚した。次に、ロシア革命の成功後、共産主義政党の国際組織であるコミンテルンが弱小民族の解放運動を支援すると言ったことに期待をかけた。そして3・1運動ののち、小作争議や労働争議など大衆闘争が活発になったことが社会主義運動がいっそう拡大する土台となった。

社会主義勢力の登場は、民族運動全体の力量を高めた。まず組織面でさまざまな大衆運動団体が一つにまとまっていった。社会各領域の民衆が相互連係のなかで一つの目標に向かって進める土台が全国的にできあがった。社会主義者は労働者や農民大衆を組織して民族解放運動の主体にしようとし、ついに1925年、「朝鮮革命の指導機関」として朝鮮共産党を結成した。

朝鮮共産党が創立されたその年、朝鮮総督府は治安維持法を施行した。この法律は社会主義の広がりを防ぐために日本でつくられたものだが、それが朝鮮でも実施されたのだった。治安維持法は1928年の改定により、既存の体

制に変革をくわだてる者を死刑にできるよう,より強化された。朝鮮共産党は当然この法律によって何度も解体され,多くの労働・農民運動家が処罰された。

農民や労働者が立ち上がる

　3・1運動を通じて自分たちがもつ巨大な力に気づいた民衆も,みずから団体や組織を結成して大衆運動の先頭に立ちはじめた。全国の農村で小作農民たちは「小作問題は小作人が団結すれば必ず解決される。小作人は団結せよ!」と言って小作人組合をつくった。農民は小作人組合を中心に小作料の引き下げ,地税負担転嫁反対,小作権移動反対など生存権を求める闘争を繰り広げた。このような小作農民の争議は1921年の36件から増加していき,1930年には726件まで増えた。

　第1次世界大戦後に日本企業が急成長すると,日本はそれまで朝鮮で新しい会社をつくるとき総督府の許可が必要としていた会社令を撤廃し,日本企業の朝鮮進出を助けた。そして自国では1916年から工場法を実施した。工場

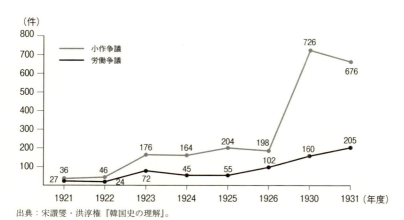

出典:宋讃燮・洪淳権『韓国史の理解』。

図表3　小作争議と労働争議の発生

法は児童の就業を禁じ、年少者と女性の就業時間を制限して夜間業務を禁止するなど、労働者を守るための法律だった。しかし朝鮮総督府は日本企業の進出のため、この法律を朝鮮では実施しなかった。そのため資本家は朝鮮で未成年労働者や女性を大挙雇用しても何の保護措置もとらず、安い賃金で労働力を搾取した。このような条件のもと、労働者は資本家に対抗するため労働運動を展開し、労働争議が大幅に増加した。労働者が求めた条件は、ほとんどが賃金引き上げと待遇改善だった。しかし賃金引き上げどころか、賃金引き下げ反対運動も少なくなかった。労働環境がいかに劣悪だったかがわかる。

　1929年に元山(ウォンサン)で日本人現場監督が朝鮮人を殴打する事件が起こると、労働者はこれに対する抗議とともに労働条件の改善を求めてストライキに入った。元山の労働者や市民は日本人監督とこれを庇護する警察に対抗して4か月にわたる長期闘争を繰り広げた。ストライキの間、国内はもちろん外国の労働組合からも激励や支持が送られ、労働者の国際的連帯が示された。結局この元山ゼネストは日本の警察の弾圧により失敗に終わったが、労働運動の抗日的性格がよくわかる事件だった。

差別なき社会を夢見て

　1920年代に総督府の文化統治が始まると、女性たちは団体をつくって女性の社会的地位改善と女性解放のための社会運動を展開した。新教育を受けた女性を意味する「新女性」という言葉が生まれ、彼女たちは家父長的秩序に対抗する男女平等運動を展開した。

　1921年のある日、『大韓毎日申報』で次のような詩が紹介された。

　　私は人形だった
　　父の娘という人形で
　　主人の妻という人形で

彼らのおもちゃだった（後略）

　この詩を書いた羅蕙錫(ナヘソク)は西洋画家・文人で，男尊女卑(だんそんじょひ)という封建的な思想や慣習に対抗して女権運動を繰り広げた人物だった。1920年代初め，女性たちは社会改造と新文化建設のために女性の啓蒙と教育の重要性を叫び，団体を結成した。社会主義思想の広がりにより社会主義女性団体も登場し，女性解放，女性の大衆的教養や組織的訓練などを強調した。1927年には全国的な女性組織・槿友会(きんゆうかい)が結成され，「朝鮮女性の強固なる団結と地位向上」をめざした。

　一方，女性労働者が増えると女性労働運動が起こった。世界恐慌の余波を受けて1931年5月に平壌(ピョンヤン)のゴム工場で労働者の賃金を削るという発表があると，女性労働者たちは賃金引き下げに反対してストライキに入った。会社側は労働者49人全員を解雇すると脅迫し，深夜に警察をつれてきて労働者を工場の外へ追い出した。このとき女性労働者の姜周竜(カンジュリョン)は，木綿の布一疋(びき)を買ってきて夜中に高さ12mの乙密台(ウルミデ)の屋根にのぼった。彼女はゴム工場の労働者が闘わなければならない理由と覚悟を明かし，こう叫んだ。

　　私たちは49人のストライキ団の賃金引き下げを大きな問題にしているのではありません。結局は平壌のゴム工場の職員2300人の賃金引き下げの原因になるから，私たちは必死に反対しようとしているのです。

　姜周竜は逮捕されたが，ゴム工場のストライキ闘争は会社側が賃金を削るという計画を撤回し，今までどおりの賃金を支給するとい

図表4　乙密台の屋根に座り込む姜周竜

8　抵抗する人々　87

う成果を得て終わった。

民族の実力を養おう

　3・1運動ののち，教育と産業を振興して将来のために民族の力を養おうという動きが起こった。識字率が低かった当時の貧しい人々に学ぶ機会を与えることが必要だとして夜学がつくられた。一方，高等教育が必要だと考えた人々は民立大学を建てようとした。しかしこの二つの運動は，民族運動に拡大することを憂慮した朝鮮総督府の妨害によってなし遂げられなかった。

　地主や商人は企業をつくりはじめた。京城では京城紡織株式会社，平壌では衣類やゴム靴の工場などが設立された。しかし会社令の廃止により日本資本が本格的に進出し，日本商品に対する関税まで廃止されると朝鮮人企業は大きな危機に瀕した。そこで朝鮮人の企業家は1922年末から「われらの暮らしはわれらのもので！」「朝鮮の人は朝鮮のもので！」というスローガンを叫び，国産品愛用運動を繰り広げた。しかし，物価の上昇や朝鮮総督府の妨害により，しだいに運動は弱まっていった。

　また，政治的実力養成のための自治運動が展開された。小説家の李光洙は，慌ただしい独立闘争よりも誤った民族性を正す道徳性改造のほうが重要だとし，朝鮮総督府がつくった法律の範囲内で民族運動を展開しようと提案し，自治運動の必要性を強調した。これに対応して非妥協的民族主義者と社会主義者は連合を摸索し，1927年2月，ついに民族協同戦線である新幹会が創立された。新幹会は綱領で「われわれは政治的・経済的覚醒を促進」し，「団結を強固に」し，「日和見主義を一切否認」するとして日本の植民地支配への非妥協的態度を明らかにした。そして元山ゼネストを支援し，1929年に光州で起こった独立運動を支援するため調査団を派遣するなど活発に活動した。

9 植民地時代の京城の人々

朝鮮王朝や大韓帝国の行政中心地だった京城（ソウル）。この場所に新しい道が敷かれ，西洋式住宅や日本式飲食店，デパートが建ち並びはじめた。韓服・着物・洋服などさまざまな装いの人々が歩き，夜になればネオンがきらめく華やかな都市を拠点としていた朝鮮人の生活は，どんなものだったのだろう。

都会の貧民

1920年代末。京城の大通りや交通量の多いところは，朝になると職を求める人であふれた。彼らはおもに日雇いで生計を立てていた。図表1の背負子屋のような人々だ。彼らがつらい仕事を終えて疲れをとる空間は，図表2のように古くみすぼらしい家だった。ここに住む人々は「土幕民」と呼ばれた。

小規模な工場で働く人，露店でいろいろな物を売る人，人力車を引く人，家政婦や洗濯婦なども土幕に住んでいることが多かった。土幕に住む人々は特別な技術ももっておらず，おもに肉体労働に従事した。職業はそのときの状況によって違った。仕事が継続してあるわけでもなく，1年のうち140日を失業状態ですごす人もいた。仕事がなく，物乞いをする場合まであった。

土幕民の収入は非常に不安定で，基本的な衣食住を確保するのも難しかった。1日働いて1，2日分の米を買い，稼ぎがなければ飢えるしかなかった。朝鮮人の口に合わない粘り気のない輸入米や麦，トウモロコシ飯でも1日3

図表1　仕事を待つ背負子屋
荷物を運んで手間賃をもらい，生計を立てた。

図表2　土幕
先史時代の竪穴のように，土を掘ってその上に藁の屋根をのせ，むしろで壁をつくった家屋。1920～30年代の京城の町外れにはこのような土幕が多かった。

食とれれば幸運だった。服や寝具を買う余裕もなく，みすぼらしい夏服と冬服1着ずつしかもたない場合が多かった。寝るときも家族全員で薄い布団1枚をかぶって寝るほど貧しかった。

実は土幕民のような都市貧民は，朝鮮が植民地になる前にも存在した。問題は土幕民の数が1920年代から急激に増えたことだった。1936年ころには京城の6人に1人が土幕に住んでいた。

　なぜこのような事態が広がったのだろう。朝鮮総督府(そうとくふ)は朝鮮の土地から税金を安定的に確保するための政策を実施した。その結果，農業で生計を立てている朝鮮人世帯の約77％が他人の土地を借りなければ農業ができなくなった。土地を借りた農民は，地主に多額の賃貸料を支払った。以前は地域の農民が共同で食べ物や燃料を得ていた土地も，もはや利用できなくなった。

　一方，朝鮮総督府は朝鮮の米の生産量を増やすための政策を実施した。朝鮮の米を日本に輸出するのが目的だった。この過程で土地改良や水利施設の設置などが進められ，このとき必要になった費用は貧しい朝鮮農民の負担として降りかかった。米の生産量は増えたが，日本に輸出された量はもっと多く，貧しい農民が食べる米はひどく不足した。これに世界恐慌まで重なり，朝鮮の農民は苦しい生活を強いられた。農民たちは農作業がない季節に農村周辺の工事現場や鉱山で働いたりしたが，結局，少しは仕事が多い都市に移住した。しかし，技術も金もない農民は土幕民になるしかなかった。

　土幕民の生活が社会的問題になると，総督府は土幕民が都市の美観を損ね衛生上よくないとして，彼らを京城から遠方へ追い出した。

「子どもの日」がつくられる

　土幕民がやっとの思いで命をつないでいた京城で，新しい動きが起こった。天道教にかかわる人々がこの運動の中心になった。天道教は「東学(とうがく)」と呼ばれていた宗教で，「人すなわち天である」という教えを広めた。これは，人は誰でも平等で尊重されなければならないという意味だった。天道教では「子どもを殴ることは神を殴ること」とされていたため，子どもたちを大切な存在と考えることができた。

　1923年5月，京城で初の「子どもの日」の記念行事が開催された。この日

図表3　子どもの日のポスター

の行事を主催した人々は、「子どもたちを大人中心の抑圧的な秩序から解放させること、子どもたちが働かなければならない経済的圧迫から解放させること、子どもたちが学び遊べる権利を与えること」を宣言した。人間としての「子ども」の権利を尊重しなければならないと世の中に知らせたのだった。

　朝鮮ではこの時代、子どもたちは両親の所有物と認識され、その人権すら両親が思いどおりにできると考えられていた。このようなときに「子どもの日」をつくった人々の活動は特別なものだった。彼らは子どものための雑誌『オリニ』をつくった。ここに新しい童謡や童話を載せて感性を育て、朝鮮の自然や風俗、伝説を紹介して子どもたちの意識を呼び覚ました。子どもに関するさまざまな講演会を開き、子どもについての大人の考えを変えさせるために力を尽くした。

　当時は「子ども」に該当する年齢層が正確には定まっていなかった。そのため最近の標準ではかなり成長している17, 18歳の学生も『オリニ』の読者になった。このような学生のなかには子どものための運動に参加して少年団体をつくったり、子どもの日の記念行事のための街路行進を展開する者もいた。子どもの日をつくった人々は、子どもをちゃんと育てることが朝鮮の未来につながると考えた。

　ところが、子どもの日の5月1日はメーデーでもあった。メーデーは労働者の劣悪な勤労条件を改善して地位を向上させるために各国の労働者が連帯意識を確かめる日だ。京城でも5月1日にデモや行事があった。そのため総督府は子どもの日の街路行進がメーデー行事と結びついて抗日運動に発展する可能性があると考えた。結局子どもの日は5月最初の公休日に変更された。

　子どもに教育を保障して民族の希望にしようと人々は努力したが、学校で

新しい文物を学び，よりよい人生を夢見ることができる子どもは多くなかった。むしろ貧しい暮らしを助けるために働くのが一般的だった。大人でも安定した働き口を得るのが難しい時代だったため，子どもができる仕事はあまりなかった。工事現場の日雇いや，店の使いなどでも働かなければならなかった。裕福な家の子守や家政婦ができれば，家族の食いぶちを1人分減らすこともできて幸運だった。

　1920年代，京城に工場が一つ二つと増えていき，工場に就職する子どもが出てきた。1930年代からは工場で働く子どもの数が増大した。世界恐慌で困難に直面した資本家が生産費用を節約しようと，成人に比べて賃金が低い幼年工を雇用したためだ。安定した働き口が絶対的に不足しており，工場に就職できるのはとても運がいいほうだった。なかでも，女工の多い工場では寄宿舎を運営していたが，就職した子どもたちにとって工場は文字どおり食べて，寝て，仕事を学びながら月給までもらえるありがたい職場だった。

　しかし，工場での生活は楽ではなかった。子どもは，大人と同じ時間働いてもはるかに少ない賃金しか受け取れなかった。朝鮮人労働者は日本の労働者より月給が少なかった。そのため朝鮮人で年齢も低い幼年工が受け取った賃金は日本の成人男性労働者の5分の1にすぎなかった。仕事を始めたばかりの子どもが受け取る日当はわずか15銭だった。3食の食費が15銭だった時代だ。さらにその賃金さえもさまざまな罰金，食費，強制貯蓄などの名目で奪われ，子どもたちの手

図表4　少年たちがかます（むしろでつくった袋）を売る市場

9　植民地時代の京城の人々

にはほとんど渡らなかった。

工場の作業環境もよくなかった。紡織(ぼうせき)工場の子どもたちは摂氏(せっし)40度近くなる熱気のなかで働かなければならなかった。職場の温度が低いと糸が切れるからだった。1日中ほこりをかぶって働いても，工場内に入浴施設がなく体を洗うのも難しかった。1か月に2日しかない休日も休めなかった。重労働に加え，栄養失調や睡眠不足により，子どもたちは結核などの病気にかかることが多かった。

ある女学生の抗日運動

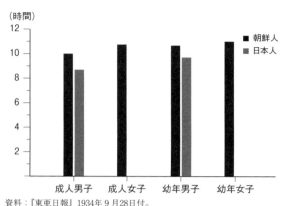

資料：『東亜日報』1934年9月28日付。

図表5　工場労働者の1日平均労働時間

資料：『東亜日報』1934年9月28日付。

図表6　工場労働者の1日平均賃金

子どもたちの多くが生計のために働かなければならない時代だったが，一方では子どもに教育を受けさせようとする人々も増えていた。貧しい農民でも，少なくとも息子は初等教育機関である普通学校に入れようとした。働き口が不足する現実のなかでは，教育を受ければ就職できると考えたからだった。毎年学校に入学しようとする子どもの数は増えつづけた。しかし，学校数はひどく不足した。入学できたとしても，卒業するのは難しかった。学校の運営は，学生が払う月

謝と所得により家ごとに割り当てられる学校費に依存していたため、金のない子どもは学校を途中でやめなければならなかった。

このような時代に、文学者を夢見て育った女学生がいた。彼女の名前は「李孝貞(イヒョジョン)」、同徳女子高等普通学校の学生だった。友だちとすごす時間を楽しんでいた孝貞は、放課後一緒に京城市内を歩き、映画を見に行き、コロッケやカレーライス、おでんのような新しい食べ物を味わった。喫茶店で時間を忘れるほど小説や映画についておしゃべりした。

図表7　若き日の李孝貞
2006年に社会主義系列の独立運動家が再評価され、李孝貞は93歳で独立功労者として建国褒章を与えられた。

実は、慶尚北道(キョンサンブクト)・奉化(ポンファ)出身で貧しかった彼女が京城の女学生になるのは難しいことだった。学校に通うには学費が必要だが、父親は彼女が3歳のとき病気で亡くなり、家の財産すら親戚が独立運動に使って残っていなかったからだ。奉化では聡明で有名な孝貞だったが、普通学校を卒業して上級学校に進学するのはあきらめるしかなかった。ところが彼女の状況を残念に思った担任教師が、孝貞の授業料を出してくれた。先生のおかげで田舎の少女孝貞は京城で同徳女子高等普通学校の学生になれたのだった。感謝すべきことなのに、上京してから孝貞は一度も先生に会いに行かなかった。その教師が日本人だからという理由だった。孝貞がその時期の自分の行動を申し訳ない気持ちで思い返すことができたのは、長い歳月が流れたあとだった。

1929年11月。光州(クァンジュ)の通学列車で朝鮮人の女学生をからかった日本人男子学生と、これを制止した朝鮮人男子学生の間に争いが起こった。植民地下の報道機関はこの事件を公正に伝えず、日本の警察も朝鮮人学生を一方的に弾圧した。この事件はやがて抗日運動に発展した。激怒した光州地域の学生たちが街に出はじめ、他の地域の学生もこれに応じた。学生たちは事件の不公正な処理、総督府の差別的な教育政策に抗議した。京城の学生も光州の学生を

9　植民地時代の京城の人々

支持するスローガンを叫びながら市内に繰り出した。孝貞とその友だちも先輩のあとについて鍾路(チョンノ)に出向いた。翌年春まで続いたこの事件の余波で，デモに加わった学生は逮捕され，懲役刑になった人もいた。

　光州学生運動が発生して1年が過ぎたころ，この事件を記念しようとする学生たちがいた。彼らは「白紙同盟」を実施することにした。日本の植民地差別教育への抗議を表すため，答案を書かず白紙で提出しようというものだった。孝貞も積極的に参加した。孝貞の親友も一緒にやると約束した。しかし，このことが孝貞と友人を引き裂く事件になってしまった。その友人は答案を書いて出したのだ。孝貞は友人が，答案を書いて出したという行動が間違いだったと認めるよう期待したが，その友人は，試験拒否には意味がないと主張した。最も親しかった友人だっただけに孝貞の失望は大きかった。ふたりの感情の溝は深くなった。孝貞はしだいに，植民地である祖国の現実に関心を寄せるほかの友だちと時間をすごすようになった。そして，彼らと読書会を開いているうちに，民族の現実についてより深く考えるようになった。

　3年生の夏。孝貞は京城市内の10校あまりの学校で起こった「同盟休校」に参加した。この同盟休校には一部の教師や卒業生までも加わり，警察の注目を集める事件になった。孝貞もやはり警察の監視を受けた。教師たちは，おとなしい学生だった孝貞が積極的に参加していたという事実に驚いた。光州から吹き寄せた風が平凡な女学生を変えたのだった。

　卒業後，孝貞は学校で生徒を教える仕事をしていた。しかし抗日運動をしていたという理由ですぐに辞めさせられた。ふたたび京城にやってきた孝貞は，工場に就職して女工になった。そして，そこで学生時代にともに抗日運動をしていた仲間と力を合わせ，工場労働者の劣悪な労働条件を改善するために活動した。体が弱かった彼女にとって工場の仕事は楽ではなかった。しかし，孝貞は活動を続けた。工場主のほとんどが日本人だった時代に行われた孝貞とその友だちの活動は，日本の植民支配に対する抵抗を意味した。

朝鮮民衆とともに闘った日本人

　日本が台湾・朝鮮の植民地を踏み台に帝国主義国家へと成長するにつれ，多くの日本人はアジア諸国の人々を差別するようになった。しかし，社会の底辺で苦しむ日本の民衆がみずからの解放を求めて立ち上がるなかで，より過酷な支配下で生きる植民地民衆との連帯を芽生えさせ，ともに闘う日本人も現れてきた。どんな動きがあったのだろうか。

民族の枠を越えてともに闘った岸和田紡績ストライキ

　第1次世界大戦は好景気をもたらし，綿糸の生産は急増した。労働力は不足し，新たに朝鮮からも女工が集められてきた。日本に土地を奪われた朝鮮の農家の娘たちは，日本に働き口を求めた。朝鮮人女工は日本人より賃金や待遇で差別的な扱いを受けることも多かった。

　そんななか，アメリカで発生した世界恐慌が日本に及んだ1930年，たび重なる賃金カットに，大阪の岸和田紡績堺工場でついに女工たちがストライキに立ち上がった。

　寄宿舎にいた朝鮮人女工たちは日本人女工とともに工場を脱出し，泉州合同労働組合本部の2階に立て籠もったのである。それを大阪朝鮮労働組合や水平社，農民組合などがデモや食糧・資金援助で全面的に支援した。

　女工たちの要求書には「賃金カット撤回」のほかに，「食事時にはせめて30分の休憩を確保せよ。食事を改善せよ。寝具は夏冬2通りで，毎月1回は

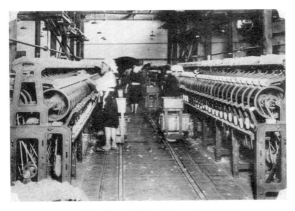

図表1　岸和田紡績工場の朝鮮人女工たち（1920年代）

洗濯せよ。冬に火鉢を設置せよ」など，17項目にも及んだ。食事は腐った鰯（いわし）や虫の入った切干し大根など。部屋は8畳間に8人が押しこめられ，昼夜4人ずつの交代勤務。4人が働いている間，残りの4人は4枚しかない垢まみれの万年床にもぐりこんで眠るという生活だった。

　ストライキは40日あまりに及んだ。スト支援のデモ隊が工場を襲撃して警官隊と衝突したり，会社側も立て籠もる女工たちを連れ戻そうと暴力団を使って争議団本部を襲撃するなど，激しい争いが繰り広げられた。この間，彼女たちは互いに励ましあい，入口にバリケードを築いて暴力団を防ぐ一方，2階から石や棒を投げつけて抵抗した。

　岸和田紡績ストライキは最後には警察署長が調停に入り，「要求項目はできるだけ実現に努力する」という会社側の回答を受け入れた。最後まで勇敢に闘った彼女たちは，争議団本部を出ると勝者のように堂々と胸を張り，隊列を組むようにして会社に帰っていった。

　この闘争は日本人と朝鮮人の労働者がともに闘った数少ない例である。

差別撤廃の国際連帯を求めた水平社と衡平社（ヒョンビョンサ）

　日本や朝鮮の被差別民は，ともに牛馬屠畜（とちく）や皮革製業などの仕事に就き，最下層の身分として居住地から結婚，服装，言動まであらゆる差別を受けてきた。近代になって法律上は身分差別がなくなったが，社会的差別の実態は

そのまま残った。彼らは差別撤廃のために立ち上がり，1922年に日本で水平社が，翌23年には朝鮮で衡平社が相次いで結成された。

1924年の水平社第3回大会は，衡平社と連絡をはかること，在日朝鮮人の差別撤廃運動を応援することなどを決定した。さっそく衡平社第2回大会に連帯の祝辞を送ると，衡平社からも謝辞が返され両者の交流が始まった。

図表2　活発に行われた人的交流
1927年に来日した李東煥(イドンファン)は各地の水平社を訪問した（京都水平社で，前列右）。

1925年7月，京畿道(キョンギド)を襲った長雨は，漢江(ハンガン)を決壊させ大洪水となった。その直後の8月，慶尚北道(キョンサンブクト)で住民1000余名が醴泉(イェチョン)衡平社を襲撃する事件が起こった。これに，『水平新聞』は，「われわれ部落民は植民地の兄弟を救わねばならない。まずは水害からの救助を，そして朝鮮民族の解放運動を！」と訴えた。日本の各地で水害救助の声があがると，大阪で開かれた被災者救援集会で，大阪水平社は，水害救助だけでなく，醴泉事件に抗議しようと緊急動議を出し，満場一致で承認された。

衡平社が第6回大会で水平社との連帯を決議すると，水平社も同年の第7回大会で衡平社との連帯問題を議案に取り上げた。ところが警官によって大会が途中で解散させられ，決議することができなくなった。

その後は1931年の水平社第10回大会に衡平社から送った祝電を最後に，両者の交流は途絶えた。なぜだろうか。

日本が戦争へと傾くと，軍靴やベルトなど軍需品の皮を扱う人々への統制が強められた。そして警察は，衡平社社員が破壊活動団体を組織したとして無実の罪で逮捕し，その活動を封じた。それだけではない。日本人学生が朝

鮮人女学生をからかい侮辱したことで起こった光州(クァンジュ)学生運動に対し，水平社は組織として何も対応しなかったように，日本側に朝鮮の植民地・民族問題への理解が不足していたことが，より大きな要因であった。

こうして水平社と衡平社の交流は途絶えたとはいえ，それは差別撤廃を求める国際連帯の先がけとなった。

朝鮮人の心のなかに生きた浅川巧(あさかわたくみ)

朝鮮に住みながら，朝鮮人を理解しようとした日本人もいた。浅川巧はそのひとりである。こんなエピソードがある。

朝鮮人の野菜売りが浅川の家に来た。「ああ買ってあげよう，いくらだい？」，「一つ20銭です」。そばで話を聞いていた妻が，「今お隣では値切って15銭で買っていましたよ」と言うと，「ああそうか，それならわしは25銭で買ってやる」と，むしろ高いお金で野菜を買った。彼のところには，時々人知れず台所に贈り物が届けられた。みな親しくつきあった朝鮮人たちからの気持ちの表れであった。

図表3　壺を手にする浅川巧

当時，ほとんどの日本人は当然のように朝鮮人を見下していた。そんななかで彼はいち早く朝鮮語を覚え，誰とでも分け隔てなく話し，朝鮮服を着，同じものを食べた。電車のなかで朝鮮人に間違えられ，「オイ，どけ！」と言われたときも，一言も日本人だと抗弁せず黙って席を立った。

1931年，浅川はわずか40歳で急死した。急性肺炎であった。葬儀には彼の死を悼む多くの朝鮮人が集まり，

雨のなか，棺(ひつぎ)を担がせてほしいと次々申し出た。棺は彼らの手によって里門里(イムンニ)の朝鮮人共同墓地まで運ばれた。今，忘憂里(マンウリ)に改葬された墓のかたわらには，「韓国の山と民芸を愛し，韓国人の心のなかに生きた日本人，ここ

図表4　浅川巧の墓を囲む朝鮮人たち（1931年）

韓国の土となる」と，ハングルの追悼碑が建っている。韓国林業試験場のかつての同僚が呼びかけ，職員一同のカンパで1986年に建てられたものである。彼の墓は今も職員の手によって守られている。

　浅川は八ヶ岳の南麓，山梨県に生まれた。農業兼染め物屋の父は彼が生まれる前に亡くなり，祖父の慈愛を一身に受けて育った。子どものころから植物が好きで，よく学校の帰りに苗木を採ってきては庭で育て，近所の人に分けていた。のちに山梨農林学校に入学し，そのころキリスト教の教会にも通うようになり，ロシアの文豪トルストイの作品を愛読した。1914年，23歳で兄伯教(のりたか)を追って朝鮮に渡ると朝鮮総督府(そうとくふ)の林業試験場に勤め，朝鮮の禿山(はげやま)を緑にする仕事に生涯をかけた。

　彼はまた，兄とともに朝鮮の日常雑器のなかに工芸の美を見出し，魅せられた。仕事の合間に朝鮮工芸品の蒐集(しゅうしゅう)と研究に没頭した。民芸運動の創設者柳(やなぎ)宗悦(むねよし)に朝鮮工芸の美を教えたのは浅川兄弟である。

　1919年に3・1運動が起こると，柳宗悦は『朝鮮人を想う』を発表し，彼らが独立を求めるのは当然だと述べ，朝鮮人への理解を示した。このとき浅川は柳に，「朝鮮に住むことに気が引けて，朝鮮人にすまない気がする。朝鮮にいることで，いつか何かの役に立てるようになりたい」と，手紙を送っている。

そんな彼らが取り組んだのが、朝鮮民族美術館の設立であった。日本の植民地支配のために、朝鮮固有の民族性が失われようとしている。朝鮮のすぐれた工芸品を見直すことで、その固有の美を生み出す朝鮮の民族性そのものを、今こそ取り戻したい。そんな思いからであった。

　1924年に王宮 景福宮(キョンボックン)のなかにある建物を借りて、朝鮮民族美術館は開館した。そのため、柳と浅川は3・1運動後の文化政治に利用されたとする批判もある。しかし、総督府が看板から「民族」の二文字を削るよう執拗に迫ったとき、彼らは断固としてこれをはねつけ、最後まで守り通した。

　この美術館は、浅川が鍵を預かり管理した。彼は開館後もなけなしの給料をはたいて優れた工芸品を買い集め、美術館の充実をはかった。所蔵品の多くは、現在、韓国国立中央博物館に引き継がれている。

　浅川巧は『朝鮮の膳(ぜん)』のなかで、「疲れた朝鮮よ、他人の真似をするより、持っている大事なものを失わなかったなら、やがて自信のつく日が来るであろう。このことはまた工芸の道ばかりではない」と述べ、朝鮮の人々を励ました。

「われらが弁護士」と呼ばれた布施辰治(ふせたつじ)

　「生きるならば民衆とともに、死ぬならば民衆のために」──布施辰治は、このモットーのままに生きた弁護士である。

　1880年、宮城県の農家に生まれた布施は、自由民権思想や漢学、キリスト教の影響を受けて育った。18歳で上京し、明治法律学校(現明治大学)で学び、検事代理をへて23歳で弁護士となった。

　墨子(ぼくし)の兼愛思想やトルストイの人道主義に心酔し、労働者・農民や被差別民、植民地民

図表5　1927年ごろの布施辰治
戦後、弁護士活動を再開し、国家権力と対決して人権擁護のために活躍した。

衆など社会的弱者の人権を守るために活動した。また裁判所内だけでなく普選運動や公娼廃止，労農党結成など社会運動にも取り組んだ。

しかし，国家権力を恐れぬ彼の行動は官憲ににらまれ，戦時中，懲戒裁判にかけられて二度も弁護士資格を奪われ，投獄された。だがその活躍ぶりは，治安維持法違反で弁護士資格を奪った裁判長でさえ，「長年にわたって人道的戦士として弱者のために奮闘した」と言うほどだった。

布施と朝鮮との最初のかかわりは，1919年，3・1運動の口火となった朝鮮人留学生による2・8独立宣言裁判であった。控訴審から参加した布施は，罪を認めて情状酌量で刑を軽くしようとした一審の弁護方針を批判し，朝鮮独立運動の正当性を真正面から主張して闘った。判決は，最も重かった禁固1年のふたりが9か月に減刑されただけで，ほかは一審と同じであったが，彼は被告の朝鮮人青年たちから絶大な信頼を勝ち得た。

その後も関東大震災での朝鮮人虐殺の調査や抗議活動など多くの事件に取り組み，朝鮮人から親しみをこめて「われらが弁護士布施辰治」と呼ばれた。

宮三面(クンサムミョン)事件と布施辰治

1912年早春，東洋拓殖会社（東拓）の社員たちが日本人憲兵を連れて，全羅南道(チョルラナムド)羅州(ナジュ)の宮三面の地にやってきた。彼らは日本人移民に与える土地を選び，水田の畔(あぜ)に次々杭を打っていった。ひとりの老婆がこれに抗議して杭を引き抜くと，憲兵が靴で彼女の胸を蹴とばした。彼女は畔に倒れ，死んでしまった。

農民たちは怒り，移民用の住宅を壊すなど激しく抵抗した。朝鮮総督府は東拓に，移民事業を一時中断するよう命じなければならないほどだった。

事の始まりは，19世紀にさかのぼる。もともと豊かな穀倉地帯だったこの地で大飢饉が起き，地元の役人が税金を代納したことがあった。その後農民たちは借金を返したにもかかわらず，役人は農民に無断で土地文書を慶善宮(キョンソングン)（皇太子李垠(イウン)の生母）に売り払い，裁判沙汰(ざた)となった。

10 朝鮮民衆とともに闘った日本人 | 103

1909年，裁判でもめているのに目をつけた東拓は，時価200万円もする土地をわずか8万円で買い取った。このとき東拓は，後日もし裁判になり土地を失うことになっても慶善宮にはいっさい迷惑はかけない，との念書を渡している。東拓も慶善宮も，これが不法売買だと自認していたと言える。

　東拓は，日本人移民に土地を与えたり植民地的農業を行うため，前年末に設立されたばかりの国策会社で，その初期の買収地がこの宮三面の土地であった。

　農民たちは東拓に対し，小作料を払わず，土地を返せと裁判を起こした。そのため小作料籾7000石のうち，東拓が実際に手にしたのは1911年2628石，12年128石，13年67石，14年21石にすぎなかった。あせった東拓は，憲兵700名を動員して村人を大広場に引き出し，おもな農民130名あまりを投獄，残り2万名あまりを自宅監禁して東拓の土地所有権を認めさせようとした。さらに，小作料支払いを拒否する者には木刀で殴るなどの暴力をふるい，死傷者も出す大弾圧を加えた。そのうえ農民たちは15, 16年と相次いで裁判にも敗れ，一時屈服させられた。

　だが農民たちはふたたび立ち上がった。1925年，農民組合を結成し，血書血判（けっしょけっぱん）で団結を固めた。そして小作料を払った裏切り者を糾弾（きゅうだん）しようと農民集会を開くと，それを阻止しようとする武装警官隊と衝突した。

図表6　羅州の宮三面抗日農民運動記念碑（1991年建立）
碑文に「日本人弁護士布施辰治に土地回収闘争の経過と血書血判を示し，民事訴訟を依頼した。彼は義憤に堪えず1926年来韓し，栄山浦（ヨンサンポ）で現地調査に着手した」と刻まれている。

男子は棍棒(こんぼう)を持ち、女子は小石を投げつけ警察署を襲い、村の駐在所や小作料収納場に押しかけては机を壊すなど大騒動に発展した。

農民代表が日本政府に訴えるため東京にやってきた。そのおり布施辰治を訪ね、裁判を依頼した。翌1926年3月布施が調査票を用意して現地調査のため朝鮮にやってくると、東拓と警察は農民になりすまし、「もう問題は解決した」と嘘をついたり、農民との面会を妨害したりした。一計を案じた彼は散歩を装って農民に会ったというが、十分な調査は難しかったと思われる。

一方、布施の訪問で問題が朝鮮全土に広がることを恐れた総督府は、彼が到着した日に農民代表を警察署に呼びつけ、無理やり総督府に調停を一任させた。その内容は、2500町歩のうち宅地と墓地100町歩は農民にただで返す代わりに、畑400町歩と水田の半分1000町歩は法定地価で東拓がとり、残り半分の1000町歩を法定地価の2倍・10年返済で農民に分譲するというものであった。しかし、ほとんどの農民に支払能力がなかったため、宮三面の土地は東拓のものとなった。農民たちが完全に土地を取り戻すのは独立回復後のことである。

布施は帰国するとすぐ東京上野公園で朝鮮問題演説会を開き、「総督府が朝鮮農業の改善・発展に関して誇らしげに数値をあげて語る一方で、朝鮮農民は粟(あわ)を食い、ジャガイモを食ってわずかに飢えをしのいでいる」と訴え、総督府の農業政策の不備と東拓の不当な土地取り上げを糾弾した。

朝鮮農民を支援した布施は、その翌年、台湾に渡った。製糖会社の横暴に対抗するサトウキビ栽培農民を弁護するためである。彼は裁判のかたわら、10日間の滞在中、北は基隆(キールン)から南は高雄(たかお)まで32回の講演を精力的に行い、台湾の労働者や農民を励ました。会場はどこも大盛況で熱烈な歓迎を受けた。布施の救済の手は国内や朝鮮だけでなく、遠く台湾の民衆にも及んでいたのである。

中国革命の熱い熱気

　孫文は中国革命を率いた指導者である。彼は，革命を成し遂げるため，日本の協力を期待していた。国民党が中国で強力な勢力を確保したころ，彼は神戸で講演を行い，日本に連帯を呼びかけた。日本人はその呼びかけにどのように応えたのだろうか。その後中国革命はどのように進み，東アジアの社会にどのような影響を与えたのだろうか。

孫文の生い立ちと革命運動

　1924年11月28日，中国の革命家・孫文は神戸で講演を行った。テーマは「大アジア主義」だった。この講演で孫文は，ヨーロッパの侵略によって衰退していたアジアが，日露戦争での日本の勝利によって力を得ていると述べた。また，ヨーロッパの文化が科学や武力で相手を屈服させたのに対し，アジアの文化は仁義や道徳で相手を感化させると述べた。そのため現在の日本がヨーロッパのような覇道ではなく，王道を守る砦にならなければならないと日本国民に呼びかけた。この講演は日本の聴衆に深い感銘を与え，拍手が鳴りやまなかった。

　孫文は1866年，中国南部の広東省に生まれた。ハワイの大学を卒業したのち，香港で医学を学び医者になった。1894年，李鴻章に改革を建議する手紙を送ったが，反応がないと見てハワイに渡って興中会をつくった。清政府の弾圧で国内の活動が困難になった孫文は，世界中に住んでいた華僑や留学生

図表1　神戸で講演する孫文

に革命思想を広め、支持勢力を広げていった。なかでも孫文が第2の故郷と呼んだ日本が革命活動の中心となった。

　1905年、孫文は日本の首都東京で中国国内外の革命組織を統合した中国同盟会をつくることに成功した。日本の民間人のなかには孫文の革命運動を援助しようとする人々も少なくなかった。そのひとりである宮崎滔天(みやざきとうてん)はクリスチャンとして中国革命を支援しながら孫文と終生の友となった。宮崎は孫文だけでなく金玉均(キムオッキュン)らアジアの革命家を支援していたことで知られていた。孫文は宮崎を通じて日本の政治家と知り合った。彼らの協力を得て日本に革命運動の拠点を築こうとしたのである。しかし、政治家たちは日本の大陸進出に孫文を利用しようとした。孫文と日本の政治家たちの目標は違っていた。

辛亥(しんがい)革命を見た朝鮮と日本の対応

　1911年10月、中国で辛亥革命が起こった。長江中流にある武漢(ぶかん)で清の支配に不満をもった軍隊が蜂起(ほうき)したのである。これをきっかけに全国で蜂起が起こり、多くの省が独立を宣言した。革命が全国に広がると、孫文はアメリカ

11　中国革命の熱い熱気　107

からヨーロッパに渡った。列強の干渉がなくならないと革命が成功しないと考えたからである。1911年12月，彼はイギリスやフランスから清政府を支持しないという約束を取りつけたのち，中国に戻って熱狂的な歓迎を受けた。翌年1月にはアジアで最初の共和国である中華民国の臨時大総統(だいそうとう)に就任した。

　だが，中華民国の基盤がしっかりしていなかったため革命は順調に進まなかった。そこで孫文は，清の実力者であった総理大臣袁世凱(えんせいがい)と妥協して清を崩壊させた。その後，臨時大総統の座は袁世凱に移り，孫文は中国革命同盟会を改組して国民党をつくった。ところが袁世凱が野心を表して国民党の党首宋教仁(そうきょうじん)を暗殺し，皇帝となろうとした。孫文は，袁世凱を打倒しようとふたたび革命を起こしたが失敗し，日本に亡命した。袁世凱は国内外からの反対の声が大きくなると，皇帝になることをあきらめた。その後，袁世凱が病気で死去すると，軍事権を掌握して各地域を支配する軍閥(ぐんばつ)が登場し，中国は混乱に陥った。

　多くの朝鮮独立運動家は国権が強奪されたのち，海外での活動を模索した。彼らのうち相当数は辛亥革命の知らせを聞くと上海(シャンハイ)や南京(ナンキン)などに亡命した。南京で学んでいた朝鮮人留学生は学生軍として蜂起に加わり，その後陸軍学校に入って軍事技術を学んだり，袁世凱を打倒する軍隊に入ったりした。中国の政治状況に対する期待とととともに，中国との連帯を念頭においたものだった。

　辛亥革命は日本にも影響を及ぼした。民間で革命派を援助しようとする動きが起こり，中国に渡って革命に加わる者もいた。だが，革命が共和制を成立させると，日本政府は警戒の視線を送った。日本の天皇制への影響を憂慮してのことだった。日本は，立憲君主制にもとづく清朝を支援しようとイギリスに共同干渉を要求した。しかし，イギリスは袁世凱に期待していたため日本の要請を断ったので共同干渉は失敗に終わった。

日本への期待と失望

　辛亥革命が起こったころ、孫文は日本人や日本政府に大きな期待をもっていた。おもな活動の中心地が日本であり、宮崎滔天をはじめ中国革命運動を理解し、援助する人が多かったからだ。孫文は、革命を完成させるためには軍閥を打倒し、列強から武器や借款を得なければならなかった。しかし、日本政府の関心は日露戦争で獲得した中国東北地方の利権をどうやって維持・拡大するかにあった。このため日本は中国革命の成功を望まなかった。むしろ中国が分裂すれば日本に有利だった。日本は東北地方に地盤をおいた軍閥の張作霖と手を結び、利権の確保に努めた。

　孫文は1917年以後、中国南方の広東省を基盤に革命を成就させようとしたが、軍閥との対立を味わっていた。孫文の思想を大きく変化させたのは、ロシア革命と5・4運動だった。彼は5・4運動での中国民衆のエネルギーに感銘を受け、中国国民党を大衆政党に改組しようとした。日本に対する認識も1919年を境にしだいに批判的なものに変わっていった。

　一方、ソ連も世界革命を成功させるため孫文が率いていた中国国民党と手を結ぼうとした。こうして孫文とソ連の代表の間で会談が進められ、中国国民党と共産党の合作が実現した。中国共産党員が個人の資格で中国国民党に入党し、協力体制を構築するようになったのである。

　1924年、広州で中国国民党第1回全国代表大会が開かれた。この大会で、軍閥の支配と

図表2　5・4運動中に行進する大学生と市民
パリ講和会議でドイツの利権を日本が継承することを決定すると、5・4運動が爆発的に広がった。

帝国主義の侵略から中国を救うためには真の共和政治を国民の力によって築き上げ，民族の統一をはかる国民革命を実行しなければならないという宣言を採択した。また，黄埔軍官学校という軍人養成機関をつくり，軍閥に頼らない独自の軍事力をもつようになった。

　この年，北京の政治情勢が大きく変わった。孫文と協力関係にあった張作霖らが軍閥間の戦争で勝利したのである。彼らの招待を受けた孫文が広東から北京に赴く途中，神戸に立ち寄って「大アジア主義」の講演を行った。しかし，北京に着いた孫文は癌に体をおかされ，翌年死去した。

大韓民国臨時政府と孫文

　1919年4月，3・1運動で高まった独立の熱気に力を得て中国の上海で大韓民国臨時政府が設立された。初代大統領には李承晩が選出された。上海は西欧列強の外交官が集まり，国内外の連絡と活動が自由で，外交活動を行うのに絶好の場だった。臨時政府はパリにとどまっていた金奎植を外務総長に任命して朝鮮の問題を講和会議に上程させて独立を承認させる活動を託した。

　このように臨時政府の外交は第1次世界大戦後のパリ講和会議の活動に焦点が集まった。だが，パリ講和会議は弱小国が期待していた正義と平和を追求する会議ではなく，戦勝国の利権分配だけに関心が集中している会議だった。このような事実があらわになり，臨時政府では外交活動を通じて独立を達成しようという外交論と，武装闘争を通じた独立を主張する勢力の間で再び対立が深まった。

　このようななか，1921年に海軍の軍備拡張を制限し，太平洋で安全保障を具体化するためワシントン会議が開かれた。臨時政府はまた期待をもった。ワシントン会議がアメリカの日本に対する牽制を含んでいることを知ったからだった。臨時政府は会議に派遣する代表を選出し，さまざまな講演活動を展開した。しかし，一方ではワシントン会議が開かれても大きな成果はないだろうと予想していた。機関紙『独立新聞』の社説からそれがよくわかる。

アメリカが、正義と人道を実現するとは信じがたく、日本と開戦する覚悟がないかぎり、日本の朝鮮統治を改良するよう要求することで終わるだろう。

　帝国主義国家の間で軍備縮小をめぐる交渉が進められていた1921年、孫文が率いる広州の軍政府は非常国会で大韓民国臨時政府と朝鮮独立を承認した。しかし、朝鮮と日本の関係は下関条約以前の状態に戻すべきとした。これは清が朝鮮に干渉していた当時の状況を前提とするものではないかという疑惑を残した。孫文は1924年に神戸で行った「大アジア主義」の講演でも朝鮮問題には言及しなかった。朝鮮人の記者が朝鮮問題について質問すると、孫文はこう答えた。「（私が主張する大アジア主義と日本の朝鮮支配は）もちろん両立できない。しかし私は日本で朝鮮問題を論じることを避けようと思う」。このため、朝鮮の報道機関は孫文の講演について「浅はかな行動」「中国人は理解できない」と酷評した。

革命の遺志の継承

　孫文の死後、中国国民党は彼の遺志を受け継いで革命を押し進めた。1925年5月、上海の日本の紡績工場で始まったストライキをきっかけ

図表3　臨時政府初期の主要人物
大韓民国臨時政府および臨時議政院の新年祝賀式の記念写真で、椅子に座っている2列目左端の金九（キムグ）をはじめ李始栄（イシヨン）、李東輝（イドンフィ）、李承晩（イスンマン）、李東寧（イドンニョン）、安昌浩（アンチャンホ）ら臨時政府の主要人物が見える。

11　中国革命の熱い熱気

図表4　朝鮮義勇隊2周年記念式で祝辞を述べる金元鳳(キムウォンボン)
義烈団をつくり、軍事活動のために同志と黄埔軍官学校に入った金元鳳は中国での抗日武装闘争の中心人物だった。

に、外国企業に対する大規模な抵抗運動が広がった。この地域を管轄していたイギリス警察が中国人労働者を弾圧する事件が起こると、共産党は労働者・学生・商人の組織をつくり運動を展開した。これが5・30運動である。この労働運動は帝国主義反対運動として広がり、共産党の影響力が高まった。これをきっかけに共産党は少数の知識人中心の団体から労働者が加わる大衆的な勢力に転換した。抗日運動が全国に広がるなか、国民党も広州と香港のストライキを支援した。これに従う大衆的人気に背を押されて国民党は7月に広州で国民政府を発足させた。しかし、国民党の内部では、中国共産党との合作に反対する人々の声がしだいに大きくなっていった。このとき頭角を現したのが、合作反対派を率いていた蔣介石(しょうかいせき)である。

　国民党は中国を統一するため1925年に国民革命軍を創設し、蔣介石を総司令官に任命した。そして翌年7月、国民革命軍は孫文が生前に夢見ていた統一戦争を始めた。国民革命軍の兵力は軍閥の4分の1にすぎなかったが、高い士気と農民や労働者の協力によって目覚ましい勝利を収めた。国民革命軍による北伐(ほくばつ)は、中国民衆の巨大なエネルギーを爆発させ、各地で労働運動や農民運動を呼び起こした。特に上海では共産党が指導した労働者のストライキが成功して軍閥を追い出した。このような流れに驚いた蔣介石は、共産党の勢力がこれ以上拡大するのを防ごうとした。1927年4月、蔣介石は上海共

産党員と労働運動の指導者を弾圧し，正式に南京に国民政府を発足させた。こうして国民党と共産党の第1次国共合作は崩壊してしまった。

　朝鮮人青年も国民革命に加わった。特に合作直後に設立された黄埔軍官学校への朝鮮青年の入学は，中国の国民革命への共感とともに軍事・政治技術を学んで朝鮮独立を達成しようとする意味があった。1925年から朝鮮人の入学が許可され，義烈団をはじめ各団体が青年を派遣した。義烈団はその路線をテロ活動から大衆的武装闘争に変更した。朝鮮人学生は卒業すると中国国民革命に加わったり，独自の朝鮮独立運動を展開した。

中国の敵となった日本

　ワシントン会議はアメリカの意図どおり中国の主権を尊重すると決定した。日本政府はこの結果を受け入れ，外務大臣幣原喜重郎は国際協力外交を押し進めた。国民革命が進んでいても中国における日本の特権がなくならないかぎり革命に干渉しないという態度をとった。

　しかし，1927年に軍人出身の田中義一が総理大臣になると，中国に積極的に軍隊を派遣し，革命を妨害した。そのため日本製品不買運動が各地で繰り広げられ，日本の貿易量が減少した。中国にあった日本の工場も大きな打撃を受けた。

　1927年に蔣介石の国民革命軍が共産党の勢力を弱めるため上海を占領すると，日本軍が第1次山東出兵を敢行した。日本の居留民保護を名分として掲げたが，中国の統一によって自身の利権が侵害されることを恐れてのことだった。蔣介石は国民政府混乱の責任をとって国民革命軍総司令の職を離れ，日本に渡って政治・経済界の要人たちと会談したが，成果は得られなかった。日本でも大衆が対支非干渉運動を展開したが日本政府に弾圧された。

　蔣介石は帰国して1928年に北閥をふたたび開始した。すると，日本政府もふたたび山東に侵攻して国民革命軍と対立し，済南を占領した。日本はみずからの権益を保護するとともに親日的性格をもつ北京の張作霖を保護する意

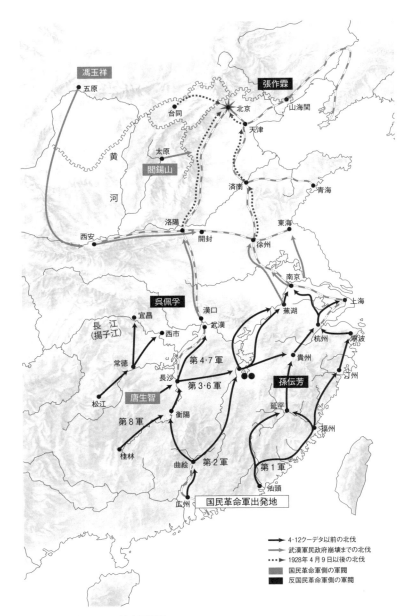

図表5　蔣介石の国民革命展開図

図ももっていた。北京政権の維持は中国東北地方と内モンゴルの利権と結びついていたためである。日本は結局，自国の利益のために中国の統一を阻むことはもちろん，中国民衆を制圧しようとしていたのである。

　この事件は中国民衆の反日感情を燃え上がらせ，中国人が最も嫌う国がイギリスから日本に変わった。一方，国民革命軍は日本との対決を避け，張作霖が率いていた北京軍閥政府の打倒に全精力を傾けた。窮地に追いこまれた張作霖は自分の基盤である東北地方に撤退し，国民革命軍は北京に入った。日本は張作霖を懐柔して東北地方での影響力を強化しようとしたが，思いどおりにならないと奉天郊外で列車を爆破して彼を殺害した。張作霖のあとを継いで奉天派の軍閥指導者になった息子の張学良は，日本の脅迫に屈せず，この年の終わりに国民政府に合流した。ついに孫文が夢見ていた中国統一が実現したのである。その後，中国と日本の対立は強まっていき日本は中国の敵になった。孫文が神戸で行った最後の講演で熱狂的な拍手を浴びせた日本人はどこへ行ってしまったのだろうか。

1931年の満州事変に始まる日本の中国・東南アジアへの侵略戦争は多くの人々の生活を破壊し生命を奪い，苦しみと悲しみをもたらした。日本軍に占領された地域の人々の間では不当な支配と略奪に対する怒りが広まり，さまざまな抵抗運動が起きていった。

　中国での戦争が長期化し，日本がアメリカ・イギリスに宣戦し戦争が拡大するにしたがって，朝鮮半島でも多くの民衆が戦争に協力させられ，戦場にも強制的に狩り出されていった。

　しかし，戦争の悲劇はそれだけでは終わらなかった。1945年に日本が降伏すると朝鮮半島はアメリカとソ連に分割占領され，南北に対立する政府が樹立された。1952年には日本が独立を回復したが，日本軍「慰安婦」など，戦争の犠牲となったアジアの人々

第3章
戦争，そして平和に向かう長い道すじ

に対する損害賠償は未解決の問題として残されている。

多くの犠牲者を出したにもかかわらず，戦争はその後も繰り返されていく。1950年に始まる朝鮮戦争と1965年に始まるベトナム戦争はふたたびアジアの人々に大きな被害をもたらした。米ソ両国の核武装の強化によって，人類の滅亡をもたらす核戦争の不安に脅かされることになった。

こうした時代を人々がどのように生きてきたのか，平和を求めてどのような努力をしてきたのかをふり返ってみよう。それによって，ふたたび戦争を起こさないようにすることの大切さを知ることができるだろう。

12

日本の侵略に対抗して
朝鮮と中国が手を握る

　2001年9月29日，韓国の新聞はあまり馴染みのない人物の死亡のニュースを伝えた。「朝鮮義勇隊最後の分隊長金学鉄氏他界」。朝鮮義勇隊は1930年代の中国で日本軍と戦った抗日武装独立軍だ。金学鉄とはどのような人物で，なぜ「最後の分隊長」と呼ばれたのだろうか。そして，人々の記憶から消え去っていた朝鮮義勇隊が，なぜふたたび注目されたのだろうか。

上海に旅立った青年

　金学鉄は，朝鮮が日本の植民地支配を受けていた1916年に咸鏡南道元山で生まれた。勉強よりも走りまわるのが楽しく，隣の女の子が好きな平凡な少年だった。いたずらっ子で親が校長に呼びだしを受けたり，隣の家のかぼちゃに弓を射たところを見つかって怒られたこともあった。

　小さいころの金学鉄は，港に停泊した日本の艦隊を見て「世界で一番の艦隊」と誇らしく思った。だが，普通学校（朝鮮人が通う，現在の小学校）の国史の時間に日本史を習うのがどういうわけか不快で，「国」という字を「日」の字に書き換えたりした。彼に言わせれば「親日感情と反日感情が上げ潮と引き潮のように変わる変な時期」を送っていたのである。

　高等普通学校（朝鮮人が通う，現在の中学校）のとき，読書が好きで足しげく書店に通っていた彼に，ある日当惑するような出来事が起きた。書店で本を買っての帰り道，雨に濡れないよう袖で本を大切にくるんでいた。その

姿を見た日本人の巡査が彼を呼び止めた。

「この本をどこで手に入れた」。

「買いました」。

「嘘をつくな。全部知ってるぞ。盗んだんだろう」。

いきなり本泥棒にされた彼は，書店員が来てようやく潔白が証明された。だが，巡査は謝りもせず「もう行ってよし」と命令口調で言った。この小さな事件は，彼に植民地支配の現実を考えさせるきっかけとなった。

そのころ，国外から聞こえてくる朝鮮独立活動家たちのニュースは若い金学鉄の胸を躍らせた。彼の心を最もときめかせたのは尹奉吉(ユンボンギル)のニュースだった。尹奉吉は，1932年4月，上海を占領した日本軍が開催した天皇誕生日祝賀兼戦争勝利行事場の壇上に爆弾を投げつけた。これによって日本軍上海(シャンハイ)派遣司令官白川義則(しらかわよしのり)大将をはじめ高位将軍や外交官が死傷した。この事実が知られると朝鮮に独立の熱気が広がり，朝鮮の独立の意志が中国をはじめ世界に知られるようになった。

金学鉄は，尹奉吉と同じように独立運動をする人々が中国，特に大韓民国臨時政府がある上海で活動していることを知った。大韓民国臨時政府は，1919年の3・1運動直後，朝鮮独立運動の中心となる目的でつくられた。金学鉄は悩んだ末に上海に発つ決心をした。第2，第3の尹奉吉を必要とする大韓民国

図表1　上海義挙後，連行される尹奉吉
彼は上海義挙後逮捕されて，日本での裁判ののち死刑に処せられた。

臨時政府を訪ねるためである。

義烈団に出会う

　1935年，金学鉄はついに上海に到着した。上海に第一歩を踏み入れた彼が出会った独立運動勢力は，金元鳳（キムウォンボン），尹世胄（ユンセジュ）が率いる義烈団の活動家たちだった。金学鉄が苦労して訪ねた大韓民国臨時政府は，尹奉吉事件以後複雑な政治状況のなかでさらに南に根拠地を移していた。

　義烈団は，図表2のように日本の植民地支配政策と関連した主要人物を暗殺し，関連機関を爆破した。彼らは誰かがまず犠牲的な闘争を繰り広げ，これに勇気を得た民衆が3・1運動のように大々的に乗りだせば日本の植民地支配を終わらせることができると考えた。金学鉄は熱情的で積極的な彼らに

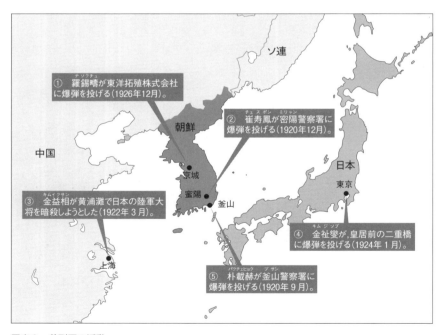

図表2　義烈団の活動

魅了されてともに朝鮮の独立について深く考えはじめた。

中日戦争と朝鮮義勇隊の創設

　1937年7月7日，北京郊外の盧溝橋で銃声が響いた。被害者はいなかったが，日本は，日本軍に中国軍が射撃を加えたとして中国軍に対する大々的な攻撃を開始した。中日戦争の始まりだった。

　戦争が始まると，日本軍に対抗するため中国国民党と共産党がふたたび手を結んだ。中国にいる朝鮮の独立運動家たちも日本の侵略に立ち向かって力を合わせるための論議を始めた。彼らは，日本の侵略は東アジアの平和を脅かす行為であり，中国とともに日本を敗北させれば朝鮮の独立を早めることができると考えた。日本人の要人を襲っていた義烈団も少数のテロ活動よりも多数の大衆とともに日本帝国主義と戦う方法を摸索していた。1938年に金元鳳と尹世冑は意を同じくする人々とともに「朝鮮義勇隊」を創設した。金学鉄もその一員だった。

　朝鮮人が中国の地で独自の武装部隊をつくるためには中国人の援助が必要だった。初期の朝鮮義勇隊員は，中国国民党がつくった中国陸軍軍官学校で政治，軍事などの教育を受けた。金元鳳も早くからこの学校の前身である黄埔軍官学校で教育を受けていた。そのとき日本政府が金元鳳をはじめ朝鮮人の入学に強い不満の意を表すと，黄埔軍官学校校長だった蔣介石は，朝鮮人をいったん退学させて，居住地と名前を中国式に変えて再入学させた。それ以後も尹奉吉の義挙のような活動を通して朝鮮人の独立の意志を見た中国人は，中日戦争でも朝鮮人と戦うことを望んだ。特に，朝鮮義勇隊の青年たちが，韓中日三国の言語を駆使して中国人に対してはもちろん日本軍に対しても宣伝活動を行う力量があることに注目した。だが，中国人は朝鮮人が思う存分活動することを妨げることもあった。朝鮮義勇隊はもともと部隊の名前を「朝鮮義勇軍」にしようとした。だが中国人が，正式な軍隊ではなく，宣言活動をする義勇隊とするよう望んだので名前を変えたのである。

はじめ朝鮮義勇隊は中国国民党軍とともに行動した。彼らはおもに捕まえた日本兵を尋問し，日本兵には戦争反対を，中国人には日本軍と戦うよう宣伝する活動を行った。1938年に中国の武漢(ぶかん)が日本軍に陥落させられる危機に直面すると，朝鮮義勇隊は後退しながらも市内のあちこちの壁に日本軍に向けた標語を黒々と大書した。

　　兵士は前線で血を流し，財閥は後方で贅沢をしている。
　　兵士の血と命——将軍の金鵄勲(きんしくんしょう)章。
　　日本の兄弟たちよ，非道な上官に銃口を向けよ！

　こうした勇敢な活動を高く買った中国人指導者はこう言った。「武漢が陥落する運命に直面したこの危険なときに，われわれに代わって敵に向かって標語を書いているのはただ朝鮮の友だけだ！」

戦うために華北に移る

　1941年に朝鮮義勇隊は二つに分かれた。当時，中国国民党は国共合作(がっさく)を破棄して共産党弾圧に力を注ぎながら，日本軍への対応は消極的だった。最前線で日本軍と戦うことを望んだ朝鮮義勇隊員たちはこれに不満を募らせていた。ところが華北では中国共産党が日本軍と激しく戦闘を交えていた。尹世冑をはじめ大多数の義勇隊員は華北に移った。彼らは，宣伝活動だけではなく日本軍と戦ってこそ独立を1日も早く成し遂げられると信じていた。また，土地改革によって国民党よりも中国人の民心を得ていた中国共産党と連帯する側に立とうと考えた。華北には多くの朝鮮人が暮らしていたので活動に有利だという期待もあった。

　当時，日本軍は中国の大都市をはじめ主要地域を占領していたが，中国共産党はそうした地域でも抗日活動を繰り広げた。占領地域に暮らしていた中国人は，夜になるとこっそりとやってきた共産党軍の声に耳を傾けた。義勇

隊員は共産党軍と宣伝・煽動活動を行った。住民に日本軍と戦うよう説き、村のあちこちに日本語で戦争に反対する一節を書きつけた。この地域の朝鮮人には民族意識を鼓吹し、隊列に加わるよう訴えるハングルのビラを配布した。彼らは戦闘が発生すると誰よりも勇敢に戦い「野獣のような戦闘力をもった義勇隊」と呼ばれた。

図表3　朝鮮義勇軍
「中国と韓国、両民族が連合して日本の強盗を打倒しよう」というスローガンを壁に書いている朝鮮義勇軍。

　1942年、朝鮮義勇隊は華北にいた他の朝鮮人抗日組織とともに朝鮮義勇軍に改編された。朝鮮義勇軍は図表3のように抗日宣伝活動を行い、中国人はもちろん朝鮮人からの信望が厚かった。特に、1944年ごろには日本軍に動員された朝鮮人兵士を脱出させるのに大きな成果をあげた。活動を展開するなかで、朝鮮義勇軍はしだいに規模を拡大していった。1945年8月9日にソ連軍が日本軍の占領していた中国東北地方を攻撃すると、朝鮮義勇軍もそこに進撃した。

国境を越えて戦争に反対した人々

　金学鉄も1941年に尹世冑とともに華北に移動した。ここでは台湾義勇隊や日本人民反戦同盟などで活動する人々もいた。彼らも日本の侵略戦争に反対

する旗のもとで中国共産党と連帯していた。このような状況のなかで金学鉄は日本人民反戦同盟の鹿地亘(かじわたる)という日本人と出会った。鹿地は日本で侵略政争に反対する活動をし、その後政府の弾圧を避けて中国に亡命した人物で、「日本人の侵略戦争反対、中国と日本の公正な講和、日本の民主的革命」を主張した。日本人捕虜を説得しながら中国で反戦運動を繰り広げる彼を見て、金学鉄は小さいころいぶかしく思っていた二つのことを思い出した。

一つは、元山で起こった埠頭労働者のストライキでの記憶だった。埠頭にいた日本人船員らが朝鮮人労働者を攻撃していた日本の警察にヤジを飛ばしていた。日本人船員が同じ民族である日本の警察ではなく、朝鮮人労働者を応援している姿を幼い金学鉄は理解できなかった。二つ目は、高等普通学校に通っていたころ聞いた噂で、有名な共産主義者であり独立活動家の李載裕(イジェユ)を京城(けいじょう)帝国大学教授三宅鹿之助(みやけしかのすけ)がかくまったというのだった。著名な日本人教授が日本の警察に追われる朝鮮人を助けるとは——占領国の日本人が占領された地域の朝鮮人と連帯するなどということは、その当時の金学鉄には理解できないことだった。だが今の金学鉄は、中国での自分の経験と鹿地亘を通してそんな状況を理解できた。

戦争に反対し平和を守るために民族と国境を越える連帯は、日本・中国・朝鮮などアジアに限定されたものではなかった。金学鉄はこの地域を訪ねてきたフランスの新聞記者と出会ってそれを確認できた。このころ民主主義を破壊し、自国の利益のためならば侵略戦争をも辞さないファシズムの嵐がヨーロッパでも激しく吹き荒れ、フランスの記者はドイツと戦う自分たちのようにファシズムに反対する人々を取材するために遠く中国まで来たのだった。彼らは「朝鮮義勇隊が今まで繰り広げてきた活動は、全世界の反ファシズムの戦士たちに大きな力となるだろう」と言って強い連帯感を表した。

大韓民国臨時政府と韓国光復軍(こうふく)

一方、華北に移動しないで武漢に残っていた朝鮮義勇隊員たちは金元鳳と

ともに大韓民国臨時政府の直属武装軍隊である韓国光復軍に合流した。

　臨時政府は1920年代後半には沈滞していた。独立運動の方法をめぐる対立で外交論に批判的な独立運動家たちが大挙して離れてしまったからである。この困難を乗り越えるきっかけこそ，武装闘争を推し進めた独立運動家金九(キムグ)が主導した尹奉吉の義挙だった。中国国民党の指導者蔣介石はこのときから臨時政府を積極的に支援しはじめた。臨時政府は中国政府が日本軍に追いつめられて杭州(こうしゅう)，広東(カントン)などをへて重慶(じゅうけい)に移ったときいっしょに移動した。重慶(じゅうけい)に移った臨時政府は，1940年に中国政府の援助で庁舎を整え，光復軍を創設した。1941年に戦争が太平洋に広がると，日本に宣戦を布告した。今こそ独立運動勢力の結集が必要だと考えた金元鳳は，臨時政府主席金九と手を携えた。金九と金元鳳を同時に支援していた中国政府の積極的な要請も一役買っていた。

　朝鮮義勇隊合流後，戦力が強化された韓国光復軍は中国国民党部隊とともに抗日戦闘で活躍した。1943年にはインド・ビルマ戦線に工作隊を派遣した。すでに数年前から朝鮮義勇隊の援助を受けていたイギリス軍がふたたび要請してきたからである。光復軍工作隊はイギリス軍を助けて日本軍の情報を収集し，捕虜を尋問した。また，中国に駐屯したアメリカ軍と協力して国内投入のための特殊訓練を実

図表4　韓国光復軍発足後の記念式

施していた。

最後の分隊長として

　金学鉄は1941年の戦闘中に足を撃たれ，捕虜となって長崎刑務所に収監された。最後まで日本軍に抵抗する姿勢を変えなかったので足の傷を治療してもらえず，切断することになる。

　1945年の解放後に釈放され，紆余曲折の末に中国に渡って創作活動に専念した彼は，みずからを朝鮮義勇隊の「最後の分隊長」と呼んだ。自分こそ，死んだかつての戦友たちの活躍を明らかにできる最後の生き残った部隊員と考えたからである。

　解放後，長い間韓国では朝鮮義勇隊のことが忘れられていた。朝鮮義勇隊の活動の中心に社会主義者がいたからだ。北朝鮮では，金日成(キムイルソン)が権力を強化するなかで朝鮮義勇隊から目をそらせた。このように南北で忘れられていく独立運動家たちを記録し明らかにするための彼の努力は，1990年代以後著書が出版され，小さいながらその実を結んだ。金学鉄は故郷の咸鏡南道元山に戻ることができないまま中国の延辺(えんぺん)で2001年にその目を閉じた。

図表5　金学鉄
若い時代と老年の姿，そして，中国少数民族運動館に建てられた銅像。

若者たちが戦場に追いたてられる

　「人間にとって一国の興亡は実に重大なことでありますが，宇宙全体から考えたときは実に些細なことです」。大学生で入隊したある日本人学徒兵は，両親にあてた遺書にこのように記し，特別攻撃隊員として沖縄で戦死した。22歳だった。アジア太平洋戦争では日本人，朝鮮人を問わず多くの若い命が失われた。学徒兵たちはどのように戦場に追いたてられたのだろうか。

「私どもは大日本帝国の臣民であります」

　1936年8月，朝鮮総督に南次郎が就任した。彼は「朝鮮に天皇陛下が訪問されることと朝鮮に徴兵制度を実施すること」を統治の二大目標として掲げ，内地の日本と朝鮮は一つだという意味の「内鮮一体」をスローガンとして唱えた。1937年7月に中国との全面戦争に突入して日本国内の人材と資源だけでは戦争を進められなくなると，日本政府は朝鮮人を戦争に動員しはじめた。

　総督府は神国日本の精神を教えこむため，朝鮮全土282か所に神社を建て，朝鮮人に神社参拝を強要した。各家庭にも神棚をつくらせ，朝鮮人が神国日本の一員だという意識を日常的にもたせようとした。

　1937年10月には皇国臣民の誓詞をつくったが，これには大人用と児童用があった。子どもたちは毎日学校の朝礼の時間にこのように唱えなければならなかった。

一つ，私どもは大日本帝国の臣民であります。
一つ，私どもは心を合わせて天皇陛下に忠義を尽くします。
一つ，私どもは忍苦鍛錬して立派な強い国民となります。

　また，天皇のいる東京の皇居に向かっておじぎをする宮城遥拝，そして日の丸掲揚と君が代斉唱を強要し，天皇に忠誠を尽くす心を養わせようとした。子どもたちは歴代天皇の名前，神話に登場する神々の名前，教育勅語などを暗記しなければならなかった。
　1938年3月，総督府は学校の科目として残っていた朝鮮語を廃止し，日本語を国語として日常的に使用させた。そして，学校内外で日本語を使っているか互いに監視させ，朝鮮語を使った友人を密告するのが日課となった。これを守らなければ，学校で鞭で手を打たれたり，トイレ掃除をさせられたりといった罰を受けた。朝鮮語で書かれた雑誌や新聞もすべて廃刊になった。

日本風の名前に

　1940年2月11日，総督府は創氏改名を実施した。これは，男女ともに結婚しても姓が変わらない朝鮮の家族制度を変更させたものである。新たに氏をつくらせて戸籍上の戸主に入籍させる制度で，家庭を支配の単位とした。伝統的な血縁集団の力を弱め，天皇を頂点とする日本的家制度を朝鮮社会に導入したのである。これには朝鮮人を戦争に動員しやすくするとともに，朝鮮人兵士が日本の軍隊に入っても一体性を保つねらいがあった。
　同年8月10日までの6か月間，役所への創氏改名の届出を行わせたが，前半の3か月間に届け出た者は7.6％にしかならなかった。届出の実績を上げるために総督府は，各地に設置した愛国班を通じて監視させ，新聞を通じて地域の達成率を競わせた。また，拒否した者には子どもの通学を認めない，食料品の配給を打ち切る，日本への渡航許可や事業の許認可を与えないなど物理的・精神的に圧迫を加えて届出させた。こうして最終的に約80％が届出

を行い，届出なかった者は邑(ウプ)・面(ミョン)・洞(ドン)（ともに地方の役所）の事務所が氏を定めた。

日本式氏制度の強要に対する朝鮮人の抵抗感は非常に強かった。一族で話しあいのうえ，姓の一字を生かすなど，なんとか先祖とのつながりを残す努力をする人々が多かった。日本への留学経験もあり，東亜日報の客員記者として中国・ロシア・日本などを行き来した羅景錫(ナギョンソク)は，羅田景錫(らでんけいせき)と名乗ったが，このように一見すると日本式に見えるだけのものに変えることで，その実，創氏改名を受け入れない者もいた。

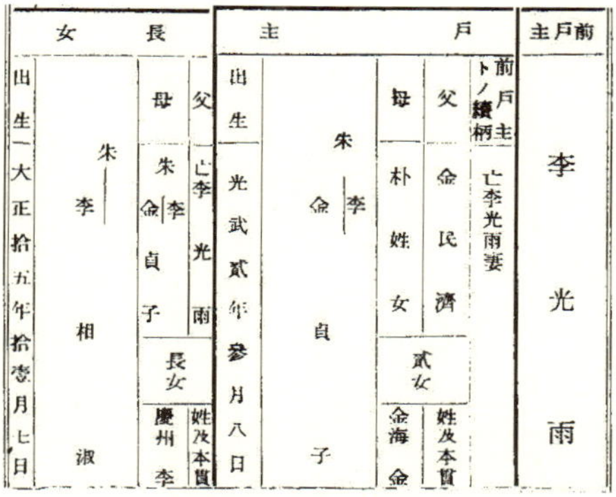
前戸主 李光雨
前戸主トノ續柄 亡李光雨妻
戸主 父 金民濟 母 朴姓女 貳女 姓及本貫 金海金 朱李 金貞子 出生 光武貳年參月八日
長女 父 亡李光雨 母 朱李 金貞子 長女 姓及本貫 慶州李 朱李 相淑 出生 大正拾五年拾壹月七日

図表１　創氏改名の届出を出さなかった場合の戸籍（部分）
戸主が死亡すると妻が戸主となったが，本来「金」である姓が「李」と変わったことがわかる。

しかたなく志願した朝鮮人学徒兵

日本政府は1938年４月に陸軍特別志願兵制度を施行して身体検査，学科試験，口頭試問などで選考された者を，訓練をへて志願兵として採用した。志願者数は，募集人員の７倍から62倍と多く，1943年には6300名を選ぶのに30万4294名が押し寄せた。しかしこれは，総督府，朝鮮駐屯日本軍，邑・面・洞事務所，学校，警察などが圧力をかけた結果だった。1942年５月，日本政府は朝鮮人に徴兵制実施を発表した。そして，実施に先がけて総督府は大学・高等専門学校に在籍する満20歳以上の朝鮮人学徒の兵役志願日程を発表した。陸軍特別志願兵の成功と皇民(こうみん)化教育実施によって自信をもった総督府は特別の対策はとらず，学校関係者も「直接学生と接した感触として予想以上の多数の志願者が出る」と見ていた。しかし期待に反して実際に志願した

図表2　朝鮮人学徒志願兵の出征式

のは、日本人に同化することに努力していた一部の親日派の子息だけであり、「志願なら行かなくてもよい」と多くは志願を避けた。

総督小磯国昭(こいそくに あき)は、学徒兵への志願が思いのほか不振となると、「最近朝鮮と朝鮮人の有能な本質を一般に認識させてきた従来の努力がこのことで水の泡となる恐れがある」と述べ、低い志願率は朝鮮民族内部の問題とした。これに対し、親日派は危機感を強め、志願率上昇のため協力を惜しまなかった。まず京城(けいじょう)の有力者たちが志願を促す組織を各地域で結成した。町民ひとりひとりが学生を監視して志願率を100％に近づける体制をつくり、これを朝鮮全土へ拡大した。特に、エリート層を父親にもつ学徒のなかには、「（父親が）言うに言えない圧迫と屈辱を受けなければならなかった」としかたなく志願した人も少なくなかった。

　大学や高専では全員志願に向けた決起大会を重ね、教師による戸別訪問、中学校の恩師や同窓会も加わって各校間で志願率により愛国心を量る競争が激化していった。ある京城帝大教授は、姿をくらました教え子を探し出せずに新聞社を訪れた。「君は今どこにいるのか。再三の手紙にも返事もなく、父上は君を探しに京城まで来たが帰ってしまった。両親の苦悩、恩師の心配、学友の心づかいがどれだけ深刻なものかも知らずに、自分の身の安全だけをはかろうというのか。私たちの研究室からは君ひとりだけが未だ志願しない

というのが残念でたまらない。自分の教育愛の足らなかったことに無限の責任を感じる。さあ今日こそ立て」という記事を掲載してもらい，さらに何度も手紙や電報を送りつづけたのである。学生はしかたなく締切日に志願した。

　こうして96％という高い志願率が達成された。学生の身分で戦争に動員された朝鮮人は約4000人と推定される。日本政府や総督府が徴兵制実施より前に朝鮮人学徒を軍隊に送るのにはねらいがあった。エリート層が志願兵となったことを徴兵のモデルケースにし，また，徴兵制を実施すると増えることになる，日本語を理解しない朝鮮人兵士の指導をまかせようと考えたのである。

日本兵となった朝鮮人

　このように下地を整えたうえで1944年4月，徴兵制を施行して約21万人の朝鮮人青年を日本軍兵士として徴兵した。アジア太平洋戦争での朝鮮人戦死者は約2万2000人，負傷者はその数倍に達すると推定される。

　呉幸錫（オヘンソク）は，世界大会に出場できるほどのマラソン記録をもっていた。彼は徴兵制実施前の1942年，25歳のときに日本軍の軍属として招集され，捕虜の監視にあたることになった。日本軍は，シンガポールをはじめ東南アジアにある捕虜収容所で連合軍の捕虜を監視し，その一部をタイへ移送させる仕事を朝鮮人にもまかせていたのだ。捕虜に過酷な労働をさせ，食料は少ししか与えず，睡眠も十分にとらせないよう決めたのは日本人の将校だが，これを捕虜に強制するのは朝鮮人だった。

　連合軍が勝利すると日本人は朝鮮人を残したまま逃げ出し，多くの朝鮮人捕虜監視員が連合軍に殺害された。しかし呉幸錫は，連合軍の捕虜と自分に大きな違いはないと考えて虐待をせず，日本軍に隠れて食事を渡したりしていたため，生き残った。彼のように日本陸海軍の関連機関に動員された朝鮮人は15万人を超えたと推定される。そのなかには，戦後の軍事裁判でＢＣ級戦犯となり，強制動員された事情は考慮されず，日本人として処刑された者

もいた。B級戦犯は捕虜を虐待するなど戦争法規に違反した者，C級戦犯は拷問や殺人などを直接行って人道主義に背いた者をさす。

独立運動に加わった朝鮮人学徒兵

　一方，平安北道宣川(ピョンアンプクトソンチョン)出身の学徒兵に張俊河(チャンジュナ)がいる。牧師だった彼の父親は，神社参拝に反対した罪で教職を追われ，その後も要視察人物として絶えず警察に尾行されていた。彼は，自分が学徒兵に志願しなければ家族が苦難にあうと感じていたので，志願兵募集に応じた。彼が素直に志願するのを見たまわりの人たちは，日本に抵抗した一族の名誉を傷つける行為だと批判した。しかし彼には，日本の軍隊を脱出して朝鮮の独立軍部隊に加わる計画があった。志願兵に応じた友人たちがみな朝鮮半島内の地域に配属されることを望んだのに対し，遠く離れた中国にある日本軍部隊に配属されることを望んだのもこのためだった。彼は中国に大韓民国臨時政府をはじめ多くの独立運動団体があることを知っていた。

　張俊河は脱出のために入隊前から細心の注意を払って準備を進めた。兵営生活に耐えきれずに脱走する朝鮮人学徒兵が増加していたため，彼は脱走がほとんど起きていなかった徐州(じょしゅう)に駐屯していた部隊へ転属された。そこで彼は脱出計画の実行の日を待った。1944年7月7日，日中戦争7周年記念日に会食が開かれ，天皇から下賜(かし)されたという酒とたばこが振る舞われたことで，部隊の雰囲気はなごんでいた。張俊河は，夜間点呼のあと，入浴に行くふりをして3人の仲間とともに計画を実行に移した。死を意味する失敗への恐怖，持病の心臓病への不安をかかえながら鉄条網を越えて脱走した。

　灼熱の太陽が照りつける道のりを飢えに耐えながら歩きつづけ，国民党軍の遊撃部隊に合流した。

図表3　日本神学校時代の
　　　　張俊河

国民党軍の協力を受けた張俊河一行は，日本軍が警備する鉄道を突破して徐州南の中国軍内に特別に設けられた韓国光復軍訓練班に迎え入れられた。そこで3か月をへたのち，臨時政府のおかれた重慶に向けて出発した。厳しい寒さに悩まされながらも1945年1月末，徐州から2400kmの道のりを越え臨時政府の庁舎にたどりついた。張俊河はこうして祖国の独立運動に身を投じ，戦後は韓国の軍部独裁政権に抵抗して民主主義実現に向けた政治運動の指導者の役割を果たした。

天皇陛下のご恩に報いるために

1943年10月，神宮外苑競技場に7万5000人の若者が集まった。20歳以上の学生兵役免除が解かれ，学徒兵となった2万5000人の壮行会を行うためだった。雨の降るなか，女子学生ほか5万人もの人々が見送りのために会場に来ていた。式典では，東条英機首相や文部大臣の演説，慶應義塾大学学生の送別の辞に続いて東京帝国大学学生による答辞が述べられた。この答辞は，「誓って天皇陛下のご恩に報い，みなさんのご期待に背かないようにします」と結ばれている。その一方，当時をふり返り，「とうとう来たかと思いました。軍隊が嫌だから大学に入ったようなものだったから。軍隊にはできれば行きたくなかった。みんなそうではなかったんですか」という証言も残っている。

さらに，1942年4月に東京帝大に入学し，翌年12月に入隊した学徒兵は，軍隊生活中の日記に「毎日多くの先輩が，戦友が，ちりやほこりのよ

図表4　神宮外苑競技場での学徒出陣壮行会

うに海上に、ばらまかれて、そのまま姿を消してゆく。一つ一つの、何ものにもかえがたい命が、ただひとかたまりの数量となって処理されてゆくのである」と記している。彼は1945年4月、済州島沖で船が沈没して22歳で戦死した。

この壮行会に出席した学徒兵のうち、3000人以上が戦死したという。

自由のために

1922年、長野県の医者の三男として上原良司は生まれた。彼は中学校（現在の高等学校）を卒業したのち東京へ出て、1942年に慶應義塾大学経済学部に進学した。ファシズムを批判した自由主義思想家の著書を好んで読み、自由への強い想いを抱く学生だった。

しかし当時、日中戦争は長期化し、さらに連合国との戦争も始まっていた。1942年半ばからは日本が劣勢に立たされ、戦争への協力体制はさらに強められていた。各地で戦死者が増加し、兵士の不足が深刻化していた。上原のふたりの兄は軍医だったが、ひとりはこの年に戦死している。

1943年10月、上原は大学や専門学校に通う学生の徴兵猶予が撤廃されたという決定を知らされた。兵士の不足を補うため、高等教育を受ける学生たちに認められていた徴兵猶予が撤廃されたのだった。理系学生は兵器開発など戦争継続に必要だとして猶予措置が続けられたが、文系である上原は徴兵の対象となった。上原は大学を離れ、1943年12月1日に陸軍に入隊した。航空機操縦専門の士官となるため熊谷陸軍飛行学校に入学し、短期間で集中的に操縦訓練を受けた。翌1944年に飛行

図表5　上原良司

学校を卒業し，部隊に配属された。そのころ，日本の戦局はさらに悪化して特別攻撃，つまり操縦士を乗せたまま航空機ごと敵艦へ突撃させる作戦を実施すると軍中央で決定した。

　上原も特攻隊員に選ばれた。そして1945年5月11日，沖縄県嘉手納(かでな)でアメリカ部隊に突撃して戦死した。出撃の前夜，彼は上官に渡す遺書とは別に「所感」と題した文を記していた。

　　　自由の勝利は明白なことだと思います。人間の本性である自由を滅すことは絶対にできず，たとえそれが抑えられているように見えても，底においては常に闘いつつ最後には必ず勝つということは真理であると思います。

　上原は，自由の許されなかった日本の敗北を予言し，自由と独立のために命を捧げるとして，22歳という年齢でその生涯を終えた。

14 アジア太平洋戦争とアジアの人々

　日本はアジアを欧米の植民地から解放する「大東亜共栄圏建設」を掲げ，戦争に突入した。しかしその実態は，欧米の植民地支配者に代わって，日本がアジアの支配者になろうとした侵略戦争だった。戦争が拡大するなかで日本占領下のアジアの人々はどんな生活を強いられたのだろうか。また，日本国民にとっての戦争体験は，どのようなものだったのだろうか。

日米関係悪化と東南アジアへの侵略

　1937年に本格化した日中戦争は中国国民の粘り強い戦いによって長期化の様相を呈した。日本のアジア侵略をみずからのアジア権益を脅かすものととらえたアメリカが，1939年から中国支援を本格化させて，ヨーロッパ諸国とともに経済封鎖を行ったことも戦況に大きく影響した。戦争遂行に必要な石油の7割をアメリカからの輸入に頼っていた日本は，アメリカの中国支援ルートを断つことと資源確保を目的に東南アジア侵略をはかった。

　日本は1940年9月23日，ベトナム北部の占領を強行し，27日には第2次世界大戦のヨーロッパ戦線でのドイツの快進撃を見て日独伊三国同盟を結んだ。この同盟で日本とアメリカ・イギリスとの対立は決定的になり，11月に政府は，「局面打開と日本の自存自衛，大東亜の新秩序を建設するために対米英蘭戦争を決意する」と決定した。さらに石油資源確保のために1941年7月，ベトナム南部に軍を進めると，アメリカは日本の在米資産凍結と石油輸出全

図表1 「大東亜共栄圏」の国から日本が調達した物資

面禁止を行った。10月には陸軍大臣だった東条英機が内閣総理大臣に就任したが，中国からの日本の撤退を要求するアメリカとの交渉に失敗し，日本は対英米戦争への道を突き進んでいった。

「大東亜共栄圏」の虚像

1941年12月1日，天皇が出席した御前会議で開戦が決定された。そして，12月8日に，陸軍がマレー半島コタバルに上陸し，海軍がハワイ真珠湾を奇襲攻撃し，日本はアジア太平洋戦争に突入した。

その宣戦布告には，「朕（天皇）は米国および英国に宣戦を布告する。両国は重慶の中国政権を支援し，平和の美名に隠れて東洋の平和を乱した。日本はがまんを重ねて平和の回復に努力してきたが，米英は少しもゆずる精神

がないので,帝国は自存自衛のため戦争を決めた」とある。

だが,開戦直前の1941年11月に決定された大本営政府連絡会議「南方占領地行政実施要綱」では,「占領地に対しては,差しあたり軍政を実施し,治安の回復,重要国防資源の急速な獲得と作戦軍(軍隊)の自活(食糧)確保を行う」とされていた。つまり南方占領の目的は,国防資源の獲得と兵士の食糧確保にあったのである。

地獄の「日本占領時代」

1943年11月,日本は大東亜会議を開催し,「アジアの解放」を唱え,自主独立の尊重・各国の伝統の尊重・互恵的経済発展・人種差別撤廃・資源の開放を掲げた大東亜共同宣言を発表した。しかし,「アジア解放」の名目で行われた1942年から45年の日本占領時代は,東南アジアの人々にとっては地獄の日々だった。

コタバル上陸後,破竹の勢いで東南アジアを侵略占領した日本軍は中国支援をしていたとして中国系住民を虐殺し,また必要な食糧・物資などを日本から送らず,「自活確保」の名目で現地調達した。だが,その実態は容赦ない略奪だった。

日本軍は,労働力不足を補うために,東南アジアの人々を強制連行して鉄道や飛行場の建設現場で働かせた。「死の鉄道」と言われた泰緬(タイ・ビルマ)鉄道建設では,マレー作戦などで捕らえたイギリス・オーストラリアなどの連合軍捕虜と労務者として半ば強制的に連行した東南アジアの人々を過酷な労働にあたらせた。1942年からわずか1年3か月で450kmを建設させたこの無謀な工事では,飢餓と病気で数万の人々が死亡した。犠牲になった連合軍兵士の墓はあるが,アジアの労務者の犠牲者数はいまだに明らかになってはいない。

また,占領地では人々を「天皇の民」とする皇民化教育が実施され,日本語と皇室への忠誠が教えられた。神社参拝の強制,時刻も東京時間に改める

など，現地の文化・歴史を無視した日本化を強行した。戦争の名目である「植民地の解放」のために，ビルマ・フィリピンに独立を認めたが，事実上は日本軍が支配した。

シンガポールでは，中国系住民の虐殺が行われ，当時の中国系人口60万人のうち5万人が犠牲になったと言われる。

3月にはマレー半島でも「治安粛清（しゅくせい）」を口実に中国系住民の虐殺が行われた。父母ら家族5人が全員殺された当時7歳の男性は，「私たちは当初，日本兵が人を殺すなんて思わなかった」「4人の日本兵が銃剣で襲いかかった。土下座して命ごいする者もたちまち刺し殺された」「当時臨月だった私の母は日本兵3人がかりで刺し殺された。刀は母の背中から身体を貫いて，私の胸部を刺した」と証言している。

1940年9月に日本軍が進出したベトナム北部では，1944～45年に200万人の餓死者が出た。悪天候・洪水などの自然災害だけでなく，日本軍の日常の食糧や決戦に向けての備蓄米（約10万の日本軍の2年分）が収奪されたことが原因だった。8人家族で7人が餓死，ひとり生き残った当時8歳の男性は，「たぶん1か月以上，食べ物なしの日が続いたと思います。……目の前で，

図表2　マレーシア博物館歴史壁画「1941年日本軍の侵攻」

14　アジア太平洋戦争とアジアの人々

次々と，肉親が死んでいくのです。足も腕も細い枯れ木のようになって，ぱたっと動かなくなって」と述べている。

　日本の軍政はアジアの人々の反発を生み，東南アジア各地で日本への抗日運動が高まり抗日組織が結成された。抗日組織は独立を求め，ゲリラ作戦を展開した。

深い傷あとを残した日本軍の侵略

　アジア太平洋戦争は，アジアの人々2000万人，日本国民310万人の犠牲者を出し，1945年8月，日本の敗北で終わった。兵士のみでなく，民間人の多くに犠牲や被害を与えた戦争は，深い傷あとを残し戦後の生活も悲惨なものにした。

　1931年の満州事変から15年間戦いつづけた中国と，35年間の植民地支配を受けた朝鮮半島の犠牲は甚大であった。朝鮮は日中戦争長期化のなかで，兵士・労働不足を補う補給地となった。日本に強制連行された70万人あまりの朝鮮人と4万人あまりの中国人は，炭鉱・鉱山・土木建築などで過酷な条件で働かされた。民族差別もあり，日本人より賃金は安く，重労働でも食事は不十分で，安全より作業が優先されたため多数のけが・病気・死亡者を出した。重労働に耐えかねて逃亡する人は36％にのぼったという。「アジアの解放」を言いながら，日本は中国東北地方・台湾・朝鮮半島を植民地支配し，中国を全面侵略していった。「大東亜共栄圏」構想は，日本の侵略と戦争を正当化するものでしかなかった。

　敗戦から6年後の1951年，日本は交戦国とサンフランシスコ平和条約を結んだ。しかし，戦争で最も多くの犠牲を出した中国と，植民地支配を受けていた韓国や北朝鮮も会議に招請されなかった。二つに分かれていた中国についてはアメリカとイギリスが双方を招請しないことで妥協し，韓国についてはイギリスと日本の反対で招請されなかった。アジア各国に対する戦争責任問題をおろそかにしたまま締結された平和条約は「平和条約」とはかなり隔

たっていた。

　マレーシアのマハティールが提唱したルック・イースト（日本に学べ）政策を採用し，22年間シンガポール首相を務めたリー・クワン・ユーも「日本人はわれわれに対しても征服者として君臨し，イギリスよりも残忍で常軌を逸し，悪意に満ちていることを示した。シンガポールがイギリスの保護下にあればよかったと思ったものである。同じアジア人としてわれわれは日本人に幻滅した」と記している。

原爆投下が日本を降伏させたのか

　シンガポールの小学校社会科教科書４年Ｂ（近現代史）2004年版は，日本の占領時代を「The Dark Years（暗黒の時代）」としている。「大戦の終結」で，ページの半分大に原爆投下後の広島の写真を載せ，「原子爆弾の投下が日本を降伏させた」と説明している。アジアには，日本を降伏させた原爆投下は，神の救いと考える人々もいて，原爆投下を悲惨な被害とする日本人との間には大きなギャップがある。

図表３　広島原爆ドーム

日本にポツダム宣言を出す1日前の7月25日,「1945年8月3日ごろ以降,天候が目視攻撃を許す限りなるべくすみやかに最初の特殊爆弾を次の目標の一つに投下せよ。目標は広島,小倉,新潟および長崎（以下略）」という原爆投下命令が出された。この投下予定日はソ連対日参戦の8日前とされた。原爆投下を決定したアメリカのトルーマン大統領は,「原爆が勝利を早めたとは言えないが,戦争の終結を早めたことは確かである。もし原爆を使用しなかったとすれば,失われただろう数千万人のアメリカおよび連合軍の兵士の命が,これによって救われた」と説明している。

　ただし当時の天皇の側近は,日本支配層の受けたショックは原爆投下よりもソ連の対日参戦が大きかったと日記に書いている。中立条約を結び,仲介役を期待していたソ連の参戦は,中国東北地方・朝鮮の維持ができなくなるという意味でも支配層に大打撃だったのである。

戦争の加害者でもあり,被害者でもあった日本国民

　日本人は日本軍による加害の事実より,沖縄戦,原爆や本土空襲による被害を語ることが多く,アジアの人々から「日本人は加害者ではないか」と批判されている。

　確かに世界ではじめて広島と長崎に投下された原爆の被害は想像を絶するもので,爆心地は3000〜4000度の高温となり,すさまじい爆風と放射能が吹き荒れた。強烈な火熱で一瞬で死んだ者,爆風に吹き飛ばされて即死した者,全身に火傷を負ってうめきながら死んでいく者が折り重なる,まさに地獄だった。

　当時国民学校（小学校）1年生だった中沢啓治（なかざわけいじ）は,みずからのこの地獄の被爆体験を『はだしのゲン』に描いた。中沢が原爆マンガを書くきっかけは,被爆21年後に死んだ母の骨が,放射能の影響で火葬後跡形もなかったことへの怒りだった。

　被爆直後に亡くなった人は,広島では13万〜15万人,長崎では6万〜7万

人と推定されている。5年以内に亡くなった人は，広島は約20万人，長崎は約14万人。被爆した朝鮮人は7万人，死者は4万人と言われている。アメリカ人，インドネシア人など被爆した人々の国籍は27か国にのぼる。

2歳9か月のときに広島で被爆した男性は，2010年5月核不拡散条約再検討会議に向けての行動に参加し，被爆体験をアメリカの高校生に語った。アメリカの高校生に，そして世界の人々に核廃絶を理解してもらうために，「まずは日本軍がやった戦争中の残虐さを認め謝ったうえで，アメリカが落とした原爆は非人道的なものと訴えた」という。

戦争は，加害国・被害国の国民に犠牲を強いた

都市への無差別爆撃は，大量の爆弾投下により一般市民も含め多大な被害を与え，戦力と戦意をなくすために行われた。米軍による日本本土への空襲や原爆で多くの人々が犠牲になったが，それは日本軍の中国重慶への爆撃を学んだものだった。重慶爆撃は1937年12月から43年8月までの6年間行われ，中国側の死者は約1万人あまり，負傷者1万数千人にのぼった。

2006年，東京地方裁判所に重慶爆撃の被害者が提訴した。当時12歳だった女性は，1941年8月，働いていた紡績工場で爆撃を受け，あごの骨まで砕ける重傷を負った。彼女は，「顔の半分もある傷のため『半面美人』とからかわれるのは，つらかった。日本軍の爆撃には激しい怒りを覚えます」と証言している。爆撃で家族はいっそう貧困になり，就学の機会も奪われ，今でも中国語の読み書きができない。

2007年には東京の空襲被害者が，国に謝罪と損害補償を求めて，はじめて裁判を越こした。1945年5月，12歳のときに空襲にあった女性は，焼夷弾（しょういだん）で腰を負傷した。戦後も苦難の日々は続き，中学は学費もなく，脚のことをからかわれ通わなかった。「私たちは戦争の被害者でどん底の生活をしてきたが，64年間国から1円ももらっていません。私の心と体には今なお戦争が続いています。裁判に勝利して心と体を癒して人生を終えたいのです」と法廷

で強く訴えた。

原爆被害者は日本人だけではない。広島・長崎で被爆した人の約1割が韓国人である。被爆者のうち死亡者は全体で33.7%だが、韓国人では57%に達している。満足な治療も受けられず亡くなった人が多いことを意味している。

韓国人被爆者生存者のうち2万2000人が帰国したという。被爆者の多くは家族・財産を失い、放射能障害に悩まされながら戦後を生きてきた。周囲の韓国人は原爆に理解がなく被害者は家族にさえ被爆の事実を隠して生きてきた。

1970年釜山(プサン)に住む被爆者孫振斗(ソンジンドゥ)は、原爆手帳交付を求め日本に密航した。原爆症の治療を受けるために必要だったからだ。日本政府は、彼が密航者であり日本国籍がないと手帳交付を拒否した。しかし、孫は1972年裁判に訴え、6年後に勝利した。そして、2002年には在外被爆者にも手当てと医療費が支給されるようになった。

被爆者の苦痛は彼らの子どもたちにも続いた。金亨律(キムヒョンユル)は中学1年生だった1983年から体調不良に悩み、その後も原因不明の病気で死の淵をさまよった。1995年になって病名がわかり、それが母親からの遺伝の可能性が高いことを知った。母親は広島で被爆し腫瘍(しゅよう)や皮膚病など原爆症に苦しんでいた。彼は2002年に「生きつづけなければならない」という標語を掲げ、「韓国原爆2世患友会」を発足させた。そして日本の政府・社会が被害者意識ばかりを強調し、侵略戦争と加害の歴史を隠してきたと批判した。

広島で被爆し、韓国で核廃絶運動を行っているピョン・ヨノクは、2008年にソウルの初等学校(小学校)6年生に被爆体験を語った。「被爆したときは火傷(やけど)で体中の皮膚が剥げ、体液が流れ出ていた」「多くの被爆者が今も体の痛みに苦しんでいる」と述べ、「戦争と核兵器のない世の中に生きるために、何をやるべきか考えてほしい」と結んだ。

この問いは、現代に生きる全世界の人々に問いかけられている。

南北に分けられた朝鮮半島

　1945年朝鮮半島は長い植民地支配のくびきから脱した。しかし、それは朝鮮国民の独立運動の努力というよりは連合国の勝利によって得たものと言える。アメリカ軍とソ連軍は日本軍の武装解除を名目にして38度線の南北に進駐した。このため解放の喜びは長くは続かなかった。そして分断を阻むための多くの努力にもかかわらず、38度線は分断線になってしまった。解放を待ち望んでいた朝鮮半島がなぜ二つの国に分かれてしまったのだろうか。

朝鮮半島が解放される

　1945年8月15日、呂運亨(ロウニョン)は朝鮮総督府庁舎に入った。政務総監遠藤柳作(せいむそうかんえんどうりゅうさく)からふたりだけで会おうという要請を受けたからであった。遠藤はやってきた呂運亨に「私たちは亡びました」と頭をがっくりたれた。しばらくしてのち、彼は悲壮な表情で「あなたに治安維持権を引き継ぐので、日本人の生命を守ってほしい」と言った。日本の降伏をあらかじめ知っていた遠藤は、日本人の安全を何よりも心配して、玉音放送の直前に呂運亨を呼び、日本人の安全な帰国を保障するよう要請したのだった。呂運亨とはどんな人物で、遠藤は、どうして呂運亨を呼んだのだろうか。

図表1　呂運亨

図表2　解放を喜ぶ人々
1945年8月16日、呂運亨（写真前列中央）の演説に集まった人々が解放を喜んでいる。

　呂運亨は国権が強奪されたのち、中国に渡り、独立運動を行い日本の警察に逮捕され、国内に連行された。1932年7月、出獄後に言論活動を展開して朝鮮中央日報社社長、朝鮮体育会会長などを歴任し、特に青年教育に大きな関心を寄せ、民族意識を高めるために努力した。呂運亨は、多くの人が朝鮮総督府による懐柔のために親日の道を歩むなかでも、新聞社社長などを務めながら、独立のための秘密組織をつくった。遠藤はこのような経歴をもつ呂運亨だけが日本人の安全な帰還を頼める人物だと考えた。

　呂運亨は要求を受諾する条件として政治犯の即時釈放、ソウルの3か月間の食糧の確保、治安維持と建国のための政治活動に対する総督府の関与の禁止、学生と青年の訓練と組織化に対する関与の禁止、労働者と農民の建国活動の保障などを要求した。彼は解放直後の社会の混乱を憂慮し、同時に各界各層が新しい国の樹立に参加することができる活動の自由を要求した。青年自治隊の結成と食糧確保は、予測できない社会混乱にそなえる治安維持のためだった。このような準備は、のちに結成された朝鮮建国準備委員会が治安を保ち行政をになっていくのに役立った。

遠藤はこのような条件をすべて受諾した。
　呂運亨は遠藤に会ったその日，各地の代表を集めて建国準備委員会を組織した。完全な独立国家を建設することを目的にした建国準備委員会は全国組織となり，準備作業に力を傾けた。特に朝鮮総督府から治安維持権の委譲を受け，日本の敗北による社会的な混乱を阻むための努力を重ねた。しかし，建国準備委員会で共産党が影響力を拡大し，右翼と中道勢力が脱退していった。また，建国を準備する組織である建国準備委員会は政府ではなかった。アメリカが進駐してくる前に朝鮮人民共和国の樹立を宣布し，政府のかたちを整え，地方の建国準備委員会は人民委員会に変わっていった。人民委員会は地方でつくられた民間機構だが，地方政府の機能を果たした。しかし，組織は共産党が3分の2を占め，初代の主席に推薦された李承晩(イスンマン)も就任を拒否した。

アメリカとソ連による分割

　1945年8月15日正午，ラジオから天皇ヒロヒトによる日本の無条件降伏の宣言が流れた。これを知った人々はお互いに抱きあった。そして，この知らせが広く伝わった16日には，大規模な歓迎の人波が通りを埋め尽くした。このとき，朝鮮人は手に手に太極旗(たいきょくき)を掲げ，声をかぎり万歳を叫んだ。人々は日の丸に太極と卦(け)を描いた急ごしらえの太極旗を力強く降りながら，新しい国を建設する夢でいっぱいだった。しかし，その夢はしばらくして困難に陥った。38度線が引かれたのだ。
　38度線は朝鮮人の意思とまったく関係なく引かれた。
　はじめ大多数の朝鮮人は解放とともに朝鮮半島に入ってきたアメリカ軍とソ連軍を熱烈に歓迎した。米ソ両軍は韓国民の将来に向けて秩序を維持し，政府が自立できるよう手伝うために来たと信じたからだった。
　1945年8月8日，ソ連軍はヤルタ会談で合意したとおり，ドイツの降伏ののち，日本に宣戦布告をした。9日，ソ連軍は，中国東北地方と朝鮮半島で

図表3　38度線に設置された表示板の前でアメリカ兵を不信げに見つめている人たち
表示板は南側は英語で書かれ、北側はロシア語で書かれた。

進撃を開始した。中国東北地方にいた日本軍の大きな抵抗もなく、予想よりも早く進撃したため、あわてたアメリカは、10日ソ連・イギリス・中国などに、東アジア地域の日本軍の武装解除に関する方針を通告した。連合国軍の名のもとに、朝鮮半島は38度線を境にアメリカとソ連で分割占領し、日本はアメリカが、中国東北地方はソ連が受け持つというものだった。ソ連はこの提案をそのまま受け入れた。アメリカの軍事力の強さをわかっていて、また当時ソ連は、東欧の共産化に重点をおいていたからでもあった。北海道北部の占領を主張していたソ連は、この点でアメリカの譲歩を引き出そうとしていた。ソ連軍は8月28日、海州(ヘジュ)までを占領して38度以北を完全に掌握した。

　米軍は9月に入ると朝鮮半島に進駐してきた。ソウルの朝鮮総督府には、そのときまで日の丸が掲揚されていた。アメリカの進駐をきっかけに旗は日の丸から星条旗に変わった。アメリカは朝鮮を日本とはまったく違った方法で統治した。日本では内閣による間接統治をし、連合国軍最高司令官総司令部（GHQ）が各所で主導的に政策を調整した。一方、朝鮮は米軍が直接統治した。アメリカは軍政を実施し、朝鮮人民共和国や大韓民国臨時政府などいかなる政府も認めなかった。朝鮮人の政治活動を統制しようとし、自分たちに友好的な勢力が政治的な主導権をとれるよう側面から支援した。

　一方、ソ連は北朝鮮地域で人民委員会を認め、これを操る方式で統治した。これは共産主義追随勢力と自身の影響力のもとにあった中国東北地方で活動

していた朝鮮義勇隊などを通して朝鮮半島に自分たちに友好的な政府を打ち立てられるという自信からであった。方法は違ってもアメリカとソ連は占領した地域で自国に友好的な政権を打ち立てようとしたことに違いはなかった。したがって38度線は日本軍の武装解除のためという単純な境界線から徐々に分断線になっていった。朝鮮半島は当時の世界二大強国であるアメリカとソ連に分割占領されたため、冷戦の最前線に立たされたのであった。

「信託統治問題」で強まった左右対立

1945年12月末、アメリカ・イギリス・ソ連三国の外相はモスクワに集まって朝鮮半島問題を協議した。会議の中心テーマは朝鮮の統一臨時政府をどのようにするかであった。アメリカは国連が主導して米英中ソ四か国で相当期間朝鮮人を管理する信託統治を主張した。ソ連ははじめ即時独立を主張したが、信託統治機関をできるだけ短くすることを条件にアメリカの提案に同意した。結局三国の外相は、臨時政府をつくり、これを支援する米ソ共同委員会を設置し、最大5年間の米英中ソ信託統治に合意した。

ところが、朝鮮の新聞は「アメリカは即時独立を主張したが、ソ連は信託統治を主張した」と報道した。明白な誤報である。信託統治はアメリカが前から計画していたことである。アメリカはソ連が朝鮮半島問題にかか

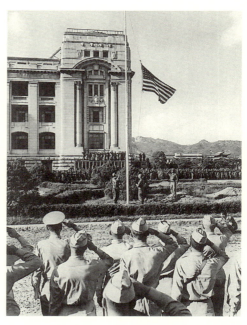

図表4　日章旗に代わって朝鮮総督府に掲げられた星条旗

わることは避けられないと判断した。そこで，国連が多く関与する信託統治を通して自分たちに友好的な勢力を育てて独立させようとした。ところが新聞では，外相会議が開かれた目的と朝鮮の独立日程など全体的な内容より「信託統治決定」だけを目立たせたので，左右対立の種となった。

会議の結果が明らかになると，金九(キムグ)，李承晩などを中心にした右派は信託統治決定に反対する運動を展開した。またソ連が信託統治を提示したと主張し，これを反共運動に利用して自分たちの政治勢力の拡張に利用した。

一方，社会主義者たちは三国外相会議の決定を支持すると発表した。はじめは信託統治に反対していた彼らは，朝鮮の力量によって信託統治期間が短縮されることができると考え賛成にまわったのである。

中道派だった呂運亨は信託統治に反対した。そして，米ソの分割占領が分断につながらないように南と北を一緒にする臨時政府を急いで立てなければならないと主張した。その後，信託統治実施の可否を交渉すべきだと考えた。

当時，多くの朝鮮人は他国の干渉を受け自分たちの主権を行使できない信託統治を植民地時代に戻ることだと考えていた。金九と李承晩など右派は，社会主義者らを「信託統治賛成」勢力だとして，信託統治反対運動を反ソ・反共運

図表5　信託統治反対のデモとビラ

動に利用した。これをきっかけに南朝鮮地域で劣勢だった右派の影響力が急速に広がった。このようななかで，1946年2月，三国外相会議決定による臨時政府樹立を論議するための米ソ共同委員会が開かれた。米ソ共同委員会では，臨時政府樹立に参加する団体の性格について対立を繰り返し，二度の会議が決裂した。アメリカはすべての政治団体を含ませようと主張したが，ソ連は三国外相会議決定に反対する政党や団体は除くことを主張した。誰の論理が正しいか正しくないかは問題にならなかった。臨時政府の構成員がどんな団体になるかによって，新しく樹立される政府の性格が変わるからであった。

　当時南朝鮮でつくられた団体は425団体，北朝鮮では36団体であった。重複加入が多数あり，団体の会員数は南朝鮮で6200万人，北朝鮮で1330万人で，当時の南北朝鮮人口の2倍に達した。すべての団体を参加させればアメリカの理解が反映されることになり，反対デモに参加した団体を排除すればソ連側に有利だった。当然，合意点を見つけることは難しかった。会議会場周辺では連日信託統治反対デモと三国外相会議支持のデモが行われていた。

　3月の会議が成果なしに終わると，南北がお互いに違う道を歩むかもしれないという恐れが大きくなった。一次会議が決裂したのち，李承晩は「南朝鮮だけでもまず政府を樹立」することを主張した。ここで呂運亨と金奎植(キムギュシク)など中

図表6　三国外相会議支持デモ

15　南北に分けられた朝鮮半島 | 151

道派は,「真正な統一政府は左右合作を通じて樹立されるものであり,決して単独に樹立されるものではない」と言って,左右がお互いに協力して統一政府をまず立てようという左右合作運動を展開した。米軍政も左右合作運動を支持した。アメリカ軍は穏健な勢力を糾合し,共産勢力の拡大を食い止めたいと考えたからである。

南と北,それぞれできた政府

1947年7月,呂運亨が暗殺された。このとき第2次米ソ共同委員会が開かれていたが,これといった進展が見られず,南朝鮮単独政府樹立を主張する勢力が広がる状況となった。当時呂運亨は,南北分断は絶対阻まなければならないという主張を展開していた。彼は自分が念願した統一政府の樹立を見ることなく,右翼勢力の手にかかり一生を終えた。

米ソ共同委員会がまた開かれたが臨時政府参加団体だけが議論され,2か月あまりで幕を閉じた。そのためアメリカは朝鮮問題を国連にもちこんで解決しようとした。当時国連はアメリカの影響下にあり,アメリカに有利であった。ソ連はこれに反対してアメリカとソ連軍隊が撤収して,朝鮮問題は朝鮮人みずから解決するようにしようと提案した。この提案をアメリカは拒否し,国連総会は「国連監視のもとで,南北朝鮮の総選挙を通じて統一政府を樹立する案」を多数決で決めた。この決定によって総選挙を管理する国連朝鮮臨時委員団が朝鮮に派遣されたが,北朝鮮は委員団の入国を拒否した。ソ連の提案を無視したという理由だった。アメリカは「選挙が可能な地域だけ

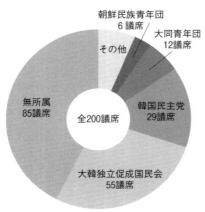

出典:中央選挙管理委員会,歴代国会議員選挙の状況(1963)。

図表7　南朝鮮の5・10総選挙の結果

でも総選挙を実施する」として，国連総会の決定により，38度線以南での総選挙の実施を決めた。すると南朝鮮だけの単独選挙は分断につながるという判断によって金九，金奎植らは北朝鮮と交渉を通じて分断を阻止(そし)しようと試みた。しかし南北朝鮮の重要な政治勢力はこのような要求を受け入れる姿勢をもっていなかったので分断の流れを止めることはできなかった。

　南朝鮮では済州島(チェジュド)で総選挙に反対する人々のデモが発端になって数万名の民間人犠牲者が出る事件も起こった。このようななかで朝鮮半島最初の選挙が実施された。この選挙は

図表8　大韓民国政府樹立記念式

統一政府樹立を主張した金九陣営や大部分の中道派や左派は参加しないまま行われた。制憲議会が憲法をつくって，1948年8月15日大韓民国政府が樹立された。すると9月9日，北朝鮮地域では金日成(キムイルソン)を首相とする朝鮮民主主義人民共和国が樹立されて分断が確定した。

16 同族間の悲劇，朝鮮戦争

　1950年6月25日夜明け，北朝鮮の人民軍は38度線を越えて韓国に進撃した。同年8月10日，浦項(ポハン)の戦闘で死んだ学徒兵の軍服の懐には「お母さんへの手紙」が残っていた。そこには，どうして戦争をしなければならなかったのだろうかと，いくら敵でも同じ言語，同じ血を分けた同族だと思うと胸が息苦しくなったことなどが綿々と綴られていた。彼はなぜ，ここにいたのだろうか。

同じ民族なのにどうして

　朝鮮半島には1948年，違う名前，違う理念の二つの国家が立てられた。そしてお互いの体制の優越さを主張する過程で衝突が絶えず起きていた。分断された民族を1日も早く統一するためには武力使用も辞さないとして，それぞれ北進統一と南進統一を主張していた。金日成(キムイルソン)を中心にした北朝鮮指導部は，ソ連と中国の軍事的支援を基盤として全面戦争を準備した。彼らは，1949年初めに朝鮮半島に駐屯していたソ連軍と米軍が撤収し，加えて中国共産党が中国全体を掌握して，ソ連が原子爆弾を開発したことなど，朝鮮半島周辺の状況が徐々に北朝鮮に有利になったと判断した。しかも1950年1月，アチソン米国防長官の公式発言でアメリカの太平洋防衛線から朝鮮半島が除かれると南侵を試みるときがきたと考えた。

　1950年6月25日，人民軍はいよいよ38度線を越えて南側を侵略した。南侵の知らせがあっても，ソウルのグランドでは野球が普通に行われているほど，

ソウル市民はあわてたり避難したりする人は少なかった。それまでも38度線近くでは，大小の軍事衝突が頻繁に発生していたからだった。しかし，今回は単純な軍事衝突ではなかった。韓国のラジオ放送は，「国軍（韓国軍）が北進して敵を撃退したから市民は安心して仕事にはげんでください」と告げたが，実際には人民軍はまたたく間にソウルを占領した。一方的攻撃で7月末には人民軍が洛東江(ナクトンガン)まで南下し，戦争は北朝鮮の勝利で終わるかと思われた。しかし北朝鮮が参戦しないと予想していたアメリカがただちに介入して，アメリカを中心にイギリス，トルコ，コロンビア，フランスなど16か国が参加した国際連合軍（国連軍）が参戦し，戦争の性格が変わった。多くの国が参戦した国際戦となったのである。

図表1　朝鮮戦争状況

　戦争勃発の知らせを受けたアメリカ指導部は，金日成の背後には必ずソ連のスターリンがいると考えた。また，中国の毛沢東(もうたくとう)が台湾を侵攻できないように台湾海峡封鎖を指示するなど素早い対応を見せた。9月15日，国連軍の

16　同族間の悲劇，朝鮮戦争 ｜ 155

仁川上陸作戦で状況は逆転し，9月28日にはソウルを取り戻した。それ以後，南北両方から包囲された朝鮮人民軍が急激に崩れ，国軍と国連軍は北に進撃して10月末には鴨緑江まで到達した。

　しかし，戦争がすぐ終わるはずだと予想した国軍と国連軍の思惑とは異なり中国軍が戦争に介入し，戦争の状況はふたたび変わった。中国は，アメリカの勝利を自国に対する脅威とみなしたのだった。

　予想外の中国軍の参戦に長期間の戦争に疲弊した国軍と国連軍は後退しはじめ，12月には平壌，1951年1月4日にはソウルがふたたび占領された。しかし物資に欠ける人民軍と中国軍の南進は長く持続することができず2月に戦争の状況はふたたび逆転した。38度線一帯を中心にお互いに押したり引いたりの攻防戦が展開された。1951年初めにはソ連空軍も戦争に参戦した。アメリカ主導の連合国軍の占領下にあった日本は，米軍の海上輸送支援および海にある機雷除去作業のための特別部隊の派遣などを担当した。

何度も変わる世の中で住むというのは

　戦争が始まってわずか3日で占領されたソウルでは，混乱から逃げることができなかった人々が一瞬にして人民共和国人へと変貌した。死なないためには人民軍に協力するしかなかった。地主や知識人，親日派，親米主義者，警察幹部，軍人などは「反逆者」として処刑されたからであった。

　反対意見を言うことはほとんど不可能だった。「人民裁判」によって死刑判決を受ける人もいた。ソウルに残っていた歴史

図表2　人民共和国統治期間にスターリンの肖像を掲げて行進する人々
金聖七は「大きな肖像画を掲げて行進する模様はそんなによい風景とは見えない」と記録している。

学者金聖七は日記に当時の様子を次のように記録している。

　　私も赤いインクと青いインクを出しておいて共和国旗を描き始めた。
　わが家の門の前に掲げるためだ。……描きながらも妻と見つめあって笑
　った。朝夕で国旗を直さなければならない自分たちの人生を自嘲した。

　人民共和国治下3か月の間ソウルでは，ほとんど毎日金日成とスターリン
を偶像化する集会が開かれ，アメリカと李承晩をののしる宣伝物でいっぱい
になった。そしてトンム（同志）という言葉が公式に使われ，普段の呼称に
使われた。すなわち，通りを行き交う人もトンムであり，老人もトンム，子
どもたちもトンムとなった。人々の服装も特権階級とみなされる洋服，チョ
ゴリを着た人は見られなくなり，平凡とみすぼらしい姿が自慢になった。
　しかし9月28日，国軍と国連軍がソウルを取り戻すと状況は完全に変わっ
た。人民軍に協調した人々に対する処罰と処刑が続いた。『人民歌』など人
民共和国の時期に強要された歌が歌える人はもちろん，私的な恨みによって
関係ない人々さえ賦役に駆りだされた。戦争を直接経験した小説家朴婉緒は，
彼女の自伝的小説で「彼らは私を共産主義者だと呼び，やたらに悪口を言い，
あざ笑った」と表現した。共産主義者を俗っぽく言う「アカ」という烙印を一度押されると個人はもちろんその家族までもすべての権利を剥奪された。そして，この烙印は，1993年にラジオに出て「朝鮮戦争当時，私が服

図表3　1950年7月，国軍に握り飯を配っている少年たち

16　同族間の悲劇，朝鮮戦争

を渡した韓国軍兵士が生きていたら名乗り出て,『人民軍に服を与えた』という近所の人たちの噂のために『アカ』のレッテルをはられた濡れ衣をはらしてほしい」と,涙ながらに訴えたキム・ボンニョン・ハルモニの場合のように戦争が終わっても簡単には消えなかった。

　このような状況は北朝鮮でも大きな違いはなかった。鴨緑江まで進軍した国軍と国連軍が中国軍に押され,退却するとき,国軍に食事を与えたり,宿泊させた人,米軍に洗面用の水を与えた人,太極旗をもって国軍を歓迎した人など,数多くの人を人民軍は処刑した。

もどかしい死と癒えない傷

　戦争が拡大するにつれ,南北朝鮮の庶民の被害がますます大きくなっていった。人民軍には,学生はもちろん職場から強制的に連れていかれた人,路頭でつかまった人,はては乞食たちも徴集された。韓国でも非常時に,軍が国家内ほとんどすべての資源を徴発できるようにし,学生と青年を大量に募集して前線に投入した。さらにはまともに訓練さえ受けることができなかった若い学生もみずから軍人になって戦地に出ていった。

　また,各地域では処刑と虐殺が繰り返された。人民軍は後退するとき,収監者(しゅうかん)を北に輸送したり,輸送ができない場合は現地で虐殺した。米軍が38度線を越えて進撃するときも,人民軍は平壌のチル通り,徳山(トクサン)ニッケル鉱山,咸興(ハムン)などで米軍に協力する可能性がある人々を選んで数千人を虐殺した。韓国でも国軍と警察によって大田(テジョン),大邱(テグ),慶南(キョンナム)など全地域にかけて解放直後に共産主義活動をした人々を虐殺した。

　彼らが人民軍に協力する可能性が高いと考えてなされた虐殺だった。忠清北道(チュンチョンブクト)の永同(ヨンドン)の老斤里(ノグンニ)で発生した住民虐殺事件と慶尚北道(キョンサンブクト)の倭館(ウェグァン)橋爆破事件のように,避難した民間人が米軍の無差別爆撃で死ぬなどの被害もあった。民間人に変装した人民軍ではないかと疑われて殺されることも数多くあった。

戦争の長期化にともない，軍人は占領地域住民の生活必需品を奪い人々をさらに苦しめた。米をはじめコチュジャン，さじ，服，布団まで要求した。当時，ビラに多く見られた表現の一つが「米を隠せ」というものだった。戦争で国土は荒廃し，南朝鮮にあった5000余の村のうち，1200か所がほとんど暮らすことができないくらいに破壊された。ソウルにあった住宅の約80％が入居不可能な状態におかれ，数十万人の戦争孤児と数千万人の離散家族が生まれた。

　朝鮮戦争の被害は第２次世界大戦，14世紀のヨーロッパに広がったペスト，第１次世界大戦に続いて世界史歴代４位にあたる大災と評価される。しかし，同族を相手に行われたおびただしい殺傷は，より大きな心の傷を残した。戦後韓国では，北朝鮮労働党を恐ろしいけだものと表現したアニメーションがつくられ，大人気を呼んだ。北朝鮮でも『世界に叫ぶ』のような映画などを通じて朝鮮戦争を北侵戦争として国軍と米軍の残忍さを浮かびあがらせ，これに対する敵がい心を高めようとした。

勝者も敗者もいなく休戦で終わった戦争

　戦争が国際戦の様相を帯びると世界各国は，第３次世界大戦に拡大することを憂慮した。アメリカでさえ戦線を中国東北地方まで拡大しようと主張する国連軍司令官マッカーサーを解任して戦争を終わらせようとした。ついに1951年６月，ソ連が国連で休戦を提起し，アメリカが受け入れ，休戦会談が始まった。しかし，軍事境界線をどこにするか，戦争捕虜の送還はどうするかなど多くの問題をめぐって意見対立が続き，会談は簡単には妥結することができなかった。

　休戦会談自体を中断させたのは捕虜の送還問題だった。捕虜の自由意思による送還には合意が成立したが，送還過程で対立が現れた。特に，人民軍捕虜の場合，韓国に残ることを希望する場合，審査場で韓国行きの通路の入口に置かれた金日成の肖像画を踏んで行かなければならず，大きな決心をしな

図表4 '休戦'の意味
1953年6月21日『国際新報』の漫画で，お父さんの腰に「休戦」という大きな石に落ちている絵を通して，休戦が朝鮮半島で，どんな意味を表しているかがわかる。

ければならなかった。他方では，韓国でも北朝鮮でもなくインドやブラジル，アルゼンチンなど第三国を選択した捕虜もいた。

休戦会談が進められている間にも，軍事境界線を少しでも有利に確保しようと戦闘が勃発しつづけていた。1951年6月，臨時首都であった釜山(プサン)では数万人の人々が集まって休戦反対国民大会を開催した。しかし，1953年7月には，戦争の長期化を避けようとした米ソの利害が一致して，ついに休戦協定が締結された。休戦協定調印書には共産側を代表して朝鮮人民軍司令官，中国人民義勇軍司令官が，国連軍を代表して米合同参謀議長が署名した。李承晩政府は北進統一を主張して署名を拒否した。こうして南北の間に非武装地帯と軍事境界線が設置された。

南北朝鮮だけの戦争ではなかった

朝鮮戦争は，朝鮮半島だけでなく，資本主義を掲げるアメリカと社会主義を主張するソ連の対立による影響が大きかった。

朝鮮半島では休戦ラインを境に南北分断が固まり，それぞれの政権の独裁的色彩が強まっていった。李承晩政府は反共政策を国家運営の核心にして，アメリカの経済支援を受け，戦後の復旧に力を傾けた。また，憲法改定を通して永久執権の足場を固めた。北朝鮮は金日成が戦争に対する責任を許哥誼(ホガイ)，朴憲永(パクホニョン)など政治的ライバルたちに転嫁させて権力を強化した。そしてソ連の経済支援と大衆の労働力を動員して経済復旧に力を傾けた。

一方アメリカは，朝鮮戦争で「第2次国家復興のきっかけとなった」と言うほど政治的・経済的な利益を得た。これについてマッカーサーは1954年，あるセミナーで「韓国が私たちを求めた」と語った。そして，冷戦が進むにつれ，アメリカを中心に西側諸国の軍事同盟が強化され，ソ連を中心にする社会主義の国々の軍事的同盟も強化されていった。一方では，ソ連が北朝鮮と中国の要請にもかかわらず積極的な戦争介入を回避し，三国間の葛藤が生じたりした。中国の場合，侵略戦争の当事者として国際的に孤立したが，共産圏の国々には自分の存在を浮上させる機会になった。同時に北朝鮮は重要な同盟国家と位置づけられた。

　日本も朝鮮戦争によって激しくなった冷戦体制により，多方面で大きな変化が生じた。まず，国連軍の軍需物資供給地になり「戦争特需」と呼ばれる経済的復興を実現した。

　当時の日本の首相吉田茂は朝鮮戦争を「神さまがくださった贈り物」と表現するほどだった。一例をあげれば，米軍が軍用車両の不足分を日本製の車で補い，日本の自動車産業発展の土台を築いた。また，第2次世界大戦後保有できなくなった軍隊を再建する機会となった。治安維持を目的に7万5000人規模の警察予備隊が設置されて海上保安庁要員8000名が増員された。警察予備隊は1954年には15万名の兵力に拡大され，事実上の軍隊である自衛隊と改称された。一方で，アジア太平洋戦争で戦争犯罪をしたとして公職から追放されていた人々が朝鮮戦争中に大挙追放を解除され，このうちの多数が警察予備隊に入った。朝鮮戦争の最中だった1951年9月には第2次世界大戦の終決のために連合国が結んだサンフランシスコ平和条約によって日本は主権を回復した。この条約を契機に，領土と賠償を含んだ経済問題以外に多くの国との関係を正常化しはじめた。そして，サンフランシスコ条約を結んだ日に，日米安全保障条約も調印され，沖縄諸島と小笠原諸島に対する米軍の駐屯および統治は継続されることになった。そして，アメリカは1953年と1954年にそれぞれ韓国，中華民国と相互防衛条約を締結し，アメリカを中心にした反共同盟を形成した。

アメリカが敗北したベトナム戦争

　ベトナム戦争で，アメリカ軍は最新の武器を使い，多くのベトナム人を殺傷した。核爆弾も積めるB52はベトナム上空から大量の爆弾を投下した。それでも，ベトナムの民衆を屈服させることはできず，人々の平和を求める運動がアメリカをはじめ世界中に広がり，結局アメリカは敗北していった。超大国アメリカを敗北に追いこんだ力は何だろうか。

独立のためのベトナムの戦い

　1945年9月2日にホー・チ・ミンはベトナムの独立を宣言し，ハノイを首都とするベトナム民主共和国を成立させた。だが，150年にわたりベトナムを植民地としてきたフランスはそれを認めず，戦争に突入する。この戦争の過程で，ベトナム民主共和国を認めるソ連・中国と，認めないフランス・アメリカという対立が生まれた。フランス軍を敗北させたものの，1954年7月にジュネーブ協定が結ばれ，ベトナムも米ソ対立のなかで南北に分けられてしまう。協定では2年以内の統一に向けた総選挙が約束されていたが，アメリカや南ベトナムはその選挙を無視した。

　独裁政治を敷く南ベトナム初代大統領ゴ・ディン・ジエムは，反共意識が強く，アメリカの後押しを受けながら秘密警察や軍隊を使って強権政治に反対する人たちを厳しく弾圧した。

　独裁政治に反対する南ベトナムの人々は，1960年南ベトナム解放民族戦線

を結成し、立ち上がった。女性たちも息子を徴兵された家族に、解放戦線に協力するよう説得した。

また、仏教勢力も非暴力を貫きながら独裁に反対した。南ベトナム政府軍が鎮圧に乗りだしたとき、僧侶たちは、兵士の

図表1 ゴ・ディン・ジエム政権の圧政に抗してメコン川のデルタ地帯で起きた最初の武装蜂起（1960年1月17日）

銃剣の鼻先で経を読みはじめた。さすがに、兵士も手を出せなかった。僧侶たちは「ベトナム人の8割は仏教徒です。私たちは何よりも生きていくために政府に反対するのです。庶民のために働く政府を求めます」と主張した。

その後、アメリカが直接軍事介入するようになると解放民族戦線はアメリカ軍とも激しく戦うようになった。ベトナム戦争の始まりである。

北ベトナムは解放戦線を後押しし、後方基地として武器や物資、のちには兵士まで送った。南の傀儡政権を倒して、南北を統一するというのがホー・チ・ミンらベトナム指導者の共通した願いだったからである。ソ連や中国をはじめ社会主義諸国は北ベトナムを支援した。

アメリカの介入と拡大する戦争

1965年2月、アメリカ軍は北ベトナムを爆撃しはじめた。はじめは攻撃地域が限定されていたが、しだいに戦略爆撃機B52は、北であれ、南であれ、軍事施設ばかりか、工場や学校、病院まで無差別に爆撃するようになった。

アメリカ政府はこの作戦を、北ベトナムの主要都市ハノイ、ハイフォンの鼻先にあるバクボ湾（トンキン湾）で軍事行動をしていたアメリカの駆逐艦

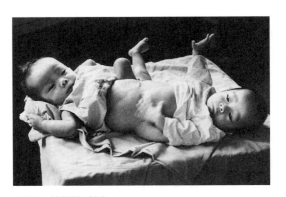

図表2　枯葉剤の被害
1981年2月，ベトナム中部のある村でグエン・ベト，グエン・ドクの双子の兄弟が生まれた。彼らは，枯葉剤の影響で下半身がつながった結合双生児だった。

が二度にわたって攻撃されたことに対する報復だと言明した。そして，これをきっかけに，アメリカ議会は大統領にほぼ無制限の戦争遂行の権利を与える決議を行った。

さらに，地上戦闘部隊も一挙に増強され，1965年には19万，66年には37万，68年には54万人以上ものアメリカ兵がベトナムで戦闘を行うようになっていった。結局，ベトナムに派遣されたアメリカ兵は，300万人を超えた。

ところが，1971年，駆逐艦への北ベトナムの攻撃はアメリカ政府がつくりだしたうそであったことが明らかになった。この事実を最初に報道したのが，アメリカ政府の極秘文書を入手した，新聞『ニューヨーク・タイムズ』だった。政府が記事差し止めなどの圧力をかけると，他の新聞社が協力をして報道を続けた。

アメリカはうその情報をもとに戦争に突き進んでいったのだった。そして，敵のゲリラを見つけだすためとして1961年から10年間にわたって上空から枯葉剤をまいた。アメリカ軍首脳部は，「この薬剤は木を枯らすだけで，なんの障害も与えないから心配するな」とアメリカ軍兵士たちに向かって言っていたが，現実にベトナムの民衆をはじめ大勢の人々が障害を受け，死産や異常出産など，その後も多大な影響を与えた。

韓国兵をうちのめす枯葉剤

1993年，元韓国軍兵士が日本のジャーナリストに次のように語った。

　かゆくなりはじめると，もうがまんができません。夢中で全身をかきむしってしまいます。かゆみが襲ってくる。毎日その繰り返し。それが20年以上続いてきました。

彼がベトナムに入ったのは1969年10月だった。猛虎師団の衛生兵で，まだ23歳の若者であった彼は，ベトナムにいた2年の間に枯葉剤を浴びて，入院するほどだった。手足がしびれ，まひしたが「原因不明の炎症」と診断された。

ベトナムから帰って2か月目に結婚したものの，生活は苦しかった。就職しようにも，枯れ葉剤の影響でひどい発疹のある彼をひとめ見ただけで相手は首を横にふった。やむをえず，土地を切り売りして，治療費を捻出しているうちに，土地も失った。妻は2人の娘をつれて去っていった。

図表3　1975年の東アジア

韓国の朴正熙(パクチョンヒ)大統領がベトナム派兵を表明したのは1965年1月である。1953年に結ばれた米韓相互防衛条約の適用範囲にベトナムが含まれていたわけではなかった。また韓国は，共産主義に対抗する東南アジア条約機構の加盟国でもない。しかし，フィリピン・オーストラリアなど，他の参戦国に比べても桁違いに多い，のべ32万人を派兵した。

　韓国軍部隊が解放戦線と最初に銃火を交えて以来，韓国軍はアメリカ軍以上に「勇猛・残虐」と言われた。ベトナムではダイハン（大韓）と呼んで，今でもその恐ろしさが語られるほどである。

　1965年から72年の8年間にアメリカによる韓国のベトナム特需は10億2200万ドルに達し，その72％にあたる7億4000万ドルは技術者・軍人送金，建設および用役軍納といった貿易外のものだった。そうした特需が韓国の経済発展を促し，軍事クーデタによって成立した朴政権はその正当性を訴えることができた。朝鮮戦争のときに助けてくれたアメリカに恩を返し，「ベトナム戦争は民族解放闘争だ」と主張していた北朝鮮と対決するためにも，ベトナム派兵は必要だと考えられた。だが，しだいに敗色が濃くなった1972年，韓国軍はベトナムから撤退した。1万5000人以上の死傷者を出していた。

　韓国国防部がベトナム戦争での戦死者数を公表したのは1992年になってからであり，ベトナム参戦に批判的な論調は抑えつづけられた。アメリカとの軍事的な同盟を強めることによって北朝鮮を抑えることができるという考えからだった。

　しかし，枯れ葉剤の被害を受けた参戦兵士のなかには，「ベトナムに対する罪の意識のようなものが，私たちにないとは言えません」と語る者も現れるようになった。

　また，ベトナム戦争真実委員会を中心にベトナムに平和歴史館を建てて，被害を与えた人たちに謝罪するためだけではなく，戦争の傷を一度も治そうとせず，戦争を正当化してきた韓国人の内面の傷を治癒させようという運動も繰り広げられている。

戦争に加担する日本

　アメリカが北爆を開始するとB52が沖縄の基地から直接ベトナムへと飛び立つようになっていった。世論の反対を押し切って2000km以上離れたベトナムを爆撃したのである。日本の外相は，直接の作戦行動は控えてほしいと発言したが，太平洋統合軍の指揮官は「われわれは，この基地をいつでも自由に使用する権利をもっている」と明言した。

　また，アメリカ第7艦隊所属の原子力空母も佐世保や横須賀を基地として，しばしばベトナム沖に出撃していった。東京の王子にある野戦病院をはじめ東京周辺の病院には毎日のように負傷したアメリカ兵が運びこまれるようになった。

　佐藤栄作首相は，「ベトナムへのアメリカの報復爆撃はやむをえない」とアメリカの北爆を支持する発言をしていた。アメリカの経済援助によって大量の資金や物資が流入した南ベトナム，フィリピン，タイなどの国々に日本の大企業が進出していたからでもあった。さらに多くの物資が日本の港から積み出された。ベトナムで使われたナパーム弾の90％は日本製だった。日本のベトナム特需は1965〜72年で直接・間接に70億ドルになるという。

　このようにさまざまな面で日本はアメリカの戦争政策を支えていた。しかし，アメリカの政策への同調は憲法に違反し，世界の平和に反しているという声もしだいに高くなっていった。

世界に広がる反戦の声

　ベトナム戦争が拡大するにつれ，世界各地で戦争に反対する運動も活発になった。特に，アメリカでは新聞などもしだいに戦争の泥沼化に批判を加えるようになった。当時，アフリカ系アメリカ人たちが進めていた，人種差別に抗議し同等の権利の保障を要求する公民権運動とも連携を強め，アメリカ

図表4　1973年，北爆に抗議する女性団体のデモ

各地でデモや集会が行われた。運動は，徴兵されてベトナムの戦場に送られる若者にも広がり，法律で処罰されることも覚悟で徴兵カードを焼き捨てたりする行動も見られるようになった。そして，1967年10月21日，ワシントンには10万人を超える人々が集まり，ベトナム戦争反対を叫んだ。

また，哲学者バートランド・ラッセルらの呼びかけによって「アメリカの戦争犯罪を裁く国際法廷」がスウェーデンのストックホルムで開かれ，アメリカの行動を強く批判した。

日本でも，多くの労働組合が反戦ストライキを行い，「ベトナムに平和を！市民連合」（略称「ベ平連」）の活動などに数多くの市民が参加した。ベ平連は1960年代後半から70年代にかけて，反戦脱走アメリカ兵への援助や米軍基地内での地下反戦組織の結成を呼びかけた。運動はアメリカ政府への非難にとどまらず，アメリカに協力する日本政府への批判を強めた。高校生たちも，アメリカ軍が実際に北爆に使用したボール爆弾の一部などを学校の文化祭で展示して，反戦を訴えた。

そうしたなかで，1968年11月19日早朝，沖縄県の嘉手納基地周辺の住民は大音響でたたき起こされた。B52が離陸に失敗し，墜落したのである。このとき，ある女子中学生は母親に「戦争かもしれない。電気を消して一番上等な服を着なさい」と言われたという。

この事故をきっかけに，沖縄では米軍基地撤廃や日本への復帰運動がさらに盛り上がっていった。

また、ジョーン・バエズらが反戦のメッセージを込めて『ドナドナ』など
を歌い、多くの若者たちの心をつかんだ。こうして反戦歌が資本主義諸国に
広がり、各国での反戦運動を促進した。

アメリカの敗北

1965年から73年のおよそ8年間に5万人のアメリカ兵が戦死し、数十万名
が負傷した。そして1200億ドルに達する戦費がつぎこまれた。

1950年代にベトナムと戦うフランスを軍事援助して以来、アメリカ政府の
方針は一貫していた。それは「共産主義を封じこめる」というものだった。
アメリカは、北ベトナムや解放戦線を「ソ連の手先」「中国の手先」などと
しか見ていなかったのである。

このような米ソ対立とベトナム戦争という激しい対立の構図がある一方で、
中国とソ連は、国づくりの方法や革命のやり方をめぐって厳しく対立してい
た。ここに目をつけたニクソン大統領は1969年1月の就任演説で、中国政府
との関係改善を希望すると述べ、矢つぎ早に行動に移した。同年3月、中ソ
国境であるウスリー川の小さな島をめぐって中ソ両軍の武力衝突が起きた。

アメリカは、これを利
用して両国の北ベトナ
ム支援をやめさせるこ
とができれば、泥沼化
したベトナム戦争から
手を引くことができる
と踏んだ。ソ連との対
立を深める中国にとっ
ても、アメリカの接近
は有益なことだった。

1971年7月にはキッ

図表5　解放軍を歓迎するサイゴン（現ホーチミン）市民（1975
年4月30日のサイゴン陥落後）

17　アメリカが敗北したベトナム戦争

シンジャー補佐官が密かに中国を訪れて周恩来首相と会談し，翌年２月にはニクソン大統領が北京を訪問した。そして，「すべての中国人が，中国は一つであり，台湾は中国の一部であると主張していることをアメリカは認識する」と発表した。アメリカは，台湾に逃れた蒋介石政権を援助し，軍隊を駐屯させていたのだが，その台湾と一定の距離をおき，ベトナムとも国境紛争で対立を深めていた中国に肩入れすることを表明したのである。ただし，アメリカと中国が国交を結んだのは1979年のことである。

1973年には和平協定が結ばれてアメリカ軍はベトナムから撤収しはじめた。戦争にあまりにも多くのドルをつぎこみ，アメリカの経済が傾き，国内外の戦争反対の世論を無視できなくなったためだった。代わりに南ベトナム政府に肩入れして軍隊を強くし，アメリカ軍に代わって解放戦線や北ベトナム軍と戦わせようとした。

一方，北ベトナム・解放戦線は，南ベトナム政府に圧力をかけて，和平協定を守らせ，連合政府をつくって戦争を終わらせようとした。1975年に北ベトナムは南への攻撃を始めるが，彼らはそれほど早く南ベトナム政府が倒れるとは思っていなかった。

しかし，一部の地域が陥落すると，南ベトナム政府軍は総崩れとなり，兵士たちは前線から逃亡しはじめ，みずから崩れていったのである。サイゴンに残っていたアメリカ大使や南ベトナムに住んでいたアメリカ人の多くがアメリカ軍のヘリコプターで脱出した。国際赤十字社の要請を受けた北ベトナム・解放戦線は，サイゴンにいるアメリカ軍人および民間人が完全に撤退するまで，サイゴン市内に突入しなかった。

しかしその後，北ベトナムは南北統一を急ぎ，人々の気持ちを無視した政治を行ったため，ボート・ピープル（密航船に乗ってベトナムを脱出した人々。100万人を超えたという）が生まれる一因ともなった。

こうして南北合わせて500万人の死者と数百万人にものぼる負傷者を出したベトナム戦争は，終結した。アメリカとベトナムが国交を結んだのは1995年のことだった。

問題を残した日韓条約

　日韓両国の正式な国交が開かれたのは1965年のことである。ところが，日本の植民地支配による被害者は日本政府に対して繰り返し要求しているにもかかわらず，いまだに日本政府からの補償を受けられないでいる。どうしてこういうことになってしまったのか，この問題は，これからどうすれば解決できるのだろうか。

謝罪と賠償抜きの国交正常化

　1965年2月，アメリカ軍は北ベトナムへの全面的な爆撃を開始し，南ベトナムへ地上部隊を上陸させ，ベトナム戦争が始まった。その年の6月22日，日韓両国の政府は日韓条約（日韓基本条約および諸協定）に調印し，両国間の正式な外交関係が始まった。

　そこにはいくつかの問題点が残されていた。第1に，両国の主張が対立する竹島（独島(トクト)）がいずれに帰属するかについてはまったく触れていない。第2に，韓国政府はみずからを朝鮮半島全土を代表する政府であるとするのに対して，日本は朝鮮戦争の休戦ライン以南を韓国政府の主権の及ぶ範囲とみなしている。第3に，韓国併合にいたる両国間の諸条約は適法なものではなく無効であったと韓国が主張するのに対して，日本はこの条約を調印した時点では無効になっていると解釈している。

　そして，第4に，その後の両国関係のなかで最も大きな問題となってきた

植民地支配についての韓国に対する日本政府の謝罪と賠償の問題があった。
　日韓基本条約には日本による植民地支配とそれが韓国の人々に及ぼした被害に対する謝罪の言葉は次のように一言もない。

　　日本国及び大韓民国は，両国民間の歴史的背景と，善隣関係の相互尊重の原則に基づく両国間の関係の正常化に対する相互の希望とを考慮し，両国の相互の福祉及び共通の利益の増進のため並びに国際の平和及び安全の維持のために，両国が国際連合憲章の原則に適合して緊密に協力することが重要であることを認め，……この基本関係に関する条約を締結することに決定し……〈日本国と大韓民国との間の基本関係に関する条約（前文）〉

　そして，請求権および経済協力についての協定では，有償（返済が必要）2億ドル，無償（返済は不要）3億ドル，計5億ドルを日本の生産物および役務（工事や運搬などの労働力を必要とする作業）によって韓国に支払うとしているが，それは賠償としてではなく経済協力を増進するためとしている。また，この協定によって両国およびその国民の財産，権利，利益および請求権に関する問題は「完全かつ最終的に解決されたこととなる」としている。

図表1　学生のデモを鎮圧する軍隊
1865年8月26日，ソウルでは日韓条約に反対して約2000人の学生がデモを行ったが政府は軍隊を投入して鎮圧にあたった。

さまざまな反対意見を押し切って調印

　韓国では条約の内容が明らかになってきた1964年から学生を中心に国民の各層に反対運動が広がり，ソウルだけでなく各地で条約に反対する集会

やデモ行進が繰り返された。反対意見のおもな理由は，堂々と要求すべき請求権を放棄しており，謝罪の言葉もなく，経済協力というかたちで日本企業の進出を許し，日本への経済的従属を招くというものであった。

これに対して政府は戒厳令を出して軍隊を出動させ，1000人以上を逮捕し，すべての集会とデモ行進を禁止した。それでも，条約締結を急ぐ朴正煕(パクチョンヒ)政権に対する批判はいっそう高まった。条約調印後，政府は8月に与党のみで単独審議を強行し国会での批准をすませると，反対運動を軍隊と警察の力によって強引に抑えこんだ。

北朝鮮政府は日韓会談に反対し，日本との国交正常化は日本・韓国・北朝鮮の三者会談によるべきだと主張していたが，条約調印の日には「韓日会談での条約・協定はすべて無効」という声明を発表した。その主張は，この条約はアメリカが東北アジア軍事同盟をでっちあげ，朝鮮の分断を固定化し，南朝鮮を植民地的隷属状態にしばりつけておこうとするものであり，朝鮮人民は植民地支配による被害に対して賠償を要求する当然の権利をもっているというものであった。その後，日本と

1965年8月27日
衛戍令下る

図表2　コバウおじさん
1965年8月に韓国の日刊紙『東亜日報』に掲載された金星煥(キムソンファン)の漫画。日韓会談反対運動の取り締まりの状況を風刺している。

図表3　日韓条約批准阻止を掲げる東京の集会（1965年9月）

北朝鮮との間には国交が開かれていない。

日本でも労働組合を中心として，軍事的な緊張の高まりに反対する多くの市民団体も参加して条約への反対運動が広まった。国会でも野党がその批准を阻止しようとしたが，政府は強行採決を繰り返して12月に批准にこぎつけた。日本の反対運動は，北朝鮮を敵視する日本・韓国・アメリカの協力関係の強化がやがて三国の軍事同盟の形成に進み，朝鮮戦争が再発したときに日本も戦争に巻きこまれるかもしれないという不安によるものであった。そのため，日韓会談に反対する運動は，アメリカ原子力潜水艦の日本寄港阻止やベトナム侵略反対の運動と合わせて展開され，過去の植民地支配に対する謝罪や賠償がなされていないことについて日本ではあまり問題にされなかった。

日韓の国交正常化を急ぐアメリカ

国交正常化に向けての日韓会談が始まったのは連合国軍による日本の占領支配が終わり，日本の独立が回復される1952年4月を目前にした2月1日であった。しかし，両国の間にはいくつもの利害や主張の対立する問題があり，すぐに合意に達することはできなかった。

韓国側が植民地支配によって受けた苦痛と損害に対する謝罪と賠償を要求したのに対して，日本側はそれを拒否した。韓国ではなく米軍に没収された

にもかかわらず日本側は朝鮮から引き揚げた日本人の私有財産に対する補償を要求し、それと相殺すれば賠償を支払う必要はないと主張した。さらに、1953年10月に首席代表久保田貫一郎は「韓国側が日本の植民地統治に対する賠償を云々するのであれば、日本側としても朝鮮の経済力を培養した事実を指摘せざるを得ない。日本の朝鮮統治は必ずしも悪い面ばかりではなくよい面もあった」と語った。

韓国側はこの発言に抗議したが日本側が応じなかったために会談は中止となり、それから4年半の間再開されなかった。1958年になってやっと再会されたが具体的な進展のないままに過ぎていた。

ところが1961年5月に朴正煕の軍事クーデタによって韓国で新しい政権が成立すると、アメリカのケネディ大統領は池田勇人首相との会談で日韓国交正常化を急ぐように要請した。さらにアメリカは日韓双方に働きかけを行い、7月には韓国政府も日本に会談の再開を求め、11月に会談が再開された。その後も、会談が行きづまるたびにアメリカは繰り返し日韓両国の政府関係者に条約締結へ向けての圧力を加えた。

アメリカには日韓の国交正常化を急がせたい理由があった。1960年ごろにはアジア・アフリカの多くの国々が政治的な独立を達成し、経済的な自立をめざす動きが活発になっていた。そのために社会主義国のソ連に見習って国家主導の計画経済による工業化を進めようとする動きが広まっていた。そこで、ケネディ大統領はソ連に対抗するためには核兵器の開発を進めて軍事力を強化するだけでなく、低開発国への経済援助を増やして民間企業による工業化を促進することによって資本主義による経済成長への道を示す必要があると考えていた。

また、アメリカにとっては東アジアにおける米ソの軍事的な対立の最前線である韓国の政治を安定させることが緊急の課題であった。そのためには貧窮に苦しむ韓国の経済を立て直す必要があり、その資金を得るために日本の経済力を利用したかったのである。

謝罪よりも切実だった経済開発資金

　朴正煕にとっても軍事クーデタによって樹立したばかりの政権の基礎を固め，国民の支持を得るためには民衆の生活を豊かにすることが最も重要であった。アメリカの支援を得るためにも，その期待に応えて日本との国交正常化を急がなくてはならなかった。朴正煕にとって何よりも必要なものは経済建設のための資金であった。しかし，日本政府は植民地支配に対する謝罪と賠償を拒否していたので，経済協力という名目でその資金を獲得するしかなかった。その金額も20億ドル以上という従来の主張を引き下げて，わずか5億ドルでがまんせざるをえなかったのである。

　この5億ドルは農林水産業の開発，ソウル・釜山(プサン)間の高速道路の建設および橋や港などの整備，日本への累積債務の返済等などに充てられたが，最大の支出は浦項(ポハン)総合製鉄所の建設であった。さらに，民間借款3億ドルが追加されソウル地下鉄の建設などに充てられた。これらの事業はベトナム戦争による米軍の特需と相まって韓国の経済状態の改善をもたらした。

　ベトナム戦争では戦場に送りこんだ兵士に米軍から支給される給与をはじめとして，ベトナムでの軍需関連施設の建設工事や軍需物資の製造・輸送によって

図表4　浦項製鉄所

多額の外貨を獲得した。こうして得られた資金によって，外国企業との合弁で安い労働力を生かした輸出向けの加工生産を主とする工場が急速に増加していった。

それらは韓国の経済だけでなく，日本の企業の発展にも役立っていた。5億ドルは日本の生産物と役務によって支払うことになっているので，日本から韓国政府に資金が渡されるのではなく，建設工事を行ったり，資材や原料を提供した日本の企業に支払われるからである。しかも，有償2億ドルと民間借款3億ドルは貸し付けなので利子を付けて日本に返済すべきものであった。日本企業はこれをきっかけにして韓国への原材料や製造設備の輸出，韓国からの製品の輸入に乗りだし，韓国の安い労働力の利用によって大きな利益を上げていくことになる。

そのまま残った日本人の朝鮮認識のゆがみ

当時の日本では，久保田発言に見られるような過去の日本の植民地支配を正当化する考え方はめずらしいことではなかった。1963年の池田勇人首相の発言，65年の日韓会談の日本側首席代表高杉晋一の発言にも同じような考え方が表れていた。

1919年に朝鮮総督長谷川好道は，「朝鮮人は帝国臣民であり内地人との差別はない。したがって朝鮮の統治は同化の方針に基づいて，内地人と区別なく平等に治めるべきものであって，差別扱いをしないようにしたい」と語った。当時の日本人の多くは朝鮮支配の現実を知らされず，この言葉に疑問をもつこともなくそのままに受け入れてきた。そのため，朝鮮を独自な文化をもつ存在と認めず，日本と一体化することによって近代化の遅れた朝鮮を救ってやるのだとする，朝鮮人に対する蔑視と優越感が広まった。

戦争が終わると朝鮮半島はアメリカ軍とソ連軍に占領されたので，日本は朝鮮人の民族独立の主張の矢面に立たされることもなかった。また，日本もアメリカ軍に占領され，国土の荒廃と米ソの対立のなかで軍事的にも経済的

にもアメリカに依存することになり，アメリカとの関係が何よりも重視された。そのため，過去の日本と植民地の関係について見直す必要に迫られることもなく，国民の多くは旧植民地への関心を失っていった。学校で過去の植民地支配について教えられることもなく，植民地時代に形成された朝鮮に対する蔑視と優越感がそのまま変わることなく生きつづけていた。

　日韓会談においても，日本政府は韓国と対等な相手として向きあおうとするよりは，アメリカの動きに気を配ろうとする姿勢が強かった。韓国からの植民地支配に対する謝罪の要求は拒否したが，アメリカが満足するためには韓国の経済成長を促すための資金提供は避けられないと考えていた。しかし，その金額は韓国の要望に応えるものではなく，できるだけ少なく抑えようとしたのであった。

陳謝する日本政府，補償が得られない被害者

　1965年に日本と韓国の間の正式な外交関係が樹立された。しかし，日本の植民地支配に対する責任は追及されることなく，植民地の時代に日本が行った非人道的な行為による被害者への補償問題は放置された。

　1982年に中国・韓国から日本の歴史教科書の記述に対する抗議を受けてから，日本のなかでも過去の侵略と植民地支配による加害の問題が注目されるようになった。そして，1990年前後から韓国では植民地支配による被害者，中国では日本軍の侵略による被害者への補償を要求する動きが広まっていく。

　1991年に，日本政府と企業による非人道的な行為によって被害を受けた韓国人とその遺族たちによる補償請求訴訟が次々と日本の裁判所に提出された。その被害者とは，第2次世界大戦中に強制的に日本に連行されて働かされた人たち，強制的に戦場に送られて「慰安婦」にされた人たち，軍属として戦場に送られて負傷した人たち，日本軍兵士にされ敗戦後に占領地で戦犯として処刑された人たちなどであった。

　しかし，日本政府は，植民地支配下で受けた被害についての韓国に対する

賠償と韓国人に対する補償の問題は，1965年の請求権に関する日本と韓国との協定によって決着ずみであるという態度を崩そうとはしていない。最高裁判所の判決でも日本政府に対する補償請求は一つも認められていない。補償の根拠がない，韓国との協定で決着ずみであることなどがその理由になっている。

　ただし，2001年に施行された新しい法律によって，在日の韓国・朝鮮人元軍人・軍属の戦死傷者の遺族に対して，ひとりあたり260万円の弔慰金，戦傷者本人に対して，ひとりあたりに見舞金200万円と特別給付金200万円が支給された。

　日中の国交回復の場合には，謝罪の問題に関しては日中共同声明（1972年）で「日本が戦争を通じて中国国民に重大な損害を与えたことについての責任を痛感し深く反省する」という言葉が入っている。しかし，賠償問題については共同声明で中国側が「戦争賠償の請求を放棄する」としている。また，中国東北地方や台湾に対する植民地支配についての謝罪や賠償にはまったく触れていない。

　1990年代になると，日本の首相が韓国と中国のいずれに対しても「反省」だけでなく「お詫び」の言葉を口にするようになった。しかし，強制連行や日本軍「慰安婦」に対する補償など，日本政府による被害者の救済はいまだに実行されていない。

ハルモニたちの涙は今も流れる

　1991年8月，67歳の金学順ハルモニ（おばあさん）が驚くべき告白をした。自分は日本軍「慰安婦」だったというのだ。そして，人々が過去のことをしっかりと解決しなければならない，と力をこめて言った。韓国では，それまで自分が日本軍「慰安婦」だったと名乗り出る女性はいなかった。長い沈黙を破った金学順ハルモニは，人々に何を知らせたかったのだろうか。

日本軍は組織的に慰安所をつくった

　1931年9月，日本は中国東北地方を侵略した。日本の軍人は現地の女性を強姦・殺害し，中国各地で反日感情を大きく高めた。一方，性病にかかる兵士が増え，戦争を遂行する障害となった。日本軍はこのような状況を解決するために慰安所制度をつくった。慰安所は1937年に中国との全面戦争が始まると中国各地に設置された。そして戦争が太平洋や東南アジアに広がるにつれて慰安所も増えていった。はじめ日本軍は売春を職業にする日本人女性を動員した。しかしその数が不足すると，朝鮮や台湾の一般人女性を日本軍「慰安婦」にしはじめた。さらに日本軍が占領した中国，フィリピン，マレーシア，インドネシア，東ティモールなどの女性も日本軍「慰安婦」とされた。大部分が14～19歳の女性だった。

　金学順もそのひとりだった。金学順は貧しい母子家庭で育ち，普通学校も中退している。1941年養父に連れられ，仕事を探しに中国の北京に行った。

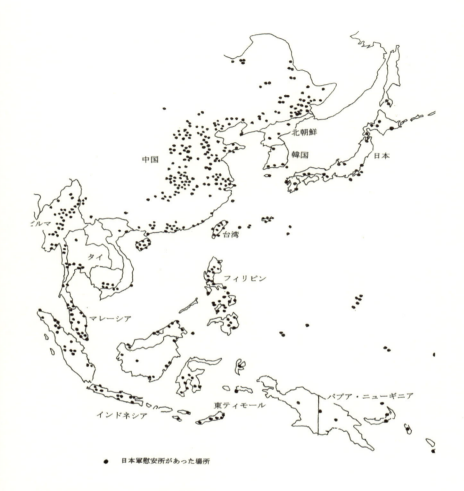

● 日本軍慰安所があった場所

図表1　各地につくられた日本軍「慰安所」

そこで日本軍兵士に呼び止められ「朝鮮人だろ，スパイではないか」とトラックに乗せられ，連行された。このあと慰安所に放りこまれ，性奴隷として虐待された。

　金学順の証言をきっかけに過去に日本軍「慰安婦」とされたハルモニの証言が続いた。あるハルモニは家のまわりで遊んでいて強制的にトラックに乗

せられて戦地に連れていかれたと言った。看護婦になれるとか，工場で働けるという話にだまされ，連れてこられたハルモニもいた。彼女たちは貧しい暮らしの足しになればと考え，まさか自分が日本軍「慰安婦」になるなどとは思いもよらなかったという。

　日本軍はこれらの女性を使い捨ての品物のように扱った。時々親切な軍人もいたが女性に暴言をはき，ひどいときは刀で傷つける軍人もいた。女性は薄い毛布と洗面器がぽつんとある狭い部屋で終日日本兵を相手にしなければならなかった。毎日毎日十数人の日本兵からレイプされていた。そのなかで性病にかかったり，子どもを産めない身体になったりした。慰安所では自由に外出はできなかった。朝鮮語は使用できなかった。そして金学順が慰安所で「愛子」と呼ばれたように日本式の名前で呼ばれていた。食事は味噌汁やタクワンしか支給されなかった。日本が戦争で不利になるとそれさえ出されなかった。慰安所での苦痛によって精神異常になったり，死を選ぶ人もいた。逃亡してつかまり，激しく殴打される場合も多かった。

　慰安所を管理していた日本軍は定期的に女性が性病にかかっていないか検査をした。軍人たちに性病が移って戦力が落ちることを心配したのだった。慰安所を利用する兵士はその代金を臨時紙幣の軍票で支払った。しかし，この軍票は慰安所の女性には渡らないことが多かった。軍票を受け取っても慰安所の経営者にいろいろな名目で奪われた。多くの女性は金を受け取っていない，と証言している。戦争が終わりに近づくと日本軍は自分たちの行為を隠すため彼女らを殺害したり，戦争が終わってもその事実を知らせないまま慰安所に置き去りにした。

残っている苦痛

　1980年代以後，韓国内で日本軍「慰安婦」問題に関心をもち，これを解決しようと努力する人々が現れた。このような動きは韓国社会が少しずつ民主化し，女性運動が活発になったことと関連があった。しかし，日本軍「慰安

婦」問題を解決するための人々の活動は多くの困難にぶつかった。慰安所にかかわる資料や証拠が日本軍によって故意に焼却・廃棄され、日本政府が事実を認めようとしなかったからだ。このような状況のなかで、ハルモニの証言は長い間忘れ去られていた歴史の真実を世の中に明らかにした。

　1945年8月の日本の降伏と1991年8月の金学順ハルモニの証言にはおよそ45年という長い沈黙の歳月があった。なぜハルモニたちは長い間、自分の被害を話すことができなかったのだろうか。朝鮮の女性は幼いころから「女性の価値は純潔にある」と教育されてきた。「純潔の喪失は女性の人間的価値の喪失」と思われる雰囲気は解放後もずっと続いていた。だから日本軍「慰安婦」であった女性は、国家と社会の保護を受けることもできず、苦痛を受けた被害者だったにもかかわらず自分の痛みを誰にも言えなかった。故郷に帰りたくても誰かが自分の過去を知っているのではないかと思って故郷に帰れず、心身の傷のため結婚を考えずひとりで生きてきた女性がほとんどだった。それにもかかわらず、ハルモニは自分の痛みを話しはじめた。真実を認めない日本政府の態度に怒ったハルモニが名乗り出たのだ。台湾、フィリピン、中国などでも同様だった。韓国のハルモニの勇気ある告白に刺激され、女性が次々に名乗りを上げた。

　最初の証言が出て、日本は日本軍「慰安婦」問題に対してどのような態度を見せただろうか。日本政府は1993年の河野洋平官房長官談話で「日本軍の関与」を認めたが、この問題は政府間で解決ずみとして個人補償には取り組む姿勢を見せていない。この後「アジア女性国民基金」という名でおもに日本の民間人が集めた金を慰安婦被害者に支給するなどして問題解決をはかろうとした。しかし、多くのハルモニはこの金を受け取らなかった。国家としての誠意ある謝罪がないとして、この金の受け取りを拒否した。

　1997年、日本では当時の中学校歴史教科書すべてに日本軍「慰安婦」問題を記述し、この問題の解決を日本の子どもたちに考えさせようとした。しかし、これに対して「慰安婦は商行為であった」「日本軍による強制はなかった」などと強く反発する人たちが出てきた。このため、現在の教科書ではほ

とんど記述されていない。国会でも慰安婦問題の解決を進める法律案が当時の野党から提案されたが，10年以上審議もされていない。

ハルモニたちが声をあげる

　毎週水曜日正午，ソウルの日本大使館の前に人々が集まる。一番前の席には日本軍「慰安婦」だった人たちがいる。1992年から始まった水曜デモは2011年末に1000回を迎えた。冷たい雨風が吹きつけるひどい天気の日にも日本軍「慰安婦」時代の後遺症のあるハルモニたちは日本政府に対する抗議をやめなかった。「日本軍『慰安婦』問題の犯罪事実を認めよ！」「ハルモニに謝罪し，賠償せよ！」とハルモニたちは叫んでいる。

　最初のデモが始まったときハルモニたちは参加することに躊躇した。しかし学生，主婦，日本人などデモに参加する人々が増えるにつれてハルモニたちは堂々と最前列に座って叫ぶようになった。

　また，あるハルモニは絵を描き，悲しみと精神的苦痛を少しでも和らげようとした。ハルモニが描いた多くの絵は現在京畿道広州の「ナヌム（分かちあい）の家」で見ることができる。ナヌムの家では日本軍「慰安婦」だったハルモニたちが共同生活をしている。そこには「慰安婦歴史館」がつくられ，ハルモニがなぜ日本軍「慰安婦」にならなければならなかったか，どのような生活を送っていたかを学ぶことができる。時にはハルモニから直接当時の話を聞くことができ，歴史の真実を知ろうとする多くの人々が訪れる。ナヌムの家でボランティアをしていた日本の若者は，「私は日本から来ました。戦争を知らない世代です。しかし，ナヌムの家で暮らすなかで，ハルモニの要求は正当で日本政府は謝罪すべきだと思うようになりました」と語った。

　あるハルモニは自分がやっと溜めたお金を奨学金として寄付した。過去のこのような悲劇を繰り返さないためには，子どもたちが学ばなければならないと考えるからだ。「サイバー平和博物館」をつくるための寄付をしたハルモニもいた。これはオンライン上ではあるが平和をテーマにした韓国最初の

博物館であり，人々が，戦争に反対し，平和な未来を考えるきっかけとなるだろう。戦争の被害者だったハルモニが，今，平和な未来をつくる主体になっている。

図表2　ソウル日本大使館前の水曜デモ

手を結ぶ日本と韓国の若者たち

　日本軍「慰安婦」は，韓国で2件，中国で4件の裁判を日本の裁判所に提訴し，フィリピン人，台湾人，インドネシア人，在日コリアンたちも日本政府の謝罪と個人補償を求めて10件の裁判を起こした。それぞれの裁判の日に日本に来た「慰安婦」被害者は，裁判所での陳述や日本の各地域での証言集会で被害の事実を訴えた。2010年すべての裁判が終結し，原告が敗訴したが，事実は認定された。事実はあったが法的責任はないという裁判所の結論に対して，国会で法律をつくって解決しようという動きも広がっている。日本国内の40の地方自治体（2014年12月現在）でこの問題の解決を求める決議をあげ，韓国の地方自治体も呼応している。

　また，日本政府の責任を追及する国際的な動きも起きている。2000年12月には，女性国際戦犯法廷が東京で開かれ，アジア各地の被害者，国際的な法学者が参加し，審理を通して日本政府に有罪が判決を下された。東京には「女たちの戦争と平和資料館」がつくられ，ハルモニたちの被害の事実，日

図表3 　金順徳ハルモニの絵「咲かない花」
ナヌムの家に暮らすハルモニは自分の思いを絵に描くことで力を得ている。ハルモニが共同生活するナヌムの家ではハルモニの自由のために絵を描くプログラムをとりいれている。

本政府の責任に関する資料が展示され，日本軍の犯した罪の実際を学ぶこともできる。

　2003年から毎年8月，韓国と日本の大学生が中心となって「若者のつどい」がもたれている。そこでは，学生がハルモニの声を聞き，歴史館の展示をいっしょに見て，それぞれの学校での取り組みを交流している。そして，植民地支配の時代から今まで日本と韓国の間にどのような歴史があったのかを学びあっている。たとえば，日本軍「慰安婦」問題にふれた神戸の大学生は，高校までは何も学んでいなかったことに驚き，この問題を広く知らせるため，積極的に行動している。

終わらない歴史

　金学順ハルモニの証言で日本軍「慰安婦」問題に対する関心が高まって以後，韓国政府はハルモニに住む家といくらかの生活費を支給しはじめた，ハルモニを助ける人々も多くなった。日本人の間でもこの問題に関心をもち，その解決のために積極的に行動する人々が出てきた。日本の責任ある行動を要求する国際的な声も高くなっている。

　2007年7月，アメリカの下院で，日本政府にあてた決議が採択された。それは，日本政府に「慰安婦問題」の事実を認め，その責任をとり，被害女性に対して謝罪と法的な補償を行い，次の世代にこの問題を伝えることを求め

るものであった。さらに11月には，オランダ下院，カナダ下院がそれぞれ日本政府への謝罪と責任ある態度による解決を求める決議をあげた。そして12月にはEU議会で，2008年になると，台湾立法院でも同様の決議があげられた。韓国国会でも日本軍「慰安婦」の名誉を回復するため，日本政府への抗議の決議を採択した。このような決議が採択されるたびに，日本軍「慰安婦」だったハルモニは現場に駆けつけて自分が経験したことを証言し，その話は人々の心を動かした。

2011年の1年だけでも16名の被害者ハルモニが世を去った。2014年6月現在，韓国政府に登録された243人のハルモニのなかで生存者は54人にすぎない。それに多くのハルモニは身体的・精神的後遺症を経験し，年がたち，ますます気力を失っている。一方，日本政府の態度は20年間まったく変化していない。そして，まだ多くの人々が日本軍「慰安婦」問題を過去の問題とだけ考えている。

図表4　ソウル日本大使館前の少女の像
水曜デモは2011年12月14日に1000回を迎え，市民の募金で少女の像が日本大使館前につくられた。

今，日本軍「慰安婦」問題は「女性の人権尊重」という視点から見つめなければならない。現在も世界のあちこちで女性に対する戦時性暴力が起こっている。1990年代のユーゴスラビア紛争のときに，民族浄化の名のもとに，他民族女性に対する性暴力が起こされた。アフリカのルワンダでも民族紛争のもとに他民族女性へのテロが多発した。

吉元玉（キルウォヌオク）ハルモニが2010年にドイツを訪問したときに在ドイツ・コンゴ大使から，ハルモニの闘いが多くのコンゴにいる性暴力被害女性の希望になって

いると言われた。ハルモニは，アフリカ・コンゴで長期間続いた内戦で数多くの女性が過去の自分自身のように性暴力を受けた事実を知った。そして，2012年3月，国際女性デーの日，金福童・吉元玉ハルモニ(キムポクトン)が，日本政府から賠償を受け取った場合，賠償金全額を，コンゴ内戦の性暴力被害者のために使いたいと語った。韓国の市民団体は「ナビ（蝶々）基金」をつくった。ナビは日本軍「慰安婦」ハルモニを象徴している。その名称には，幼虫の時期をへて，華麗な羽を広げる蝶々のように，ハルモニも過去の痛みから逃れ，自由に生きてほしいという願いをこめている。ナビ基金の最初の支援対象はコンゴ民主共和国のレビッカ・マシカ・カチュバである。彼女は1998年コンゴ内戦当時，軍人から性暴力を受けたのち，「傾聴の家（Listeing House）」を建て，同じような立場の戦争被害女性を助け，彼女らの子どもたちの養子縁組をしてきた活動家である。

第2次世界大戦の終結後に共産党が中国大陸を掌握すると，アメリカは日本を反共の防壁として位置づけた。そして共産主義の拡大を防ぐため，朝鮮半島の李承晩(イスンマン)政権と日本の保守政権を支持しはじめた。続いて両国と相互防衛条約を締結して軍事同盟関係を形づくり，1960年代に入るとベトナム戦争に本格的に介入した。

　一方，韓国の民主化運動は長きにわたって展開された。李承晩の独裁を倒し，軍事政権と戦い，1980年代に民主主義の花を咲かせた。日本では保守的な自民党が1990年代初頭まで長期間政権を握った。

　日本と韓国はアジア太平洋戦争が終わったあと，深刻な経済的困難を経験した。朝鮮半島の分断と朝鮮戦争は経済的窮乏を加速させた。1960年代に始まった韓国の経済成

第4章
経済成長と民主主義の発展

長は，長期間にわたる労働者の犠牲を土台にしたものだった。しかし日本の経済的困難は，皮肉にも朝鮮戦争をきっかけに克服された。軍需物資の輸出を通じて回復しはじめた日本経済は，その後10％台の高度成長を成し遂げた。しかし日本の経済成長にも労働者の犠牲や環境問題という影があった。

　両国の経済成長や女性の積極的な政治参加は，女性の権利拡大につながった。日本では戦争末期に広島・長崎の原爆投下を経験し，核兵器への危機意識が高まった。特にビキニ事件をきっかけに始まった杉並の母親たちの運動により，反核平和運動は世界的に広がった。民主主義と社会的正義を実現するためにどのような闘いがあったのだろうか。

20 男女平等を求めた長い道のり

 1946年4月10日、第2次世界大戦後初の衆議院議員選挙で日本の女性たちは投票用紙を手にした。その日の女性の思いを、ある地域の記録は伝えている。
 「朝早くから農作業をすませて投票場に急ぎました。投票用紙をいただいたとき、手が震えて止まりませんでした」。
 男女平等をめざして、女性たちはどのような道のりを歩んできたのだろうか。また、日本国憲法は日本に住む人々に何をもたらしたのだろうか。

男尊女卑の社会に生きる母たちの嘆き

 女性参政権運動を、中心となって進めてきた市川房枝は、自伝のなかで、母について次のように回想している。

> 私のこれまでの80年の長い人生をふり返ったとき、第一にまぶたに浮かぶのは母のおもかげである。それも、私の幼いころ、暴君であった父からげんこつで、いや時には薪で殴られながら、じっと我慢していた母の姿である。こんな時、私はそばで泣きながら母をかばったものだが、あとで母は私の頭をなでながら「今までに何度も里に帰ろうと思ったが、お前たち子どもが可愛いから我慢しているのだ。女に生まれたのが因果だから」と涙を浮かべてぐちを言った。

 男系天皇を国の主権者とした大日本帝国憲法下の民法では、戸主と呼ばれ

る一家の主(あるじ)に強い権限を与えていた。住む場所や結婚を決める際には戸主(こしゅ)の同意が必要であり、妻に相続権はなく、妻の財産は夫が管理するものとされた。妻には子に対する親権もなく、一夫多妻が事実上容認されていた。女性には選挙権どころか、治安警察法により政治集会に出ることすら禁止されていた。政治的にも経済的にも無権利な状態におかれた女性たちは、家庭では服従と無抵抗を強いられることになる。市川の母の光景は当時の社会ではありふれたものだった。

図表1　市川房枝

　市川は、教師、新聞記者、労働組合である友愛会婦人部の書記などを務め、女性の地位向上について考えを深めていく。女性参政権運動を進めた市川の胸には、幼いころに心に刻まれた母の悲しみ、女性たちの嘆きがあった。

婦選なくして普選なし

　1920年、男子就業者1699万人に対し女子就業者は1027万人にのぼった。女性は農業に従事したり、紡績工場や製糸工場で働く人が多かったが、タイピストや電話交換手など新しい職業も増え女性の社会進出が進んでいた。
　このような社会の変化を背景に、市川房枝は平塚らいてうと新婦人協会をつくり、女性たちに、社会的地位を向上させるために団結すべきときが来たと呼びかけた。そして、女性の政治集会への参加を禁止していた治安警察法の改正をめざして活動を始めた。進歩的な考えをもつ男性にも協力を求め、集会を開き、署名を集めて粘り強く請願を行った結果、1922年の議会で改正案が可決された。女性が政治集会を主催、参加する権利を回復し、ここから本格的な女性参政権運動の道が開かれた。
　市川は1924年、婦人参政権獲得期成同盟会（婦選獲得同盟）を結成した。ここには思想や立場を超えて多くの女性が結集した。翌1925年には、25歳以

図表2　1927年，全国から集めた約5万人の請願書を衆議院に運ぶ

上の男子に選挙権を認める普通選挙法が成立した。婦選獲得同盟は，この「普通選挙」から，女性が排除されていることへの抗議をこめて「婦選なくして普選なし」を合言葉とした。そして，①国政に参加する参政権，②地方政治に参加する公民権，③政党に加入する結社権の，婦選三権の獲得を目標とし，全国に支部をつくって署名を集め，議会に請願した。また，婦選に賛成する議員を増やし政党に働きかけた。その結果，政党の婦選実現案が何度も国会に提出されるようになった。新聞も「婦選は時と条件の問題であって，可否の問題ではない」と書くようになり，1930年，地方参政権のみを認めるという，政府提出の条件つき女性公民権案が衆議院で可決された。だが，貴族院では審議未了のまま廃案になってしまう。

戦争と婦選運動

　このように婦選実現まであと一歩と迫ったときに，満州事変が起きた。これに対し市川は，戦争は女性から家族を奪い耐えがたい苦しみをもたらすもので，女性は国の区別なく平和主義者であると主張し，関東軍の南満州鉄道付属地までの撤退と話しあいによる解決を求めた。無産政党も中国東北地方侵略を支持する風潮のなか，第3回全日本婦選大会は「ファシズム断固反対」を決議し，戦争反対の態度を明確にした。婦選大会は，その後も膨大な

軍事費に反対し，平和のために各国女性との連帯を決議した。
　しかし，日中戦争が始まると言論弾圧は厳しさを増した。市川は自伝のなかで当時をふり返り，「正面から戦争に反対して監獄に行くか，運動から全く退いてしまうか，現状を一応肯定してある程度協力するか」という三つの選択肢を前に，深く悩んだと回想している。市川が出した結論は，婦人運動を進めてきた自分には責任があり，女性と子どもの戦時下の生活を少しでも守るためにも戦争協力を選ぶというものだった。また，女性が戦争に協力して社会的な力を示すことが，戦争が終わったあとの参政権を得るステップになると考えた。十数年前に滞在したアメリカでは，第1次世界大戦中の女性の働きが認められて，女性参政権が実現していた。こうしたアメリカでの体験も市川に影響を与えていた。
　市川は政府の各省と積極的にかかわり，戦争への協力と家庭での節約や貯蓄を呼びかける講演会をこなしていった。日本軍が占領した中国中部を視察してからは，戦争支持をはっきりと表明するようになった。国民を戦争に動員するための組織である，大政翼賛会や大日本言論報国会などの要職に就いて，女性をさまざまな組織の責任あるポストに登用することや，家庭女性の勤労動員を積極的に行うことを説いていった。敗戦の直前には，本土決戦にそなえ，戦闘の前線に立つ婦人義勇戦闘隊をつくろうとする軍に協力するまでになった。市川の進めてきた女性運動は，アジアへの侵略戦争を支えるものになっていったのである。
　1945年8月，日本は戦争に敗れた。敗戦から10日目に，市川は戦後対策婦人委員会を結成し，婦選獲得のため政府や政党に働きかけを再開した。しかし，1947年，戦争中の協力を問われ，GHQによって公職を追放される。その後，追放を解かれると，国会議員となり，生涯，女性の地位向上と暮らしを守る活動を行った。再軍備に反対し反戦平和を訴えた。戦争中の協力については多くを語らず，厳しい自己批判をすることはなかった。その一方で，「戦争が始まってからでは反対することは難しい。戦争が始まる前に反対することが大切だ」と語っている。

私たちの時代がやっと来た──39人の女性代議士

1945年9月末，日本ではじめて，道行く人にインタビューするラジオ番組「街頭録音」が始まった。マイクを向けられ，三越デパートの店員と名乗った女性は質問にはなかったのに，「婦人参政権は大賛成です」と語っている。女性たちの権利の意識が高まってきた。

10月，連合国軍最高司令官総司令部（GHQ）は五大改革指令を出した。その内容は，女性の解放と参政権，労働組合の育成・促進，学校教育の民主化，秘密警察制度と思想統制の廃止，経済の民主化であった。選挙法の改正作業はあわただしく進められ，12月，長い道のりの末に女性参政権が実現した。1893年にニュージーランドで初の女性参政権が実現して以来，世界で64番目，アジアで15番目だった。

そして，翌1946年4月に実施される，20歳以上の男女国民が参加する初の衆議院議員選挙に向けて，3月から選挙戦が始まった。全国で工夫と熱気あふれる選挙戦が繰り広げられた。立候補した女性は79人。28歳の山口シヅエは，東京で690回の街頭演説をした。鐘を鳴らして，食べ物屋が来たと思って集まった人々を前に演説を行った。空襲で家と工場が焼かれた話，愛する弟がフィリピンで戦死した話をすると人々は泣いた。「二度と戦

図表3　山口シヅエは，有力候補者たちが立つ東京の激戦区で2位で当選した

争をしてはなりません」「女性が1日6時間働けば食べていける世の中をつくりましょう」と訴え，当選を果たした。

　戦前から，婦選獲得同盟で活動した立候補者は10人。秋田県の和崎ハル，62歳もそのひとりだ。夫と死別し5人の子を育て，美容師として働きながら地方で婦人参政権運動を支えてきた。和崎は演説会を開き，有権者に1万枚の葉書を送った。配給制度を整えることや乳幼児の保護対策，民法を民主的に改正することを訴えトップ当選を果たした。婦選獲得同盟出身の当選者は7人だった。

　GHQは民主化政策の成功のために，女性の投票率を上げるよう啓蒙に努めた。新聞の関心も投票率だった。選挙の日，母親が投票に行けるように婦人会で子守をしたり，リヤカーで病人や老人を投票場に運ぶ地域もあった。菓子を配ったり，投票済みの用紙を映画券と交換したりする地域もあった。女性の投票率は新聞の予想を超えて，67％（男性は79％）と高く，39人の女性議員が誕生した。衆議院議員総数に占める割合は8.4％で，当時としては世界的にも高いものだった。

　しかし，2014年，衆議院議員（475名）に占める女性議員の割合は約9.5％でしかない。世界的には，男女格差を是正するために女性に議席を割り当てる制度を採用して女性議員が増える国が多くなるなか，たいへん低い割合にとどまっている。

日本国憲法制定は女性の独立記念日

　選挙後，衆議院では憲法改正案の審議が行われた。当選した女性の議員は，男女が同等の権利をもつ憲法を求め，結婚，財産や相続などの権利を民主的なものにするよう発言した。こうした願いもこめられて，1946年，国民主権，基本的人権の尊重，平和主義を柱とする日本国憲法が公布された。

　憲法が掲げた男女平等の理念は，学校での民主教育を通して，また，地域で憲法を広める行事をになった青年団などの若者たちを中心に浸透していっ

た。埼玉県青年団弁論大会では，下のように論じた女性が優勝している。

> 男性や親や夫のもとに，奴隷のように品物のように，人格のない生活を強いられてきた女性たち。しかし，敗戦がこの因習をうちやぶり，女性を真の人間としたのは不幸中の幸いでした。参政権を得て，結婚での親の絶対的親権から解放され，財産上の無能力を回復することになり，ここに初めて女性は独立の人間になったのです。新憲法の実施は女性の独立記念日ではないでしょうか。

憲法に掲げられた高い理念は女性たちを励まし，法的には男女平等社会のスタートが切られた。しかし，不平等な制度や古い考え方は根強く残り，以後，家庭や職場など実際の社会生活で平等を実現していくことが課題となっていく。たとえば，戦後も売春は国家に公認されており，新憲法が掲げる人権や平等とはほど遠い環境にある50万人もの「売春婦」がいた。貧しさから家族を救うために人身売買によって「売春婦」となった女性たちは，前借金に縛られた奴隷的な生活を強いられていた。女性議員たちはこの問題に超党派で取り組み，1956年，売春防止法を成立させた。この法律によって，女性たちの経済的困難につけこんだ売春業者の行為は，刑法で罰せられるようになった。

新憲法制定の陰で残された課題

新憲法の光は，日本に住むすべての人々を照らしたわけではなかった。敗戦当時，日本にいた200数十万人の朝鮮人はいっせいに帰国を始めたが，60万人を超える人々が日本に残った。帰国に際して財産の持ち出し制限があったことや，朝鮮半島が不安定な情勢にあり，生活の見通しが立たなかったことから，多くの人が日本にとどまったのである。かつて一方的に日本国民にした元植民地の人々に対し，政府はどのような生活の困難が生じるかを検討

せず，ふたたび一方的に国籍を剥奪する政策を進めていった。

　敗戦直後，日本政府は日本に住む台湾人や朝鮮人を「日本人とみなし」日本の法令に従うこととしたが，1945年12月，日本国籍のまま男子がもっていた参政権を停止した。在日朝鮮人が選挙に参加すれば，天皇制の廃絶を主張する議員が多数登場するのではないかと危惧したための措置だった。さらに政府は，日本国憲法が施行される1日前の1947年5月2日，天皇の最後の勅令である外国人登録令を出し，在日朝鮮人を「当分の間外国人とみなす」として外国人登録を義務づけた。日本国憲法が保障する権利の外に在日朝鮮人はおかれた。そして1952年4月，サンフランシスコ平和条約の発効により在日コリアン（韓国・朝鮮人）の日本国籍を正式に喪失させた。前月に成立していた元軍人，軍属の援護法の対象から在日コリアンは外された。

図表4　在日コリアンのある家族（岩手県1950年代）
東京の「在日韓人歴史資料館」では，多くの家族の写真を集め編集している。

　在日コリアンはかつて軍需産業で働いていた人が多く，戦後は新しい職を得なくてはならなかったが，厳しい就職差別のなかで職に就けず苦しい生活を強いられた。敗戦後は，ヤミ市で商売をしたり，ドブロクをつくる人が多かったが，これらは取り締まりの対象にされた。

　1941年生まれの在日2世朴玉山（パクオクサン）の家族の歴史は，多くの在日コリアンの歴史と重なる。戦後，彼女の父が病気で倒れ，母は7人の子どもをかかえ血のにじむような苦労をした。遠くの農家に買い出しに行き，50人の土木作業員の食事をつくり，他の家の洗濯や縫物をし，豚を飼って生活を支えた。ドブロクを製造していた母が逮捕されたことは，小学生だった彼女にとって忘れ

られないつらい記憶として残っている。

　戦後，在日コリアンは朝鮮語を子どもたちに教える民族学校を全国各地につくった。朝鮮では，女性に対する教育は家事や機織り，裁縫など嫁入りのためのものが中心だった。在日コリアン1世の女性には，学校教育を受ける機会がなかった人も多かった。そうした体験からか，戦後，女性たちは子どもの教育に関しては何にも優先して努力した。民族学校を守るために，積極的に活動する女性もいた。

　在日コリアン男性のなかには日本社会の差別と闘うために，民族団体や同郷会の活動にのめりこみ，忙しさのために家庭を顧みない人もいた。朝鮮では男子を大切にする儒教的な考え方が強く，男性は家庭のことを顧みないのが美徳，よいことであるという考えも影響して，女性が生活のいっさいを引き受けなくてはならない家庭もあった。民族差別にさらされ，女であることの生きにくさもかかえながら，女性たちは家族と生活を支えた。

　長い道のりの末に日本の女性は参政権を得た。日本国憲法は女性たちに希望をもたらした。しかし，その陰で，在日コリアン女性の平等権，生存権の課題は重く残された。

反核平和を求める日本の市民運動

　日本に人類史上初の核攻撃がなされた。被爆した人間にとっては，その後も長い間，差別と生命の危機という苦難の連続であった。第2次世界大戦後の米ソ冷戦は核兵器開発競争を招いたが，それでも少しずつ核軍縮・廃絶に向けた動きへ進んできている。反核平和の意識はどのように世界に広がってきたのだろうか。

原子兵器の絶対禁止を求める運動の始まり

　東京杉並区に「オーロラの碑」と呼ばれる碑がある。記念碑の由来には，1954年3月のビキニ環礁水爆実験をきっかけとして，杉並区議会において水爆禁止の決議が議決されるとともに，公民館を拠点として広範な区民の間で原水爆禁止運動が始まったことから，同館が「世界的な原水爆禁止運動の発祥の地」と言われていることが記されている。

　第2次世界大戦後すぐに米ソの対立が深まり，核開発競争となって現れた。アメリカは，1946年7月から，マーシャル諸島周辺を中心に核実験を開始した。

　核開発競争が激化すると，科学者，市民団体，労働組合などが中心となって多様な反核平和の運動が始まった。1949年4月，パリで開かれた平和擁護世界大会は，「人類を大量に殺りくする原子兵器その他の戦争手段の禁止に賛成する」と宣言した。

図表1　「原水爆禁止運動の発祥の地」に建つ「オーロラの碑」

　1950年3月には，スウェーデンのストックホルムの世界平和擁護者大会が，「人類に対する威嚇と大量殺戮の兵器である原子兵器の絶対禁止を要求します」，「どんな国であっても，今後，最初に原子兵器を使用することは，人類に対する犯罪行為であり，その政府は戦争犯罪人として取り扱います」など4項目を掲げた原子兵器禁止に関する署名運動を決定し，全世界に呼びかけた。

　当時，トルーマン・アメリカ大統領は朝鮮戦争が起きた場合の原爆使用をほのめかしていたため，このアピールはアメリカへの強い非難が含まれていた。アメリカ主導の連合国軍占領下の日本では，署名活動は日本共産党や在日コリアン，一部の労働者・学生を中心とした人々によって始められたが，のちには党派を越えた国民的な運動に発展し，日本で650万人を超える署名（世界では約5億人の署名）が集まった。そして，1950年6月から始まった朝鮮戦争では，アメリカ軍の原爆使用計画を断念させることになった。

放射能障害の恐ろしさ

　1953年8月にソビエトが初の水爆実験を行うと，これに対抗したアメリカの水爆実験が，1954年3月1日から5月14日までマーシャル諸島のビキニ環礁で行われた。この実験で発生した放射性降下物は予想を超えて広がり，ビキニ島と周辺の島々，さらに危険水域とされた区域から外れていた800以上の漁船に降り注いだ。日本のマグロ漁船第五福竜丸の乗組員23名のほか，風下のロンゲラップ環礁やその周辺の島々にいた人々157人が被曝した。当時，

第五福竜丸はロンゲラップ環礁の北西30km，ビキニ環礁の東130kmほどのところで操業していた。ここはアメリカ政府が指定した危険水域から30kmほど離れた場所だった。
　ただちに静岡県焼津に帰港した第五福竜丸の乗組員の多くは，ひどい下痢や火傷に苦しめられ，無線長の久保山愛吉は1954年9月に死亡した。これが報道されて，放射能障害の実態が広く知れ渡った。原爆投下後9年をへた当時，多くの日本人は広島・長崎での熱線と爆風による被害は知っていても，放射能障害による苦しみは知らなかった。原爆被害の情報は占領政策の妨げになるとの理由で，占領軍の検閲により報道されていなかったからである。
　アメリカ政府は，実験の成功と継続の声明を発表した。日米安全保障条約を堅持しようとする日本政府は，実験が悪いという印象を与えたり，実験を阻止するような態度はとらない方針をとった。しかし，日本の科学者たちはメディアを通じて危機感を訴え，メディアも乗組員の病状を詳しく報道しつづけた。
　当時の新聞は，「売られた"原子マグロ"食べると被病」などと報道した。マグロや鯨などは日本人の貴重なタンパク源で，魚類の放射能汚染は死活問題だった。放射能汚染を疑われ，魚を扱う業者は営業休止に追いこまれた。放射能汚染の雨も降り，「牛乳や野菜も危ない」「雨に濡れると髪の毛が抜けてしまう」などと言われ，国民生活はパニックに陥った。

広がる女性たちの署名運動

　主婦からの投書がきっかけで，新聞紙上で「安全に暮らしたい」と訴える女性たちの意見交換の輪が広がった。これはやがて，女性たちが原水爆反対署名活動を始める契機となった。当初は各地で自然発生的に始まったため，体裁も用紙もまちまちで，誰もが最初から進んで署名したわけではなかった。「署名して何の意味があるのか」という問いに，「黙っているよりは，はるかに効果があります。沈黙は賛成を意味するからです」と答える女性もいた。

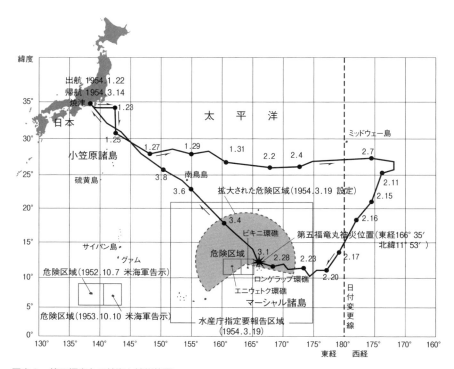

図表2　第五福竜丸の航海と被災位置
この事件を背景に制作された映画『ゴジラ』は，当時の日本国民の関心の高さと一致して大ヒットした。

　1930年前後から，消費生活運動がさかんになった杉並地域では，第五福竜丸事件が起こるとすぐに運動の輪が広がった。1954年4月15日に行われた講演会で，鮮魚商の妻の菅原トミ子は「魚がまったく売れなくて困っています！　ビキニ水爆問題を取り上げてください！　このままでは魚屋は閉めなければなりません！」などと発言し，鮮魚商などが進める原爆水爆禁止を呼びかける署名を紹介した。このとき，講演者として参加していた安井郁は「これは全人類の問題です」と応じ，署名運動の機運が一気に高まった。4月17日，区議会は満場一致で水爆禁止決議を行った。
　5月には公民館を拠点にして，主婦たちが原水爆実験禁止を求める署名活

動に立ち上がった。教職員組合，小学校PTAなど26団体が参加する水爆禁止署名運動杉並協議会も結成され，「全日本国民の署名運動で水爆禁止を全世界に訴えましょう。この署名運動は特定の党派の運動ではなく，あらゆる立場の人々を

図表3　署名簿表紙

むすぶ全国民の運動であります」と，杉並アピールとして訴えた。

　安井館長は，婦人団体協議会など42の団体を束ねて原水禁署名運動を展開した。女性たちは担当区域を決め，署名簿をもって一軒一軒署名を求めて歩いた。ひとりで何千も署名を集めた人もいた。署名簿の表紙には，杉並アピールの最後にも記されている「水爆禁止のために全国民が署名しましょう。世界各国の政府と国民に訴えましょう。人類の生命と幸福を守りましょう」の三つのスローガンが書いてあった。

　当時，平和運動は「共産党による煽動」などと攻撃された。そこで関係者は，反米色を出さず再軍備や軍事基地等に賛成の者とも連帯する，原子力と人類の対決という純粋な運動にするなどを方針とした。署名活動が女性を中心とした戸別訪問だったのも，街頭での署名活動では多くの人々の平和運動に対する偏見が強いことを考慮したからだった。それゆえ杉並アピールでは，広島・長崎・ビキニを同列に扱っており，広島・長崎の原爆投下の発端となった日本の侵略戦争への加害性や謝罪の文言はなかった。現代から見れば大きな限界点ではあるが，「もう戦争は嫌だ」という国民共通の心情を全国規模の署名運動にまとめたこと，一般庶民，特に女性たちが中心となって始めた大きな運動だったことは特筆に値するだろう。

1954年5月13日から始まった署名運動は、6月24日には26万5124筆に達した。当時の杉並区の人口約39万の70%近い署名は驚くべき数であった。運動は全国にも広がった。

世界に広がる原水爆禁止の願い

1954年8月、原水爆禁止署名運動全国協議会が結成された。1955年1月、平和活動に取り組む世界の知識人たちがウィーンに集まった会議で、安井は世界各国での原水爆禁止署名活動を呼びかけた。それでもアメリカは、2～5月に15回も核実験を実施した。

1955年8月6日、広島で第1回原水爆禁止世界大会が開催された。安井は、署名総数が3158万3123筆に達したことを報告した。当時の成人人口の半数以上に達したのだった。世界各国で6億以上の署名が集まっていることも報告された。世界各地で「ヒロシマの日」と名づけられた原水爆禁止を訴える集会が開かれた。この後、全国協議会は原水爆禁止日本協議会に発展し、毎年8月に世界大会が開かれることになった。

1953年4月に日本婦人団体連合会を結成した平塚らいてうは、12月には国際民主婦人連盟でも活動していた。彼女は20世紀初頭に女性の社会的地位向上のために運動した先駆者だった。1931年からの日本の侵略戦争中は沈黙していたが、戦後は平和推進の運動をした。彼女が国際民主婦人連盟に原水爆禁止を願う日本女性の訴えを送ったことが、世界母親大会のきっかけとなった。

1955年6月に、東京池袋で全国から2000人の母親を集めて日本母親大会が開かれた。「生命を生み出す母親は、生命を育て、生命を守ることを望みます」というスローガンが掲げられた。故久保山愛吉の妻の久保山すずも出席して訴え、参加者は共感の涙を流した。7月にはスイスのローザンヌで世界初の世界母親大会が開かれ、68か国1060人の母親が参加した。日本からは16人が参加した。

1949年に日本初のノーベル物理学賞を受賞した湯川秀樹は第五福竜丸事件後ただちに,「原子力の脅威から人類を守らねばならない,これは科学者の責任である」と新聞紙上で訴えた。1955年,イギリスのバートランド・ラッセルは,アインシュタインらと共同で,「私たちは人類に絶滅をもたらすのか,それとも人類が戦争を放棄するのか」と,11人の科学者による核兵器廃絶・世界平和実現を訴える宣言を出した。この宣言に署名した湯川らは平和アピール7人委員会をつくり,世界中の人々に核兵器が人類全体の存続を脅かしていることを訴えた。

　この宣言にもとづき,1957年にはカナダのパグウォッシュで第1回科学者会議も開かれた。1962年5月には,自然科学者と社会科学者とが共同して核兵器廃絶を考えようとする第1回科学者京都会議も開かれた。そこでは,恒久平和をめざす日本国憲法と,憲法第9条の戦争の放棄と軍備の廃止の原則が人類の平和を創造することになると確認された。戦争をなくすには,最終的には世界が一つになる必要があることも示された。

　こうした反核運動の歴史を背景にしつつ,1962年のキューバ危機後の1963年には米英ソ三国の部分的核実験禁止条約が発効した。

日米安全保障条約に反対する運動

　第2次世界大戦終結後の日本では,基地反対運動,日米安全保障条約(安保条約)反対運動,公害防止などの環境保護運動,消費者運動,薬害根絶運動など,命と暮らしを守る市民運動が展開された。なかでも1959〜60年の安保条約反対運動は,日本史上空前規模の平和運動となった。

　沖縄を中心に日本には現在も多くの在日米軍基地があるが,これは安保条約が締結されているためである。1951年9月8日,連合国49か国と日本の間で,サンフランシスコ平和条約が締結された。安保条約はその際,主席全権委員の吉田茂首相が,単独で結んだものだった。

　1958年ごろから改定交渉が行われ,60年6月に日米新安保条約が調印され

ることが日米政府間で決められた。それをめぐる国会審議と同時進行したのが安保闘争だった。日米新安保条約は10年ごとの自動延長が規定されていたため、1968年ごろから安保闘争は再燃した。しかし高度経済成長期半ばにあったこのとき、国民的な運動にまでは広がらなかった。多くの国民が、日米安保体制が自分たちの安定した生活を支えていると考えるようになっていたからである。

図表4　国会議事堂を取り巻く市民・民衆の安保反対闘争

核兵器・原発と私たちの課題

　2011年3月11日に起きた東日本大震災では、地震・津波によって人災である原子力発電所（原発）事故が起きた。日本政府と東京電力は、原発事故の真相究明と情報公開に消極的で、事故への対応は遅れた。

　大気中に放出された放射性物質は、風や雨の影響を受けて土壌、河川、地下水を汚染した。土壌の汚染は農作物の汚染を招いた。食物などを通じて放射性物質を体内にとりこんで起こる内部被曝による健康障害への対策は、今後数十年にわたってとられる必要がある。十数万人にも及ぶ住民が故郷を離れた別の土地で避難生活を強いられているが、故郷に戻って元の生活を送ることは事実上難しくなっている。原発から遠く離れた地域でも、高い放射線量が検出されることがある。

　さらに、海洋汚染も深刻である。原発内の炉心を冷やすための水は、原発

施設の爆発にともなう破損により貯めておくことができず，汚染水が大量に海に放水された。日本近海の魚介類が汚染されただけでなく，海流にともなう今後の汚染の拡散も危惧される。

このように核兵器だけでなく，原発も人類の脅威であることは明らかである。

1953年末，核技術を独占できなくなったアメリカは国連の場を通じて，医療や発電など「原子力の平和的な利用」を進める先頭に立つことを表明した。日本の政府，大企業，大手マスコミも同調した。その結果，地震が頻繁に起こる日本列島に，現在までに54基の原発がつくられた。日本政府と電力業界は「安全神話」を広め，原発を社会に受け入れさせていった。これらにかかる費用は電気料金に上乗せされたり，税金から支出されたりした。

原発は，電力を必要としている都市につくられることはなく，過疎地域につくられる。事故を起こした原発のある福島県大熊町では，1964年に東京電力の社員が次のように町民を説得した。

> 皆さんは原爆がどのようなものかご存知か。私は原爆を投下したB29とそのあと空に舞い上がったきのこ雲を見ている。私の兄も原爆で戦死した。皆さん以上にその恐ろしさは身に染みて知っている。したがって皆さん以上に真剣に原子力発電について勉強した。原子力発電は核反応を静かに優しく行うように考えられておりその反応が万一予想以上に進むときは二重三重の防御を行い，これでもかこれでもかと安全対策をしているので私は安全だと信じている。いささかの不安があればいくら会社の方針とはいえ肉親を失った私は会社に従わない。何も東京電力しか勤めるところがないわけではないから私は東京電力を辞める。

実際に取り返しのつかない事故が起きてしまった今，この社員をはじめ原子力発電を推進した人々はどのような責任をとれるというのだろうか。

真相究明や放射能汚染の収束の見通しも不明確なまま，電力業界や一部の

図表5　水素爆発を起こした福島第1原発3号機

産業界の要請を受けて、日本政府は一部の原発を再稼働させようとしている。だが、今、日本の市民の意識は大きく変化し、脱原発の動きが広がっている。どのような選択をすべきなのか、どのような行動をしていくべきか、私たちひとりひとりが問われている。

1970年代朝鮮半島の南と北

　1969年，ベトナム戦争が泥沼に陥るなか，アメリカのニクソン大統領は新しい外交政策を発表した。この政策に沿って，アメリカはベトナムから軍隊を撤退させ中国と外交関係を結んだ。朝鮮半島でも1972年7月4日，南北両政府が統一の原則に合意したと発表した。長い間対立しあっていた両政府が，突然7・4南北共同声明を発表した理由は何だったのだろうか。そして，その内容はなぜ実現しなかったのだろうか。

窮地に追いこまれる両政府

　1961年の軍事クーデタで権力を握った朴正熙(パクチョンヒ)は，1969年には大統領3選を可能にするために憲法を変えようとした。市民と野党だけでなく政権与党内でも少なからぬ人々が反対したが，彼はあらゆる手段を使って強行し3期目の大統領に選ばれた。しかし，長期政権と独裁への懸念(けねん)から，野党候補の金大中(キムデジュン)との票差が4年前に比べ大幅に減った。朴正熙の故郷がある慶尚道(キョンサンド)を除くほかの地域では，金大中が得た票のほうが多かった。成長しつつあった経済も危機を迎えた。国内資本が不足していたので，朴正熙政権は経済開発のために必要な巨額の資本を外国から借り入れた。

　北朝鮮も事情は似ていた。北朝鮮は朝鮮戦争後，ソ連・中国との緊密な協力関係を結んで経済を発展させた。ところがソ連が東西和解を推進し，関係がねじれはじめた。北朝鮮が，帝国主義アメリカと妥協したとソ連を批判したからである。信じていた中国さえアメリカと交流を推進し日本と国交を結

ぼうとしたので、さらに困難な境遇に陥った。そのうえ、ソ連で始まったスターリン個人崇拝(すうはい)批判運動により、北朝鮮でも金日成(キムイルソン)個人支配体制に影響が及んだ。また、中国・ソ連との関係悪化で支援が減ると、経済成長が鈍ってきた。それにもかかわらず重工業に偏った経済政策をとったため、生活必需品が不足してきた。人民の生活はますます困難になった。農業技術が発展していない状況での農業共同化も経済発展をさまたげていた。

　窮地に追いこまれた南北両政府は、この危機を突破するためのきっかけが必要だった。冷戦緩和という巨大な波のなかで、国内外での政権に対する期待と信頼を回復するための方法こそが、7・4南北共同声明だった。

7・4南北共同声明

　朝鮮戦争は、南北両国に相手への敵がい心と警戒心をいっそう高めた。南北両政府は、相手政権をアメリカとソ連のあやつり人形、傀儡(かいらい)政権と呼び打倒すべき対象とみなした。武力で相手を制圧して統一を成し遂げようとするのではなく対話と交流を主張したりしたら、反逆者だと追いこまれる覚悟をしなければならなかった。

　このようにお互いを敵視し戦争の危機感をあおりたてていた南北両政府が、1972年7月4日、突然、統一の原則に合意したと発表した。ソウルと平壌(ピョンヤン)で同時に発表された共同声明は、次のとおりである。第1に、統一は外部勢力に依存せず、外部勢力の干渉なしに自主的に解決しなければならない。第2に、統一は互いに相手への武力行使をせず、平和的方法で実現しなければならない。第3に、思想と理念、制度の違いを超えて、まず一つの民族として民族的大団結をはからなければならない。

　南北共同声明には、相手への誹謗(ひぼう)中傷の禁止と武装挑発(ちょうはつ)禁止、民族的連携と自主的平和統一を促進させるためのさまざまな分野での交流の実施、南北赤十字会談を実施するため積極的な協調、ソウル・平壌の間の常設直通電話の設置などの重要な合意事項も含まれていた。また、合意事項を推進し南

北間のさまざまな問題を解決していくために，南北調節委員会を設けることになった。

南北共同声明が発表されると，韓国では多くの人々が統一への期待を表した。故郷に行けるだろうという期待で，人々は朝まで飲み屋や食堂で話の花を咲かせた。在日韓国人・朝鮮人も在日大韓民国居留民団（現在は在日本大韓民国民団），在日朝鮮人総聯合会系を問わず，みな平和統一への期待に喜び，驚いた。

図表1　朴正煕と朴成哲
韓国大統領朴正煕（右）と北朝鮮第2副首相朴成哲（左）が握手しているこの場面は，多くの人たちに衝撃を与え，同時に統一への期待ももたらした。

だが，人々を驚かせたこの合意は，実は突然のことではなかった。このころ，ニクソン大統領はベトナムからの撤退を決定し，すぐに，アジアにおけるアメリカの役割を減らしていくという「ニクソン・ドクトリン」を発表した。中国も変わりはじめた。竹のカーテンと呼ばれ西側国家と交流のなかった中国が，世界卓球選手権大会にアメリカ選手団を招待した。また，ただちにニクソン大統領を招待すると発表した。そのときアメリカの新聞『ワシントン・ポスト』は，ニクソン大統領が月に行くという発表より衝撃的なニュースだと論評した。

南北両国もこのような流れを無視することはできなかった。北朝鮮は，まず南北政治協商会議の招集を提案し，韓国のすべての政党や社会団体，著名人といつでも接触する用意があると発表した。韓国も赤十字社が離散家族再会のための南北赤十字会談を提案した。北朝鮮がこれを受け入れて赤十字会談が始まり，7・4南北共同声明にいたったのである。

22　1970年代朝鮮半島の南と北

南北共同声明が発表されると，しばらくの間，朴正熙政権に対する不満や経済への危機感は語られなくなった。北朝鮮も，7・4南北共同宣明で自分たちがずっと主張してきた統一案が受け入れられたという事実を成果だとして，政権を強固なものにすることができた。

　このように，南北共同声明は政治的な目的から生まれたものであるといえる。とはいえ，この声明の歴史的意味は大きい。何より重要なのは，南北両政府が平和統一の原則に合意して，この原則を現在まで認めているということである。

維新体制と唯一体制の登場

　しかし，南北共同宣言がもたらした喜びは長続きしなかった。発表から3か月たった10月17日，朴正熙大統領は維新を公布し，午後7時には全国に非常戒厳令が公布された。国会を強制的に解散し，政党と政治活動も禁止された。憲法機能は停止され，マスコミは事前検閲を受け，大学には休校令が出された。新しく制定された憲法は国民投票によって通過した。新憲法では，大統領を統一主体国民会議での間接選挙で選ぶことになった。大統領の再選制限もなくなった。はじめての統一主体国民会議の選挙では，朴正熙だけが立候補し99.9%の賛成で大統領になった。記入間違いの2票がなかったら100%賛成という記録を打ち立てるところだった。任期は6年間だったが回数の制限がなくなったので，朴正熙は終身大統領も可能になった。

　大統領は行政だけではなく，立法と司法も掌握した。国会議員の3分の1を推薦でき，最高裁長官の任命権をもったからである。そのうえ，大統領は国政全般にわたって緊急措置を出して国民の基本権を制約することができた。すべての権力が大統領に集中することになった。7・4南北共同声明がもたらした平和統一への期待と希望は，またたく間に凍りついてしまった。

　北朝鮮も維新憲法公布の2か月後，社会主義憲法を制定して金日成の偶像化作業を完成させた。北朝鮮では，主体思想（チュチェ）を強調している。主体思想を一

言で言えば，ソ連や中国とは別の北朝鮮の現実に見合った社会主義闘争があり，その中心には首領としての金日成が存在するというものである。このように，1950年代から60年代をへて形成された主体思想を法的に整理したのが北朝鮮の社会主義憲法だった。この憲法にもとづいて金日成が主席に推戴されることによって，偶像化がより強められた。

　権力基盤を強化した南北両政府は，7・4南北共同声明で合意したように南北調節委員会をつくって活動を始めた。だが，経済と社会分野から先に交流しようという韓国と，政治的・軍事的問題の解決が優先するという北朝鮮の主張が激しくぶつかりあい，3回の会議は何ら成果をあげることなく終わった。すると，1973年6月23日には朴正煕大統領が韓国・北朝鮮国際連合同時加盟を提案した。国連に南北が同時に加盟することは，二つの政府が国際的に認められることを意味する。それは，分断を確定し統一を先のばしにすることでもあった。統一という名目までも投げ捨てて，互いに相手の脅威を強調して体制を守ることに力を注ぎはじめたのである。南北二つの政権は敵対的依存関係を形成したと言うこともできる。

緊急措置，長髪取り締まり，禁止歌謡

　維新憲法は多くの国民からの反発と反抗を引き起こした。「維新憲法反対百万人署名運動」に呼応して，司法関係者，マスコミ，文学者，労働組合でも反対運動が起こった。朴正煕政権は緊急措置を続けざまに出して抵抗を完全に押さえこもうとした。特に緊急措置9号は，たんに憲法について議論することさえ禁止してしまった。

　政府は，憲法についての議論だけでなく平凡な日常生活も統制した。1974年5月，ある男性はバスの隣に座っていた女子高校生に「政府は安い食事を奨励しているが，政府高官は肉をたらふく食っている。維新体制のもとでは民主主義が発展しないから，北側といっしょになり国がなくなっても腹いっぱい食べられればいい」と話したのが，緊急措置違反と反共法違反の容疑で

起訴された。彼は，2010年になってやっと無罪判決を得た。この事件以外にも緊急措置違反容疑で起訴された589件の事件のうち282件（48%）が，酒のうえでの放言や授業中の朴正煕・維新体制への批判発言だった。

1975年，『馬鹿たちの行進』という映画が大ヒットした。この映画は，不透明な未来に悩む大学生たちの愛と彷徨（ほうこう）を描いている。歌手ソン・チャンシクの歌う『なぜ歌うの』が流れ，主人公の2人が長髪取り締まりから逃げる場面が出てくる。維新体制時代には，男性が髪を長くしていると処罰を受けた。女性は，スカートが短いと軽犯罪法違反で処罰を受けた。『なぜ歌うの』は公務を妨害したという理由で禁止歌謡になった。

逆に，北朝鮮では禁止曲，禁止図書がなかった。文学と芸術が「主体文芸理論」によって統制されていたからである。金正日（キムジョンイル）らによってまとめられたこの理論は，すべての文芸活動は党の政策の宣伝と人民教育という目的を達成するための手段とみなしている。したがって個人の創作活動が制限されていて，ほとんどは集団で創作されている。文学と美術を含むすべての文化芸術作品は，国家の検閲と統制下にあった。

図表2　緊急措置9号についての新聞記事
大見出しは「憲法批判・改廃宣伝禁止」である。憲法に対する賛成や反対をはじめとするすべての論議を禁止するという意味である。維新憲法を批判したり憲法について論議したりすると死刑もありうることになった。

維新の終末

　韓国では社会のあちこちで民主化運動が起き緊急措置撤廃と朴正煕政権の退陣を求める主張が続くと，政権は強力な弾圧で対応した。抵抗が続くと，朴正煕政権は，人民革命党事件をでっちあげた。人民革命党事件とは，1974年４月，中央情報部が，「北朝鮮の指令を受けた人民革命党再建委員会が民青学連（全国民主青年学生総連盟）を背後で操って，学生デモと政府転覆をたくらんだ」と発表した事件である。翌年の４月８日，最高裁は関係者８名に対して死刑を宣告し，確定判決のわずか20時間後に死刑が執行された。最近，人民革命党事件の被害者家族が，スパイにでっちあげられ長期間被害を受けたとして国家を相手取った損害賠償請求訴訟を起こし，勝訴判決を得た。この事件は，司法を利用して反政府活動家を弾圧した代表的な事件だとして「司法殺人」と呼ばれた。すでに，2008年にソウル中央地裁は再審宣告公判で彼らは無罪だったと宣告している。

　維新体制下で多くの抵抗事件が続いたが，政府は緊急措置のようなやり方ですべての反対の声を完全に押さえこんでしまった。だが，このような権威主義政権は，結局は内部から崩壊した。当時，政権は民主化活動家だけではなく労働者たちからも強い抵抗を受けた。なかでもYH貿易の女性労働者は，維新体制崩壊の導火線に火をつける主役となった。社主の不当な廃業によって仕事を失う危機にさらされると，女性労働者たちは，「ここから出て行けというが，どこに行けというのか」と叫んで激しく抗議をした。会社や政府の弾圧を避けて野党新民党のビルに立てこもった彼女たちを，1000人を超える警察官が強制解散させた。警察は，新民党員，国会議員，新聞記者を問わず暴力を行使した。そのなかで22歳の女性労働者が命を失った。

　野党代表の金泳三（キムヨンサム）が新民党のビルへの強硬突入という暴挙に抗議すると，朴正煕政権は彼の国会議員職を奪ってしまった。すると金泳三の政治的地盤である釜山（プサン）からデモが始まった。釜山と馬山（マサン）を中心に，維新体制に反対する

図表3　新民党のビルにたてこもるYH貿易の女性労働者たち

図表4　彼女たちを強制的に解散させている公権力

カツラ生産の代表的な企業だったYH貿易の女性労働者たちは，無責任な不当廃業に抗議して立てこもりを続けた。経済成長のために低賃金労働政策をとっていた政府は，労働運動を厳しく弾圧した。

市民の声が沸き上がったのである。朴正煕政権から多くの経済的な恩恵を受けてきた慶尚南道(キョンサンナムド)からこのようなデモが始まったことは、政権に大きな打撃となった。さらにアメリカも朴正煕政権への支持を撤回する動きを見せると、政権は動揺しはじめた。

　大統領周辺の権力中枢部はこのような危機状態のなかで、反対の声をより厳しく弾圧して押さえこもうという側と、これ以上力で押さえつけるのは困難だという側に分裂した。だが、18年間にわたって握りつづけてきた権力をみずから放棄することはできなかった。ついに1979年10月26日、朴正煕が側近の手で暗殺され、維新体制は終末を迎えた。

　一方、北朝鮮では金日成の息子金正日が権力を受け継いだ。朝鮮労働党と軍を掌握した金正日は、主体思想をさらに体系化させ「ウリ（われわれ）式社会主義」を提唱した。「ウリ式社会主義」とは、「朝鮮の革命は、朝鮮の地で朝鮮の人々が行うものである」という意味である。これによって、金日成から金正日への後継体制をスムーズに進めた北朝鮮は、金正日の死んだ今、金正恩(キムジョンウン)への権力継承を推し進めている。

暮らしを変えた高度成長

　2003年，東京の上野駅に一つの歌碑が建てられた。この歌碑には，「高度成長期，金の卵と呼ばれた若者たちが地方から就職列車に乗って上野駅に降り立った。戦後，日本経済の原動力となったのがこの集団就職者といっても過言ではない」と記されている。高度成長とは何だったのか，そして，高度成長をへて日本の庶民の生活はどう変わったのだろうか。

金の卵と呼ばれた集団就職の若者たち

　戦後の日本の農村は大きく変わった。1947年の農地改革によって，それまで小作農だった農民は，自分の耕作地を得て自作農となった。農民たちの農業生産への意欲は高まり，戦後の食糧難を克服するために農業技術を高め生産量を増やそうと努力した。その結果，1955年から60年までの5年間で農業の生産性はそれまでの1.6倍となり，農家世帯の収入も都市勤労者世帯の収入に迫るほどになった。

　このころ，1世帯の農家の耕地面積の平均は約1haで，1世帯の家族がみんなで働けば維持できる広さだった。親が年老いたり亡くなったりすると，その家の農地は全部長男が相続するのが普通だった。だから，大人になった農家の二男・三男は，他の農家の手伝いをしたり近くの町で農業以外の仕事を見つけたりして生活するしか道はなかった。

　一方，大都市の中小企業の工場や商店では，働き手が不足していた。そこ

で工場主や店主たちは職業安定所を通じて，農村部に求人先を広げていった。こうして，農家の二男・三男や娘たちは，大都市に就職先を求めて移動するようになった。

中学校を卒業後，東北地方から上京して美容師になったある女性は，集団就職してからの自分のことをこうふり返っている。

図表１　歌謡曲『あゝ上野駅』の歌碑
上野駅から始まる新たな人生で，くじけちゃならないと歌うこの曲は，ラジオから集団就職の若者たちをはげましたという。

　私が上京したのは，1958年３月20日。15歳になった翌日のことでした。中学校の担任教師が「手に職をつけなさい。あなたに合っているから」と，美容師の道をすすめました。家族は反対しましたが，８人兄弟の末っ子の私は，早く親を安心させたかったのです。泣きながら汽車に乗り，上野駅に到着。
　美容院の住込み見習いの生活が始まりました。家事やシャンプーで，私の手はあかぎれだらけでした。厳しさのあまり泣き出すと，「外で泣け」とおこられました。同じ店に就職した人は１か月後，ひとりで帰郷。私は，その店で12年働いた後に独立，仕事のかたわら定時制高校を卒業しました。

毎年３月，大都市での就職が決まった中学卒業生たちが，「集団就職専用列車」に乗って東北地方や九州から東京・大阪などの大都市に向かった。この列車は地域の商工会や雇用主たちが手配した列車で，各地の駅に止まりながら中学校を卒業したばかりの若者を乗せ，大都市の駅に到着した。

彼らは希望に燃えて都市や周辺の職場に散らばっていった。そして，中小企業の工場労働者や，中小商店の住みこみ店員，裕福な家庭の住みこみ家政

図表2　集団就職
引率の中学校教師といっしょに集団就職列車で東京・上野駅に着いた中学卒業生。手に土産のリンゴを持っている者もいる。

婦、などの仕事に就くことになった。しかし、東北地方から上京した女性の手記のように、親元を離れて働く彼らの労働環境は決して生やさしいものではなかった。

彼らは、安い賃金で働き、しかも雇い主の意図に沿って従順に働くものと期待され、ずっと利益を生みつづける貴重なものという意味をこめて「金の卵」と呼ばれていた。こういう安い労働力を、農村部から大量に確保できたことが日本経済の高度成長を可能にした条件の一つだった。

一方、大都市や地方都市では高校進学が一般的になっていた。大企業は、将来の複雑化する業務に対応できる人材として普通高校の新規卒業生を求めていた。しだいに普通高校への進学要求が都市部から地方、農村部へと広まっていった。

しかし、1960年代初めには高校の数も少なく、進学希望者を全員受け入れることができなかった。毎年、多くの中学校卒業生が泣く泣く進学を断念し自分の進路を変更しなければならなかった。そこで、高校を増設して進学希望者が全員入学できるようにという市民運動が始まった。京都府の革新知事であった蜷川虎三の「15（歳）の春は泣かせない」というスローガンは、共感を得て全国に広がった。こうして1955年には50％だった高校進学率は、65年には70％を超え、多くの生徒は高校卒業後に就職するようになった。

しだいに中学卒業生の集団就職者は少なくなり、1975年には彼らを運んでいた就職列車も運行されなくなった。

家庭電化製品の普及

　日本では、1955年から73年までを高度成長の時期という。1960年から70年までの日本の年実質経済成長率は10％台という世界的に見ても驚異的な成長をとげ、1968年にはGNP（国民総生産）が資本主義世界第2位になった。しかも、数字のうえだけでなく、庶民が自分たちの暮らしが向上したことを実感できるようになった時期でもあった。

　1950年代の終わりごろの庶民の夢は、次々に宣伝されるようになった家庭電化製品をわが家に購入し、「電化生活」を実現することだった。なかでも、テレビ・電気洗濯機・電気冷蔵庫の三つは特に人気のある商品だった。

　家庭電化製品は、需要が増えればそれだけ量産化が進み、さらに価格が下がって、より販売が増えることになった。たとえば、14型の白黒テレビは1953年に20万円で販売されはじめた。当時の大学卒の初任給が8000円だったから、庶民にとっては夢の商品だった。だが、1960年には4万円まで下がり、都市部の家庭の60％、農村部の家庭の28％に普及するようになった。

　家庭電化製品の普及は、女性の家事労働と家庭内の立場を変えることになった。家庭電化製品のなかで、特に影響が大きかったのは電気洗濯機だった。それまでの洗濯は毎日長時間かかるつらい水仕事で、女性の家事時間の多くを占めていたからである。

　また、電気冷蔵庫が普及して生鮮品を家庭で簡単に貯蔵できるようになり、買い物の回数や

図表3　手動式の脱水用ゴムローラーがついた電気洗濯機
まだ完全自動ではない洗濯機だったが、1日の女性の家事時間が約1時間減ったという。

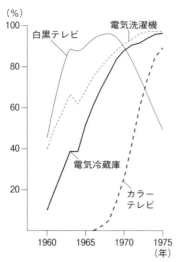

資料：経済企画庁『経済要覧』。

図表4　電化製品の普及
1960年代以降になると家庭電化製品はほぼ全国の家庭に普及するようになり，自動車・クーラー・カラーテレビが庶民の次の夢になった。

購入する食品が変わっていった。このように，家庭電化製品の普及は女性の家事仕事の負担を減らし家事仕事の内容を変えていった。

また，家庭電化製品の普及は，社会に出て働こうとする女性を支える条件にもなっていった。豊かな生活を求め自分の能力を生かすために，職場で働く女性は増えつづけた。

その一方，国民所得が急速に増えるなか，サラリーマンの夫の収入だけで家族の生活を維持できるようになった家庭が増え，自分たちの生活水準が社会のなかで中流だと考える「中流意識」も広がっていった。このころから，女性は家庭にいて家事仕事や育児をしながら外で働く男性を支える専業主婦という生き方が理想だという意識も国民の間に広まっていった。

都市の庶民の住宅事情

大都市とその周辺に人々が集まってくると，都市部の住宅難はいっそう激しさを増した。

多くの新都市住民の住まいは，家賃の安い木造アパートの1室だった。その平均は7～10m^{2}で，風呂はなくトイレ共用，狭い炊事場が室内についていればよいほうだった。1960年には，都市部での1人あたりの床面積が4.3m^{2}未満の住宅難世帯は，8世帯に1世帯の割合だった。

特に，地方から大都市に集まってきた青年労働者にとって，住宅難は深刻

だった。マイホームを夢見ても，1955～60年の都市圏の宅地価格上昇率は以前の3倍になっていた。

多くの庶民がめざしたのは，公団住宅の入居抽選に応募して賃貸住宅に入居することだった。公団住宅は鉄筋コンクリート製で，ほとんどがエレベーターのない5階建て

図表5　公団住宅
公団住宅で家庭電化製品に囲まれて生活をするのが庶民の夢だった。

の建物だった。その1軒分には，ダイニングキッチンと二つか三つの部屋にトイレと風呂場がついていた。この住宅用の建物を中心に商店街や学校，銀行などが配置された住宅団地が大都市圏に次々と造成された。だが，その家賃を支払えない人や抽選にもれた人たちは木造アパートに住みつづけるしかなかった。

高度成長の時期の後半になると，賃貸住宅から脱出して自分の1戸建ての持家（マイホーム）を求める人が増えていった。政府も公的資金で賃貸住宅を建てるよりは庶民が自分で家を建てることを奨励し，法律や制度を整備した。しかし，大都市の住宅地は少なく高価だった。庶民のマイホームの場所は大都市の近郊に広がっていった。このころから，通勤に1間半から2時間もかかる場所にマイホームを建てることもめずらしくなくなった。それでもマイホームをもつことはこの時期の庶民の夢になった。

高度経済成長を支えたアメリカの世界戦略

1949年，帝国主義の支配に抵抗してきた中国が社会主義国家となり，まだ植民地だった国々に大きな影響を与えはじめた。アジア・アフリカでは，反

帝国主義・反植民地主義・民族自決の精神にもとづく独立運動，国づくりが大きな流れとなった。

アジアのどこかの国が中国に続いて社会主義化すれば，連鎖反応で隣接する国々にも広がるという「ドミノ理論」に立っていたアメリカは，アジア諸国の社会主義化を阻止し資本主義陣営のなかにとどめようとした。そのため，各国の発展状況に応じてその国の果たすべき役割を想定して，それに見合った援助を行うことにした。

アメリカは日本をアジア経済の発展の中心になる国と位置づけ，さまざまな経済的な援助を行った。資金援助だけでなく，重化学工業化のための技術援助も行われた。エネルギーは石炭から石油へ変わったが，アメリカ資本の支配下にあった西アジアから原油を安く輸入することができるようにもした。

だが，アジアには，アメリカによって強い軍事力をもつことが位置づけられた国々があった。韓国やフィリピンには強大なアメリカ軍が駐留を続け，その国の軍事政権をさまざまな方法で援助した。この国々では，経済発展よりは軍事的安定が国の政策の最優先課題とされていった。また，日本国内では沖縄だけが本土と切り離されたまま，アメリカの占領下で軍事負担を強いられつづけた。

このようなアジアの国際環境から，日本の歴代保守政権は，軍事強化路線をとることなく経済成長優先路線を打ち出すことが可能になった。日本では国家予算に占める軍事費は10％以下に抑えられ，予算を経済政策にまわすことができることになった。このようにして，日本は経済成長の成功を収めたのである。

変わる労働組合

アメリカの世界戦略のもとで日本が経済発展をめざすため，歴代保守政権は労働組合敵視の政策をとり，労働運動側は守勢にまわらざるをえなかった。だが，1950年代後半，労働運動側も全国組織（日本労働組合総評議会。略称，

総評）を再建して闘争を組み，政府の政策に影響を与えるようになった。

1955年春，総評加盟の組合を中心に賃金引上げ闘争を共同で行う春闘が始まった。それまでばらばらの時期に賃上げ闘争を行っていた組合が集まっていっしょに会社側と交渉するという方式の賃上げ共同闘争だった。そして，1970年代以降は，賃上げだけでなく，インフレ阻止や社会福祉，社会保障の改善などの要求も取り上げて闘われ，全国でストライキを含む運動が繰り広げられた。

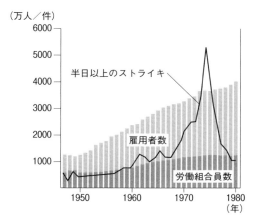

資料：厚生労働省「労働組合基礎調査」，同「労働争議統計調査」。

図表6　労働組合加入率
日本では，労働組合に入る勤労者の割合は減りつづけている。また，ストライキをともなう争議は1974年を境に減少している。

だが，1974年をピークに日本の労働組合運動は低下を続けている。

このころ，日本の企業は，定年まで雇用が続く終身雇用制をとっていて，年齢に応じて給料が上昇していく年功序列賃金が一般的だった。いったん入社できれば，社会保障から福利厚生，住宅まで会社が負担した。しかも，労働組合は企業別に組織されていた。努力して会社の利益が増えれば，自分たちの「パイのわけまえ」が増える，という考え方が，労働者の間に広まっていった。まず大企業の労働組合で企業の経営に協力する組合が主流になり，その影響はほかの労働組合にも広がっていった。

だが，1970年代半ば，高度成長が終わり低成長の時代がきた。そして1990年代になると，日本型雇用制度はすっかり崩されてしまった。正規雇用の勤労者は成果主義賃金で競争させられながら働き，全勤労者の40％近くが非正規雇用の安い給与と不安定な身分で働かざるをえない時代になった。

23　暮らしを変えた高度成長

だが，今までの企業別ではない個人加盟の新しい労働組合が生まれ，若者たちの参加も見られるようになった。また，社会全体で格差と貧困をなくし助けあおうという運動も生まれている。労働組合運動や市民運動は，社会をよくしていくためにどのような役割を果たさなければならないか模索しながら行動している。

「産業戦士」の汗と涙が
韓国経済を建て直す

　1960年代，70年代に韓国経済は飛躍的に成長した。韓国の経済成長はどのように達成されたのか，その過程でどんな問題があったのだろうか。
　当時最高権力者だった朴正熙(パクチョンヒ)は，韓国大統領のなかで最も人気の高い人物である。いったいなぜだろうか。

お元気で，なつかしい私の故郷

　　　私は，戦争の傷跡がまだ癒えない1950年代後半，南部地方の農村で小作農の子どもに生まれた。7人兄弟だった。私は長女で，上に兄さんが1人いる。両親は，他人の土地なのに熱心に仕事をした。でも，他人の土地を借りて耕すだけでは子どもたちをみな育てるのは大変だった。わが家は，毎年農業協同組合から金を借りねばならず，ついに借りた金に利子までついて返せない状況になった。兄さんは軍隊に行っていたので私がどんなことをしてでも家族を養い，2人の弟の教育に責任を負わなければならなかった。私は国民学校（小学校）を卒業すると，中学校進学をあきらめて仕事を求めてソウルに行くほかなかった。そのとき，私は14歳だった。

　この文は，1960年代のようすを語るごく普通の女性労働者の回顧談である。

不安とさびしさで胸をいっぱいにして故郷を離れたこの少女は，ソウルに行けば工場に就職することになる。そうは言っても，ソウルという都市が彼女に豊かな人生を与えてくれる保証はなかった。女工の日々の仕事が，農村で農作業するよりずっと気楽なものでもなかった。小作農では暮らすこともままならない家族のために，1人分の食い扶持を減らしたのだった。安定した職場に就職できて金をもうけられればよいが，まず自分の食べる分だけでも節約しなければならないという追いつめられた家庭事情のために選んだ道だった。心のもう一方では，がんばって働き節約してお金を貯めれば，もっとよい暮らしができるだろうという期待と決意を抱いてもいた。

産業戦士，祖国近代化の旗手

　韓国で離農現象が本格化したのは1960年代からである。若者たちが農村から都市へ移住しはじめたのである。1961年のクーデターで権力を握った朴正熙政権は，「飢えさまよう民衆の生活を改善する」というスローガンを掲げて経済開発を本格的に開始した。朴正熙政権は3次にわたる経済開発計画を推進した。

　経済開発の核心は輸出であり，「輸出だけが生きる道」というスローガンが鳴り響いた。しかし，韓国には外国に売れる物はあまりなかった。資源は貧弱で，技術水準は大変低かった。ただ一つ，人材だけがあまっていた。政府は，あふれている人材を最大限に利用する労働集約的な軽工業に活路を開こうとした。繊維工場，靴工場などが設立され稼働しはじめた。工場のおもな労働力は，国民学校や中学校を卒業した10代後半の青少年だった。彼らは低賃金と劣悪な作業環境に苦しめられ，つらい生活を送った。

　朴正熙政権は彼らを「産業戦士」「高度成長の戦士」と持ち上げて，経済開発の推進役を押しつけた。このような経済政策によって，韓国社会は大きく変化した。国家の経済構造は農業などの第1次産業から製造業中心へと変わり，農村人口は急速に都市に流れこんだ。

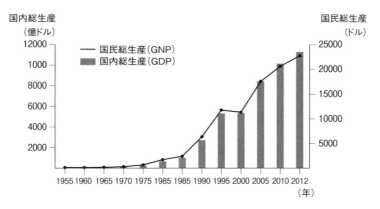

資料：韓国銀行経済統計システム。
図表1　GNPの変化

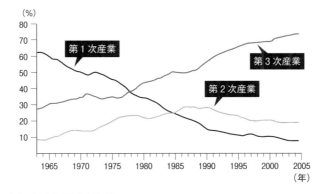

資料：統計庁『就業者統計』。
図表2　産業構造の変化

　輸出量も急速に増加した。1963年度に8700ドルだった輸出額が，1970年には8億3000万ドルに達した。国民総生産も，毎年，平均10％程度増加した。都市賃金労働者は1960年の約130万名から70年には340万名に，80年代には800万名に増加した。
　産業の中心が1960年代には軽工業だったが，70年代には重化学工業へと変わった。政府は，鉄鋼・化学・非鉄金属・機械・造船・電子を6大戦略業種

に指定した。新たに造成された工業団地で,これと関連する商品が生産された。企業も工場建設に力を注ぎ,1977年になると生産額で重工業が軽工業を追いこした。1960年代に白黒テレビが国産化され,75年には韓国ブランドの自動車も生産された。

　韓国の経済成長は,財閥と呼ばれる企業集団を中心に進められた。政府はこれらの企業に,税金減免と外国からの借款貸し出しをはじめとするさまざまな優遇措置を与え,経済成長を導いた。

タルドンネの粗末な家で背を丸めて眠る

　毎年数万人が農村を離れて都市に押し寄せた。彼らは特別な技術をもっていたわけでもなく,学校教育も十分に受けていなかった。このため大部分は単純労働者として生計を維持するほかなかった。表面では産業戦士,祖国近代化の旗手と持ち上げられたが,その人生はつらいものだった。

　彼らは,人間らしい家をもてなかった。急斜面の土地に無許可の粗末なバラック住宅をびっしりと建てて住んでいだ。そうした場所を,当時は「タルドンネ(月の町)」と呼んだ。それぞれの家のなかはトイレをつくれるほど広くなかったので,共同トイレを使うしかなかった。水道や電気がきちんと供給されることもなかった。

図表3　タルドンネのバラック住宅
後ろは再開発でつくられた住宅団地。

労働者がともす工場の灯り

　今日は，明け方4時ごろまで，睡眠をとらないまま仕事をしなければならなかった。体がすごく疲れて目が痛くなり，睡眠がきちんととれないので頭がくらくらしてくる。やっと仕事を終えると，もう体はへとへとに疲れきっている。ふらつきながら寄宿舎に戻ってご飯を食べようとしたが，体がご飯を受けつけない。

　小学校を卒業できなかった私は，月給が2万ウォン程度だ。大学を卒業すれば平均12万ウォンになるという。私と同じように小学校を出ていなくても，男は女の倍だ。月給2万ウォンをもらって，家賃やたまっていたつけの支払い，食費を払ったら，家に送るお金はほとんどない。同じ工場で働く横のお姉さんは，毎月欠かすことなく老いた母親と4人の弟妹がいる故郷に送金しているという。「私たちがもらう月給で，家に送るお金なんて残るの」とたずねると，お姉さんはフフッと笑いながら，「歯磨きを一つ買ったら，それを3年使ったの」と答えた。

図表4　1970年代の維新広報ポスター

「希望に満ちた明日　10月維新の未来像　10月維新/100億ドル輸出/1000ドル所得」と書かれている。

　当時の工場労働者の年齢は，10代後半から20代初めで，大部分は田舎から都市に出てきた人たちだった。1日10〜12時間労働が基本だが，仕事がたまれば手当ても払われずに夜通し超過勤務するのが当たり前だった。職場では会社側管理者の暴力も頻発した。特に女性たちは，低賃金と長時間労働のため，ほとんどの労働者が一つか二つ職業病をかかえていた。

朴正熙政権は，労働者にバラ色の未来を約束した。1972年の憲法改正によって長期独裁権力の基盤を確保した朴正熙大統領は，翌年の年頭記者会見で，国民に10年以内に100億ドルの輸出，1000ドルの国民所得と「マイカー時代」を達成するという魅力的な約束をした。しかし，労働者にとっては，肌で感じるにはほど遠い，言葉どおりの「夢」でしかなかった。そういう夢を見るには，現実はあまりにつらく厳しかった。

平和ではない平和市場

　1960年代から70年代にかけて，ソウルの清渓川（チョンゲチョン）周辺には被服工場がひしめきあっていた。一時は，この地区で生産される衣類は国内衣類需要の80％に及んでいた。しかし，労働環境はどこよりも劣悪だった。当時の新聞記事は，ここの作業場の状況を次のように描いている。

> 　ここには，10～50人あまりの従業員を雇用している900あまりの零細工場が密集し，各種の子ども服，大人用既製服，ジャンパー，作業服などを大量につくっている。ここで働く従業員は，裁断士2500人，裁縫士1万2000人，少女見習い工1万3000人など，計2万5000人ほどだったと推定される。工場内部は，1階をベニヤ板で上下に分けた天井の高さ約1.5mほどの空間なので，背が高い従業員は腰を伸ばせないありさまである。

　従業員の大部分は，ミシンを使うため真昼に白熱灯や蛍光灯をつけて仕事をしているので，外に出ると明るい日の光の下では目をしっかり開けられないという。1坪の空間に平均4人がミシンなどを置いて仕事をしている作業場の隅には従業員の自炊道具が置かれ，換気施設一つなかった。暑ければ戸を開けておくだけだった。寒ければ戸を閉めるので，製品生産過程で大量に出るほこりが作業場の外に出ていかないありさまだった。

従業員たちが労働庁（労働基準局）に作業環境改善の請願をするために126人を対象に自分たちで調査した結果，96人が肺結核などの呼吸器疾患患者で，126人全員が眼疾患にかかっていて明るいところでは目をしっかりと開けられないほどだった。このような作業環境のもとで従業員は1日に14～15時間も酷使されていたが，時間外手当ももらえないでいた。特に，1万3000人あまりにもなる13歳から17歳の少女助手や見習い工の月給では，住まいと日々の食事のやりくりもたいへんだった。

体を燃やして労働者の権利を守った青年

　1970年11月13日午後，ソウル中心部を流れる清渓川横にある平和(ピョンファ)市場・東大門(トンデムン)市場・統一(トンイル)商店街などの従業員500人あまりが勤労条件改善を要求するデモを繰り広げようとしたが，警察に制止された。このとき，裁断士全泰壱(チョンテイル)が体にガソリンをかけて火をつけ，みずからの命を絶った。

　そのとき22歳だった全泰壱は，平和市場の裁断士だった。彼は，劣悪な作業環境に苦しめられている年若い少女たちの境遇を改善しなければならないと考えていた。そこで彼は同じ境遇にある労働者たちとサークルをつくった。労働実態を調査したのち，それをもって仲間とともに市役所に行き勤労監督官（労働基準監督官）に事情を伝えた。しかし，特別な改善の措置はとられなかった。勤労監督官は，韓国の実情か

図表5　全泰壱の銅像
2005年9月，ソウル清渓川平和市場前の橋で全泰壱の銅像除幕式が行われた。

ら改善は無理であると答えるだけだった。労働庁に行っても納得できるような回答を聞くことはできなかった。

　全泰壱は労働庁記者室に立ち寄って，劣悪な状況を新聞で報道することができるという事実を知った。全泰壱と仲間たちはアンケート用紙をまわして実態調査をした。10月5日，このアンケート結果をもって親睦団体の名義で労働庁に陳情書を提出した。各新聞は，「屋根裏部屋で16時間，2万7000人あまりが職業病に苦しめられる」などの見出しで報道した。

　彼らは，退勤時間に道路で新聞を手にかざして「平和市場の記事の号外です」と叫んだ。社長も恐くなかった。実態調査に応じてくれた助手や見習い工たちが訪ねてきて「兄さん，これからは日曜日は休みなの」とたずねると，「そうだ，作業時間も短くなる」と答えた。彼らは小躍りして喜んだ。

　そして，2，3日後，労働庁勤労局長が現れ，「韓国の実情も，市場の状態も悪い。白熱灯を蛍光灯に変えて壁に換気扇を設置してやるから理解しろ」と言った。日曜日を休みにしてくれという要求は拒絶された。会社側も自分たちの状況が困難だという理由で彼らの要求を受け入れなかった。全泰壱と会員たちは労働者の人権を守ってくれない勤労基準法（労働基準法）の本を燃やすデモを決議した。全泰壱は状況が簡単ではないことを悟り，それまでとは違った覚悟をしなければならない時が迫っていることを感じた。そのころ，彼は日記に次のような決意を書いている。

　　今年のような来年を残さないために私は断固として闘う。歴史は証明する。私は帰らなければならない。必ず帰らなければならない。かわいそうな私の兄弟のもとへ，私の心の故郷へ，私の理想のすべてである平和市場の若い仲間のもとへ。もう少しがまんせよ。君たちのそばを離れないために弱気の私のすべてを捧げるから。

　11月13日朝，全泰壱は労働者サークルの仲間たちを招集した。会長である全泰壱は勤労基準法の本を取り出して，「今日，私の本を火あぶりにします。

ガソリンを1升買っておいてください。金はちょっとかかりますが，たれ幕も布でつくってください」と言った。いつもは紙でたれ幕をつくっていたが。

　勤労基準法を燃やすデモは，企業主と警察の妨害によって行事が予定どおりに進められなかった。このとき，突然，全泰壱は体にガソリンをかけ，わが身を焼きながら叫んだ。

　　労働者は機械ではない！　勤労基準法を守れ！

　全泰壱の焼身自殺は社会に大きな波紋を広げた。大学生や知識人が労働者の現実に関心をもちはじめ，平和市場を中心とする清渓被服労働組合は民主的な労働組合の象徴となった。全泰壱とともに労働者サークルに参加していた会員たちは，それ以後，労働運動の中心となった。労働者が主人公となる世の中をつくるために立ち上がりはじめたのである。

25 繰り返される教科書問題と市民運動

アジア太平洋戦争後のアメリカ主導の連合国軍占領下の日本では、戦争を賛美していた戦前・戦中の教科書に代わり、戦争を批判的に書く教科書が現れた。しかし、占領が終わると、保守政党と一部の学者から、教科書が偏向しているというキャンペーンが繰り返されるようになった。文部省は、そのたびに検定を強化して日本の歴史を美化するような記述に教科書を書き換えさせたため、国の内外から批判されてきた。なぜこのような問題が繰り返されるのであろうか。

アジア太平洋戦争後の日本の教科書制度

アジア太平洋戦争までの日本の小学校では、1種類だけの文部省著作の国定教科書が使用され、中等学校では検定教科書が使用されていた。しかし、戦後は、アメリカ主導の連合国軍占領下の日本で、学校制度が小学校6年・中学校3年・高校3年に変わり、教科書も1949年から複数の検定教科書が発行されはじめた。各学校でどの教科書を採択するかは、各学校の教師が相談して決めるようになった。

しかし、1949年に中国革命が成功して中華人民共和国が成立した前後から、連合国軍の日本占領政策が変化し、50年に旧軍人を集めた警察予備隊（のちの自衛隊）がつくられ、日本の再軍備が始まった。そのころから、占領下の民主教育を改変する教育政策が始まった。たとえば、教科書編集の目安とされていた学習指導要領は、それまで「試案」と明記されて、教科書記述に対する拘束力が弱かったのに対して、1958年の学習指導要領からは法的拘束力

をもたせるようにした。政府は，学習指導要領と検定制度を利用して，教科書と教育内容を統制しはじめた。

教科書検定の強化と第1次教科書問題

　1955年，日本民主党の鳩山一郎総裁は，総選挙で，戦後はじめて「自主憲法制定・自衛軍創設・国定教科書の統一」を公約した。そして，小冊子『うれうべき教科書の問題』を発表し，社会科教科書を，ソ連中共賛美型，共産主義思想植付け型などに分類して非難した。同年，アメリカの強い要請もあって民主党と自由党が合同して自由民主党（自民党）が結成されると，教科書制度の改悪が一気に進んだ。1956年，文部省は検定専門の教科書調査官を新設し，教科用図書検定調査審議会の委員を100人に倍増して検定を強化した。その結果，1957年の検定では，小学校教科書の3分の1が不合格になり，中学・高校の社会科8種が不合格になった。
　こうして，1950年代後半から1960年代にかけて，小学校・中学校・高校の社会科教科書の記述は，著しく変化した。たとえば，「太平洋戦争は，ロマンチックに表現せよ」，「考古学は歴史学ではないから，日本の歴史を考古学で始めるな」という検定意見が付けられ，変更を強いられた。また，日中戦争について「日本が中国を侵略した」と記述していた教科書は，「中国に進出した」と書き換えさせられた。
　また，1963年に小・中学校の教科書を無償化する一方で，文部省は，従来の学校ごとの採択を停止し，ほぼ郡・市ごとの広域採択区（全国で約500）に変更した。その結果，現場教師が複数の教科書を比較して，その善し悪しを議論して教科書を選ぶ権利を奪われた。

平和憲法の擁護運動

　自民党による憲法無視の再軍備と教科書改悪の政治は，国民に戦争時代の

再来を思い起こさせ，不安を与えた。日本労働組合総評議会（総評）は，軍事基地反対・再軍備反対などの平和原則を掲げ，日本教職員組合（日教組）は「教え子を再び戦場に送るな」という標語を掲げて，平和憲法を擁護する市民運動の先頭に立った。そのため，自民党などは，憲法改正の発議に必要な国会の議席の3分の2を確保できなかった。

1960年の日米安全保障条約の改定に反対する運動では，対米従属を強める条約改定は阻止できなかったが，アメリカ大統領の訪日を断念させ，条約改定を強行した岸信介内閣を退陣に追いこんだ。

家永教科書裁判と市民運動

平和憲法を擁護する市民運動が高まるなかで，1965年，家永三郎東京教育大学教授は，高校の教科書として執筆した『新日本史』の検定体験から，教科書検定制度は憲法・教育基本法に違反する検閲にあたると裁判所に訴えた。検閲に等しくなった検定制度のもとで，家永は教科書の執筆をやめようかと悩んだが，もしここでやめたら文部省の気に入る教科書だけになってしまうと考え，その心情を法廷で次のように証言した。

> 私は，戦前世代の一人で，同世代の同胞は何百万人となくあの無謀な戦争のために悲惨な死を遂げている。しかし，私は，あの無謀な戦争を食い止める努力ができず，祖国の悲劇を傍観した罪を申し訳なく思っている。私は，戦争に抵抗できなかった罪の万分の一でも償いたいという心構えから，あえてこうした訴訟に踏みきった次第です。

図表1　教科書裁判を提起した家永三郎教授

この家永訴訟を支持する声は全国から沸き起こって，「教科書検定訴訟を支援する全国連絡会」

が結成され，47都道府県すべてに支部がつくられ，全国的な市民運動に発展した。東京のある女性は，「教科書裁判に励まされ，憲法・教育基本法の学習会を続け，PTAの民主化を進めました。その中で，児童会や卒業式，音楽会，展覧会などに生き生きと参加する子どもたちを見て，

図表2　裁判所の前で教科書裁判勝訴の杉本判決を喜びあう支援者たち

教師たちの自治を育む教育実践のすばらしさを感じました」と支援運動を回顧している。

　1970年，東京地方裁判所の杉本良吉裁判長は，教科書検定制度は日本国憲法・教育基本法に違反するという家永勝訴の画期的な判決を下した。判決では，国家の機能は，教育の外的諸条件を整備することで，教育の内容に介入することは許されないと述べ，国民が子どもの学習権を保障するのが教育の自由であるとした。また，教育の自由・学問の自由は，研究者だけでなく小・中・高校の教師にもあることを明らかにした。家永は，判決報告集会の席で，「この杉本勝利判決は，国民のみなさんが勝ちとったものです。世界でも珍しい教科書裁判を起こしたのは私ですから，アイディア賞は私に下さい。勝利賞は国民みなさんのものです」とユーモラスに語った。この判決は，文部省を動揺させる一方で，民間の教育研究会や日教組の運動，市民運動に大きな励ましを与えた。

　これを一つの契機に，教科書の記述も改善されはじめた。たとえば，これまで教科書に記述されなかった，関東大震災での軍隊・警察・自警団による

朝鮮人の虐殺事件や犠牲者の数，アジア太平洋戦争中の朝鮮人・中国人の強制連行などが，教科書に記述されるようになった。

第2次教科書問題と教科書の改悪

　1973年末からの石油ショックにともなう不況を克服して経済大国に成長した日本に対して，アメリカは防衛分担の増加を要求し，日本政府も経済大国にふさわしい国際的責任を果たすことを強調しはじめた。

　1979年から，自民党は小冊子「新・憂うべき教科書の問題」を発行し，社会科の教科書は一揆とデモばかり書いているなどとして，第2次教科書攻撃を始めた。たとえば，ロシア民話の「おおきなかぶ」は，小学校1年用のすべての国語教科書に掲載されていたが，自民党は，かぶを資本家にたとえて，1年生に労働者・農民の団結を教えているとして，国会でも問題にした。

　改善されはじめた教科書は，ふたたび厳しい検定にさらされることになった。たとえば高校日本史では，中国の抗日統一戦線についての「日本の侵略に対抗して」という記述に対し，自分の国の歴史を悪く書くべきではないと，「侵略」を「進出」に書き換えさせた。このような書き換え指示は第1次教科書問題のときから行われてきたが，1982年に検定強化の象徴として問題になり，国内はもとより，韓国・中国などアジア諸国からも批判を浴びた。

　そのため政府は，検定基準に「近隣のアジア諸国との間の近現代の歴史的事象の扱いに国際理解と国際協調の見地から必要な配慮がされていること」という条項を加えることで決着した。ののち「侵略」という記述が復活した。日本政府は，アジアへの経済進出をさらに拡大するためにも近隣諸国に配慮せざるをえなかったのである。

　この動きに対抗して1986年，改憲団体「日本を守る国民会議」は，高校用『新編日本史』を編集して検定合格させたが，教科書を学校単位で選ぶ高校では，8000部あまり（0.6%）しか採択されなかった。

冷戦の終結と第3次教科書問題

　1989年にベルリンの壁が崩壊し、翌年、東西ドイツが統一した。ソ連・東欧の社会主義圏の崩壊による冷戦の終結と中国・インドなどの市場開放によって、多国籍企業が活動する市場は、10億人から50億人に拡大した。日本の海外直接投資額は、80年代の10年間に15倍に達し、欧米に続いて日本でも多国籍企業化が進んだ。そうしたなかで財界は、海外にある日本企業の権益を守るために、自衛隊の海外派兵を強く要求しはじめた。

　1991年、自民党は、自衛隊を「戦争のできる軍隊」にするために国民の歴史認識を変え、国家に対する誇りをもたせなければならないと主張した。また、1993年、自民党の歴史検討委員会は、①大東亜戦争は侵略戦争ではなかった、②日本軍「慰安婦」・南京事件はでっちあげである、③今の教科書を是正する戦いが必要であると結論した。

　一方、1991年、日本軍「慰安婦」だった金学順(キムハクスン)らが、東京地裁に個人補償を求めて提訴し、韓国政府も、真相究明を日本政府に要求した。1993年、日本政府は政府調査結果を発表し、本人の意思に反した「慰安婦」の徴集に日本軍が関与していたことを認めた。このような事実をふまえて、1997年の中学校の歴史教科書は、日本軍「慰安婦」について記述するようになった。

　これに対して保守派は、1997年に「新しい歴史教科書をつくる会」（以下、「つくる会」と略称）を結成し、南京大虐殺はなかった、日本軍「慰安婦」の記述を削除せよなどと、教科書の攻撃を始めた。自民党議員は、国会で近現代史の記述が自虐的であると批判して、教科書会社に改定を要求した。その結果、「侵略」の記述は変わらなかったが、多くの中学校教科書が南京大虐殺の記述を縮小し、日本軍「慰安婦」の記述を削除した。

『新しい歴史教科書』の登場

　家永教科書訴訟は，1965年提訴の第1次訴訟，67年提訴の第2次訴訟，そして84年提訴の第3次訴訟と三つの裁判で争われたが，97年に最高裁が，南京大虐殺，南京戦における婦女暴行などの4か所の検定の違法を確定して終了した。しかし，その後も教科書訴訟の支援運動を継承し，教科書の内容と制度を改善する運動が必要だと決意した人々によって，1998年に「子どもと教科書全国ネット21」が結成された。そのすぐあとに「つくる会」は，中学校用の『新しい歴史教科書』『新しい公民教科書』（扶桑社）を編集し，2001年4月に検定に合格した。

　『新しい歴史教科書』は，豊臣秀吉の朝鮮侵略を「朝鮮への出兵」と書いたり，日清戦争の記述に先立っては，「朝鮮半島は日本に絶えず突きつけられている凶器」と書くなど，日本の対外侵略を正当化する教科書であった。

　「つくる会」の教科書に対して，2001年3月，韓国では約55の市民団体が「日本の教科書を正す運動本部」を結成し，日本政府に歴史の歪曲の是正を強く要請した。また日本の市民・教育団体と連携して採択阻止運動も展開した。これを契機に日本と韓国の歴史教師や研究者の交流や共同研究が始まった。

　2006年に安倍晋三内閣が成立した。この内閣は，戦後はじめて「任期中に憲法を改正する」と宣言し，まず教育基本法を改定して愛国心の育成を教育の目標に掲げた。また，それまでの検定では合格していた「沖縄戦の集団自決に対する日本軍の強制」を示す記述を削除させた。この検定結果については，2007年の国会でも大きな問題となり，11万人が集った沖縄県民大会では，文部科学省に対して集団自決は日本軍の強制によるという記述の復活を求める決議がなされた。高校生の代表は，「嘘を真実と言わないでほしい。あの醜い戦争を美化しないでほしい。たとえ醜くても真実を知りたい，学びたい，そして伝えたい」と訴えた。しかし，文部科学省は検定意見を撤回せず，文

章の部分的な修正にしか応じなかった。

安倍内閣が成立した2006年，「つくる会」は内紛によって分裂した。新たに日本教育再生機構が結成され，扶桑社版の歴史・公民教科書を継続して育鵬社から出版することになった。扶桑社から絶縁された「つくる会」は，新たに自由社から歴史・公民の教科書を出版することにした。

図表3　沖縄戦の記述に対する文部科学省の検定意見の撤回を要求して県民大会に集まった沖縄の人々

そして，2011年の中学校教科書の採択の結果，育鵬社の歴史は3.7％，公民が4.1％，自由社の歴史は0.05％，公民は0.02％となった。2005年の扶桑社の採択率，歴史0.39％，公民0.19％から約10倍の増加となったが，その6割は大都市の横浜市が占めた。これは，「つくる会」を支持する都県や市町の首長が，同じ考えの教育委員を選び，学校や教師の意見を排除して採択を行ったからである。

教科書問題の背景

3次にわたる教科書問題は，いずれも政権政党による憲法改正と軍事大国化の動きが高揚した時期に起こっている。第1次教科書問題は，連合国軍の占領が終わり，東西の冷戦が激化した時代に成立した鳩山内閣が，憲法改正と再軍備をめざした時期に始まり，岸内閣へと続いたが，再軍備を嫌う戦後民主主義を擁護する市民運動の抵抗で失敗した。

第2次教科書問題は，大平正芳内閣から中曽根康弘内閣の時代で，「戦後

政治の総決算」と称して軍事大国化をめざした時期である。戦後はじめて首相が靖国神社に公式参拝したのもこのときである。

　第3次攻撃は、1985年以降、急速に多国籍企業化して海外に進出した日本企業の権益を保護するために、自衛隊の海外派兵の障害になる憲法9条の改悪を実現しようとする財界と自民党などによって進められている。構造改革によって国民の所得格差・地域格差が拡大する現状では、国民の不満を覆い隠すためにも、愛国主義・国家主義を強調する必要があり、愛国心教育によって軍隊が国民を守ってくれると信じこませるには、南京大虐殺・日本軍「慰安婦」・集団自決を歴史から抹殺して、日本軍の汚名をそそぐ必要があると考えられているからである。3次にわたる教科書攻撃をへて、2009年に政権が自民党から民主党に替わったが、文部科学省の検定の姿勢は変化していない。

　2012年に第2次安倍内閣が成立した。安倍内閣は、改正した教育基本法に即して学習指導要領を改定し、愛国心教育・道徳教育を強化している。2015年は、中学校の教科書採択が行われる年である。右派勢力は、自分たちの歴史・公民の教科書だけが改定された教育基本法・学習指導要領に即していると宣伝している。安倍内閣の憲法改正・教育再生に反対する市民たちは、「子どもと教科書全国ネット21」とともに、教科書採択は政治的な圧力ではなく、教師・子どもの立場に立って選ぶべきであるという運動を全国各地で展開している。

1987年6月，民主主義を叫ぶ

　1980年にソウルで始まった民主化運動は，全国に広がった。全斗煥大統領は，光州で始まった大規模なデモに軍隊を派遣して徹底的に弾圧した。その後，民主化運動は広がりつづけ，1987年には市民たちの支持を得てさらに広がった。人々は何を訴えて立ち上がったのだろうか。

1980年5月，ソウルの春

　1979年10月26日，朴正煕大統領が側近に暗殺された。大きな衝撃のなかにあっても，人々はすぐに民主主義を取り戻すことができると考えた。しかし，大統領暗殺事件の捜査を保安司令官全斗煥が担当することになり，状況は変わった。彼は，軍部が政治に積極的に介入すべきだという軍隊内の強硬派「新軍部」を率いる人物だった。全斗煥と新軍部は，12月12日クーデタを起こし穏健派を排除し軍を掌握した。

　長い独裁の冬が終わり新しい民主化の春が来ると期待した人々は，1980年5月を「ソウルの春」と呼んだ。新軍部のクーデタによって「ソウルの春」は危機をむかえたが，野党政治家をはじめ民主化勢力も危機だと認識していなかった。

　新軍部と前政権の維新憲法を支持する政治勢力は民主憲法をつくる考えはなかったし，民主化勢力も多様な主張をまとめることができなかった。1980

図表1　1980年5月，ソウル駅前に集まった大学生のデモ隊

年5月15日，がまんできなくなった大学生は，ソウル駅前に集まった。10万人をはるかに超える学生たちは，声を合わせて「維新憲法撤廃！　民主を勝ち取れ！」と叫んだ。誰もこの勢いを止めることはできないようだった。しかし，軍が介入する恐れがあったので，事態を見守ることにしたデモ隊は解散した。後日，多くの人々はこれを「ソウル駅回軍」と呼んだ。

光州の春，5・18光州民主化運動

政局を掌握する機会をうかがっていた新軍部勢力は，1980年5月17日深夜0時に，大統領暗殺直後に出されていた戒厳令を全国に広げた。民主運動家を逮捕したり自宅監禁したりした。強圧的な処置に対する反発のなか，光州や木浦(モクポ)などでは激しい抗議行動が繰り広げられた。朴正煕政権の間，この地域は他地域と比べて経済的な支援や投資で差別を受けていた。そこに，この地域の人たちが支持している有力野党政治家金大中(キムデジュン)が逮捕されたという知らせが届いた。それに刺激され抗議行動が爆発したのである。

5月18日，光州市に降下した空挺部隊は，学生デモを単に解散させるのではなく，棍棒(こんぼう)を使って鎮圧を始めた。軍人の暴力を見て驚いた市民が間に立って止めようとすると，市民にまで暴力をふるった。想像を絶する鎮圧で，またたく間に光州は流血の場となった。怒った光州市民は武装し，市民軍を組織して軍隊を追い出し，光州市を掌握した。市民は，自治組織をつくって

秩序を維持し，事件を平和的に解決しようと努力した。光州は，これまで以上に平穏だった。

しかし，新軍部は民主化運動が広がるのを防ぐために，光州を厳重に包囲してマスコミを統制し光州市民たちを暴徒と決めつけた。光州市民はほかの地域に真実を知らせ抗議行動を広げようとしたが，すべての通信手段が断たれてしまってできなかった。一部の人々は，韓国軍の作戦統制権をもつアメリカがこの事態を平和的に解決するために助けをさしのべてくれると期待を寄せた。だが，アメリカが光州鎮圧のための韓国軍の移動に同意して，むしろ新軍部の暴力に協力した事実がしだいに明らかになり，反米運動が起きるきっかけとなった。

新軍部は，5月27日未明，戒厳兵2万5000人をふたたび光州に投入した。道庁に立てこもって最後まで抵抗した市民軍が戒厳軍に鎮圧され，民主化運動は終わりをむかえた。銃を取った市民，にぎり飯やパンを市民軍に提供した人々，献血したり負傷した人を助けたりした人々，光州の真実を知らせるために努力した人々。こうした市民の力は，その後の全斗煥政権下の民主化運動の土台になった。しばらくの間，光州の真実は政権によって隠されていたが，多くの人たちがその日の真実を知らせようと行動を始めた。通りに突然真実を伝える写真が貼られ，光州の事実を知らせる外国のドキュメンタリー映画が密かに上映された。

光州を踏みにじって成立した全斗煥政権は，政府や大統領を批判する声を押さえつけるためには手段，方法を選ばなかった。気に入らないマスコミを強制的に統廃合し，報道指針を作成して配布した。マスコミがまともな報道をすることができないよう根本から封じこめたのである。当然，反対勢力や学生運動を厳しく弾圧した。その反面，新軍部政府は社会悪を撲滅するという名目で軍隊に三清(サムチョン)教育隊をつくり，暴力団関係者や浮浪者を強制的に連行し過酷な軍隊式訓練と労働をさせた。そこに政治犯や大学生，罪のない一般市民など多くの人も連行され，死亡事件も少なくなかった。

また，全斗煥政権は国民をなだめるための政策をもとった。夜間通行禁止

を解除したり学生たちの制服を自由化したりした。アジア大会やオリンピックなどの国際スポーツイベントを誘致し，野球やシルム（韓国の相撲）などのプロスポーツ時代を開いた。しかし，それが世間をあざむくためのものであることを人々は知っていた。

1987年，朴鍾哲（パクチョンチョル）と李韓烈（イハンニョル）

　全斗煥政権があくまでも隠しとおしたかった光州の真実は時間がたつにつれ少しずつ明らかになり，民主化への要求も強まっていった。さらに大統領親族が関係した汚職事件までもが相次いで起こり，全斗煥政権はますます窮地に追いこまれていった。1987年は，全斗煥の任期の最後の年であった。年末の大統領選挙を目前にして，人々はふたたび大統領直接選挙制を叫びはじめた。ところが，民主化運動に参加していた朴鍾哲という大学生が警察の取り調べ中に死亡するという事件が起きた。政治的・社会的に大きな波紋が広がるのは当然だった。しかし，徹底的に調査せよという要求は無視され，あっという間に事件は2人の警察官が取り調べ中に間違いを犯したという結論がまとめられてしまった。さらに，大統領直接選挙制の問題も，国民の願いに反した発表があった。4月13日，全斗煥大統領が間接選挙制の維持を盛りこんだ護憲措置を発表したのである。名目は，改憲のための政界の合意がなされていないので現在の憲法のまま行うしかないということだった。間接選挙制が維持されれば，民主的な政権をつくることが困難になるのは明らかだ

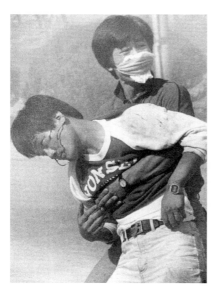

図表2　催涙弾にあたって倒れる李韓烈

った。

　ところが，5月18日，カトリック正義具現全国司祭団が，政府が朴鍾哲の死をゆがめた事実を暴露し，民主化運動はふたたび燃え上がった。民主的な憲法を勝ち取ろうという人たちが集まって「民主憲法争取国民運動本部（以下，国民運動本部）」がつくられた。国民運動本部は，6月10日に大規模な大衆集会を計画した。

　6月10日は，与党の代表である盧泰愚（ノテウ）が大統領候補に指名され全斗煥の権力を継承することが宣言される日だった。これに反対する意味で，この日の午後6時から集会が開かれることになった。

　国民大会が開かれる前日，各大学の学生たちも校内集会を開いて6・10大会に参加する準備をしていた。学生たちが校門の外に出て行くのを阻止するために，校門の前に戦闘警察（機動隊）が配置された。

　6月9日，延世（ヨンセ）大学校でも「6・10大会出征のための延世人決意大会」が開かれた。警察は，校門の外に出ようとする学生たちに向かって催涙弾を発射しはじめた。学生たちの隊列の最前列に立って校門の外に出た李韓烈は，戦闘警察が催涙弾を発射しながら校内に追いかけてくるのを避けようと走ったが，後頭部に催涙弾を打ちこまれ倒れた。倒れた李韓烈は昏睡状態となり，6・10大会に参加できなかった。

民主化運動の聖地となった明洞（ミョンドン）聖堂

　警察はデモが起きると思われるソウル市内のあちこちに警察官を配置して，この日の集会に徹底した対応をとろうとした。だが国民運動本部が決定したデモの方法は，警察が盾と催涙弾で防げるものではなかった。国民運動本部の発表どおりに通りの市民たちはハンカチをふり，車は夕方6時の時報に合わせて警笛を鳴らした。壁や車には「護憲撤廃（てっぱい），独裁打倒」などという字がだんだん増えていった。

　催涙弾を発射して棍棒を振りまわす戦闘警察に，デモを繰り広げる大学生

図表3　明洞聖堂前に集まったデモ隊

や市民たちも今までのように暴力的に対応せずスローガンを叫んだり通りに座りこんだりする非暴力的な抵抗を行った。武装した戦闘警察は、このようなデモ隊を無理やり解散させて学生たちを連行していった。だが、以前とまったく違う状況があちこちに現れた。「なぜ、学生たちを連行するのですか」と、学生のデモを見ていた市民たちが強く抗議しながら警察を止めはじめた。デモに参加しない市民も、警察に追われるデモ隊をかくまい、デモ隊に拍手した。

警察に追われたデモ隊は明洞聖堂に集まった。明洞聖堂は宗教界を代表する民主化運動の中心地だった。警察は明洞聖堂を取り囲んでデモ隊に襲いかかろうとした。人々は明洞聖堂で座りこみを始めた。何の準備もなく突然始まった座りこみだが、市民の支持で力を得はじめた。明洞聖堂座りこみが始まってから、明洞聖堂の壁には彼らを支持する壁新聞が貼り出されるようになった。あちこちで支援のための募金運動が行われて、カトリック司祭団は座りこみ団を支援するために明洞聖堂へ向かった。会社員たちが、昼休みを利用して明洞聖堂周辺で護憲撤廃を叫ぶデモを繰り広げた。警察に追われて明洞聖堂で孤立していたデモ隊は、こうして市民たちに支持されるようになったのである。

　　誰が弁当をもっていこうと言い出したのかは知りませんが、それは自
　然なことでした。
　　なぜそんなことするの、というような反応はあまりありませんでした。

弁当を，学校の校門や明洞聖堂の門までもっていったとき，その前にもっていった弁当箱のなかに，「ごちそうさま。ありがとう」というようなメッセージが入っていました。

　明洞聖堂の隣にあった啓星(ケソン)女子高の2年生だったキム・ヒョンスクの思い出である。民主憲法を勝ち取ることは女子高生たちにとっても自然なことであり，座りこみ団に共感し，こころよく自分の昼の弁当をゆずって喜びを感じるようになったのである。
　6月10日に始まった民主化デモは明洞聖堂を中心にした市民運動となり，このような動きは全国に広がった。地方でも多くの人々がデモに参加した。警察官との対立が激しくなって暴力的な状況も現れたが，ますますデモは広がっていった。
　18日の街頭では，デモの現場でめったに見られない光景が繰り広げられた。デモ隊を阻止するために武装したまま立っている戦闘警察にカーネーションとバラの花をさし出す人々が現れたのである。花をさし出しながら，彼らは話しかけた。「戦闘警察も大韓民国国民です。催涙弾を撃たないでください」，「平和と和解の花です」。現場にいたある戦闘警察の隊員は，その当時の心境を花のトゲが心を刺すようだったと語った。李韓烈が催涙弾で撃たれて昏睡状態に陥ってからは，デモ隊に向かって撃たれた催涙弾は民主化の要求を暴力で押さえつけようとする政権の象徴のように見なされた。市民は，デモ隊を阻止しようとする警察に民主化のためにともに行動しようと平和の手をさしのべたのだった。
　そして，26日，全国で国民平和大行進が行われた。全国各地で集会が開かれ，6月10日に抗争が始まって以来最大規模の100万人以上が参加した集会となった。大統領直接選挙制を中心に新たに憲法をつくることは，もう逆らえない時代の要求となった。

6・29宣言と李韓烈追悼式

　民正党次期大統領候補に指名された盧泰愚は，直接選挙制改憲案を受け入れるという6・29宣言を発表した。これによって，新しい憲法をつくって民主的な手続きを通して新しい大統領を国民が直接選出することができるようになった。1987年の熱かった6月，ついに国民が勝利し，10月には民主憲法を勝ち取ることができた。

　一方，抗争の途中で意識を失って倒れた李韓烈は，7月5日，ついに息をひきとり多くの人々を悲しませた。李韓烈の葬列が通り過ぎる市庁の前には，6月26日の100万名のデモ隊を上回る多くの人波が押しよせた。年末に行われた大統領選挙では，野党候補が分裂し盧泰愚候補が当選したが，6月抗争で市民の力を感じた人々は着実に民主化の流れを進めようとした。

　政権交替に失敗したとしても国民の力で民主的な憲法を制定し，民主主義に対する自信と熱望はさらに高まった。その熱気を労働運動が引き継いだ。7月末，蔚山現代重工業をはじめ3か月間の全国

図表4　延世大の校門を出る李韓烈の葬列

的な労働者大闘争が始まった。事実上の全国ゼネストであり，自主的な労組のナショナルセンターがなかった状況で闘争が自然発生的に進められたことは驚くべき事実だった。この時期，全国的に3300件を超す労働争議が起こり，数多くの労働組合が生まれ，この間劣悪な環境のもとで働いていた労働者たちがようやく自分たちの声を外で大きく叫ぶことができるようになった。また，教師たちが民主的な学校と教育をつくりだすために全国教職員労働組合を結成し（1999年に合法化），政治・社会的分野での市民の立場を代弁して声をあげる団体，環境の重要性に目覚め環境運動の先頭に立つ団体など，多くの人たちがみずから参加し活動する民主化の動きが次々と生まれた。

図表5　1987年6月29日の光景
6・29宣言が発表されると，「今日はうれしい日。お茶代無料です」と貼りだした喫茶店が登場した。

日本でも韓国でも，アメリカとの関係は重要で，それが対等な関係ではないとしても東アジアや世界の動きを見ると，しかたがないと考える人が多い。しかし，米軍の駐留が必要だという主張も米軍基地のおかれている地域の人々からすると受け入れられるものではない。沖縄で銃剣を向けながら基地をつくった米軍と東日本大震災のときに救援活動を展開した米軍の姿はずいぶん違って見えたはずだ。誰もが欲しているはずの平和は，米軍の駐留によって守られているのだろうか。

　南と北に分断されたままの朝鮮半島では，非武装地帯が南北を分け，人の入れない地域となり，野鳥や動物たちの楽園となっているという皮肉を生んだ。鳥たちには国境

第5章
平和共存の東アジアのために

　もない。しかし，海に浮かぶ小さな島をめぐって「わが国固有の領土」を声高に叫ぶ人もいる。小さな島が国家という身体の一部でもあるかのようだ。
　一つの民族が一つの国家をつくるという考えが光を放っていた時代もあった。今はどうだろうか。そのような考えは本当に平和や豊かな暮らしをもたらすのだろうか。
　それぞれの地域の文化や習慣に違いはあるが，上下関係はない。自分とは違う文化に触れたとき共感するには想像力が必要だ。豊かな想像力こそが平和をつくる土台になるに違いない。

27 「命どぅ宝」は沖縄の心の叫び

　沖縄とアメリカ軍の関係を象徴的に示す事件が1995年9月に起きた。アメリカの海兵隊員3名が，12歳の少女を拉致して暴行した事件である。日米地位協定では，日本側が起訴しないかぎり容疑者の身柄を拘束できないため，十分な捜査ができなかった。沖縄県民の怒りは爆発した。県内の全市町村議会と県議会が抗議決議を採択し，1972年の日本復帰後，最大規模の8万5000人の県民総決起大会が開催された。沖縄でこのような事件が起きるのはなぜだろうか。

「独立の日」と「屈辱の日」

　中華人民共和国の建国（1949年）や朝鮮戦争の勃発（1950年）によって，東西対立が激化した東アジアの情勢に対応して，アメリカは日本との同盟関係を強化すること考えた。特に沖縄は，アメリカのアジア太平洋戦略の要石と位置づけられ，次々と基地がつくられていった。

　1951年9月，サンフランシスコで第2次世界大戦の敗戦国日本と，戦勝国である連合国との間で平和条約が結ばれた。この条約により，アメリカ主導による連合国軍の占領が終了し，日本は独立したが，沖縄は日本から分断され引き続きアメリカが支配することになった。同じ日，日米安保条約が締結された。サンフランシスコ平和条約が発効した1952年4月28日は，本土では「独立の日」であるが，沖縄では「屈辱の日」と呼ばれるようになった。その後，1950年代の基地反対運動により本土ではアメリカ軍基地は減ったものの，逆に沖縄に基地が集中することになった。

敗戦から平和条約発効までの7年間，アメリカ軍は沖縄の土地を軍用地として無償で使用していたが，発効後は地主との間で使用契約を結ぶ必要が生まれた。そこでアメリカは，3.3m²あたり年平均約1円の使用料で，20年間という長期に及ぶ土地契約を求めてきた。当時コーラが1本10円の時代である。地主の多くはこれを拒否した。ところが，1953年4月に土地収用令が公布された。これはアメリカ軍が土地収用を宣言した場合，地主が契約に応じなくても，30日を過ぎれば土地を使用する権利がアメリカのものになるという一方的なものであった。ここから，アメリカの土地取り上げに抵抗する運動が沖縄全島で始まった。その抵抗運動を象徴する場所が伊江島である。

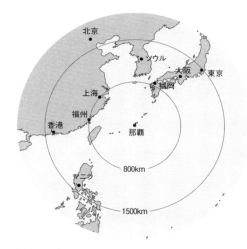

図表1　東アジアの中の沖縄

土地取り上げへの抵抗

　沖縄本島の西に浮かぶ伊江島では，1953年7月に立ち退き命令が出された。伊江島土地を守る会代表の阿波根昌鴻をはじめ住民たちは，アメリカ軍との交渉に際して，アメリカ軍に弾圧の口実を与えないための陳情規定をつくって対抗した。

- アメリカ軍に応対するときは，鎌，棒きれなどを手に持たないこと
- 耳より上に手を上げないこと
- 大きな声を出さず，静かに話すこと
- 人間性においては生産者であるわれわれ農民の方が軍人に優っている自

覚を堅持し，破壊者である軍人を導く心構えが大切であること
　アメリカ軍との交渉のなかで阿波根は，「アメリカ軍が沖縄で適用している土地収用法で，アメリカの農民からも土地を取り上げることができるのか」と，この法の不当性を主張した。またアメリカ兵に対しては，「家族の待つアメリカに帰りなさい，あなた方がアメリカに帰れば，あなた方は幸せになれる，そしたら私たちも幸せになれる」という論法で説得を行った。
　1901年，沖縄に生まれた阿波根は，19歳でクリスチャンとなり，24歳のときに移民募集に応じて南米に渡った。33歳で帰国し，日露戦争で戦争反対を唱えた内村鑑三などが建設に協力した，農民のための学校，興農学園で学んだ。その後，農民が共同生活や共同作業をしながら無料で学問や宗教を学べる農民学校を建設しようと伊江島に移ってきた。ところが，沖縄戦で建設途中の学校は破壊され，阿波根の息子も沖縄戦で戦死した。伊江島の住民1500人が戦争の犠牲になったが，1945年5月に伊江島がアメリカ軍に占領されると，生き残った住民2500人は慶良間諸島に強制的に移住させられた。戦後，住民がふたたび伊江島に帰ってきたときは，島の63％がアメリカ軍基地となっていた。阿波根の土地取り上げ反対運動はここから始まったのである。

命どぅ宝

　アメリカ軍は沖縄全島で完全武装の兵士を動員し，住民を銃剣による威嚇や暴力で排除しながら，ブルドーザーで住居を壊して，火を放ち，農地の地ならしをしていった。農地を追われた農民は，テント生活をしながら，立ち入り禁止となった軍用地に入り耕作を始めた。農業をしなければ生きていけなかったからである。これに対しアメリカ軍は，耕作している農民を次々と逮捕し，軍事裁判にかけて有罪にした。農民はそれでも耕作をやめなかったので，アメリカ軍は耕作地にガソリンをまいて農作物や樹木を焼いてしまった。食べるものもなくなった人々は，ソテツの実を主食とし，イモなどを食べて命をつないでいったが，栄養失調で死亡する人も出るほどであった。

「私たちはアメリカ軍に家を焼かれて住むところもない，仕事もない，食べるものもない。私たちはどうすればいいですか。県民のみなさん教えてください」と，生きるためのすべての手段を奪われた住民は，この悲惨な実状を多くの人たちに訴えるために，乞食になることを決意し「乞食行進」（正式には，伊江島土地闘争真相報告行進団）を始めた。「乞食をするのは恥ずかしい。しかし，我々の土地を取り上げ，我々に乞食をさせるアメリカ軍はもっと恥ずかしい」とプラカードに書いて，沖縄の南から北へ向かって約10か月にも及ぶ行進を行ったのである。こうして，伊江島の土地闘争は全国から注目されるようになった。

アメリカ軍が基地建設のために，「銃剣とブルドーザー」によって住民の生活を奪っていったとき，阿波根ら住民は，暴力を用いずに「無抵抗の抵抗」の姿勢を貫こうとした。アメリカ軍の住民に対する非人間的態度に対し，住民は非暴力に徹して人間的・精神的優位性を保ち，アメリカ軍との衝突によって命が奪われることを避けようとしたのである。

その後，米軍用地強制使用の不当性を明らかにするとして裁判を起こし，さらに伊江島に1984年，「ヌチドゥタカラの家」を建てた。日本がアジア太平洋戦争を開始した12月8日に開館した反戦平和資料館である。「ヌチドゥタカラ（命どぅ宝）」とは，沖縄で昔から言われつづけてきた言葉で，「命こそ宝であり，これにまさるものはない」という意味である。阿波根は命を奪う戦争こそが最大の悪である，基地があるということは，その戦争がいつか起こる，だからこそ，アメリカ軍に奪われた沖縄の土地を守る闘いは，自分の命も日本人の命も，

図表2　乞食行進

そしてアメリカ人の命も大切にするための闘いなのだと主張する。こうした姿勢から阿波根は、非暴力・非服従運動を展開した、インドのガンジーになぞらえ、「沖縄のガンジー」と呼ばれるようになった。

図表3　「ヌチドゥタカラの家」で平和を説く阿波根昌鴻

祖国復帰運動とベトナム反戦運動

　アメリカ軍の演習中の事故や犯罪などで、沖縄住民の生活や安全が損なわれるということが相次いだ。うるま市の宮森小学校にアメリカ軍ジェット機が墜落し、児童11人を含む17人が死亡し、200人以上が負傷した事件（1959年）や、落下傘降下訓練中にトレーラーが民家に落下し小学生が圧死した事件（1965年）などが起きた。アメリカ軍人による犯罪は、1960年代では年平均約1000件起きているが、逮捕される割合は少なく、逮捕されても無罪になることが多かった。

　当時、アメリカ兵の起こした犯罪に関しては、捜査権、逮捕権、裁判権はすべてアメリカ軍がもっていた。裁判はアメリカ軍の司令官が裁判長となり、判決を下す陪審員には被告の上司や同僚が選ばれたため、事件や事故を起こしたアメリカ兵の多くは無罪となった。有罪となった場合でも、十分な賠償金も支払われず、刑が執行されたのかどうかも確認することができなかったのである。

　戦前、日本から差別的な扱いを受けていた沖縄では、沖縄を支配することになったアメリカ軍を解放軍と考え、日本からの独立を主張する人たちも現れていた。しかし、アメリカ軍の行動がすべてに優先し、軍用地の強制接収

や厳しい言論統制など、住民の生活や権利が制限されるようになると、このような沖縄の現状を変えるには、沖縄が平和憲法をもつ日本に復帰する以外にないという考え方が広まっていった。

1965年2月、ベトナム内戦にアメリカが介入してベトナム戦争が始まると、佐世保や岩国など日本各地に駐留していたアメリカ軍が沖縄を経由

図表4　沖縄のおもな米軍基地

してベトナムに出撃していった。日米安全保障条約では、在日アメリカ軍の軍事行動には、日本政府との事前協議が必要であったため、いったん沖縄に移動させてから出撃させる方法をとった。沖縄からの出撃は日米安保条約の適用地域外として事前協議の対象にはならなかったからである。

こうして沖縄はベトナム戦争の最前線基地となるが、沖縄の人々にとって、戦争に使われている基地の存在を認めることは、ベトナムの人々に対して加害者的役割をになっているのではないかとの自覚が生まれ、ベトナム反戦運動に多くの人々が参加した。

沖縄の日本復帰とアメリカ軍基地

1972年5月15日、27年ぶりに沖縄が日本に復帰した。日本政府は「核抜き・本土並み返還」を掲げたが、実態とはほど遠いものであった。核兵器のもちこみについては、日米間で「密約」がなされ、沖縄にもちこんだことが明らかになっている。また、「基地の島」としての機能も、復帰後ほとんど変わっていない。1972年以降、日本本土のアメリカ軍基地は、その60％が返

還されたが，沖縄はわずか15%であった。その結果，日本の全面積の0.6%にすぎない沖縄県が，全国のアメリカ軍専用基地面積の実に74.2%を占めるようになった。また，沖縄のアメリカ軍基地は沖縄県全体の面積の10.4%を占めており，沖縄本島で見ると18.8%にも達している。

　沖縄におけるこのような過重なアメリカ軍基地の存在が，復帰後も依然として沖縄の人々の命を脅かしつづけている。1972年から2008年までに，アメリカ軍人・軍属らの犯罪は5584件発生し，航空機の墜落や流弾などの事件・事故は1434件にのぼっている。1995年の少女に対する暴行事件はこのような状況のなかで起きている。

日米安全保障条約と沖縄

　少女暴行事件をきっかけとして，翌1996年に沖縄県で日米地位協定の見直しと基地の縮小を求める日本ではじめての県民投票が行われた。有権者の6割が投票し，その約9割が賛成の意思を示した。これは全有権者の53%にあたる数字である。

　アメリカ軍に土地を貸して収入を得ている軍用地主や，アメリカ軍基地で働く基地従業員など，アメリカ軍に依存し生計を立てている人たちが沖縄では多数存在している。また，沖縄にアメリカ軍基地があるために，その見返りとして国から基地交付金などの多額の補助金が支給されている。基地関連収入が，歳入総額の20%以上を占めている町や村も存在している。

　このように，アメリカ軍の存在が沖縄県の経済に一定の影響を与えているため，基地の縮小を求める県民投票にどれだけの人が参加し，どのような意思を表明するのかが注目されたが，沖縄の人たちが基地縮小，返還に強い関心と期待をもっていることを示す結果となった。

　こうした沖縄県民の動きは，全国にも影響を与え，日米安全保障体制のあり方や，沖縄に集中しているアメリカ軍基地問題についていろいろな議論を呼び起こすきっかけとなった。全国的な世論の盛り上がりに対応して，日米

両国政府は「沖縄に関する特別行動委員会（SACO）」をつくり，普天間飛行場の全面返還を含む10施設，沖縄のアメリカ軍基地面積の21％を返還することに合意した。しかし，普天間基地をはじめ多くの施設が，県内の移転を条件とするもので，これでは基地の固定化につながるとして，県民から強い反発が起きた。

2009年の総選挙で自民党が敗れ，民主党に

図表5　住宅地に囲まれた普天間基地

よる政権交代が実現し鳩山由紀夫内閣が誕生した。自民党政権時代に日米間で取り決めたSACOの合意を見直し，首相みずからが基地問題の象徴的な存在である普天間基地の「国外，最低でも県外移設」を主張したため，沖縄では期待が高まった。

ところが民主党政権は，沖縄におけるアメリカ軍の存在が，アジア太平洋地域の安全と日本の防衛のための抑止力（よくしりょく）となっているというアメリカの主張を結局受け入れ，SACO合意の段階に戻したため，沖縄の人々の深い失望と強い怒りを招いていた。2012年の総選挙で自民党が政権に復帰し，第2次安倍内閣が成立すると，普天間基地の県内名護市辺野古への移転に向けて大きく踏み出した。しかし一方，2014年1月の名護市長選挙，同年11月の沖縄県知事選挙では，県内移転反対を主張する候補が当選しており，「アメリカ

軍基地反対」の県民意識は強固なものとなっている。

アメリカ軍基地撤去を求める沖縄の声

　2010年4月，普天間基地の返還と，基地の国外・県外移設を求める集会が沖縄で開催され，9万人が参加した。直後に実施された県民へのアンケートでは，アメリカ軍基地撤去，国外移設を求める声が76％に達し，沖縄県以外の国内に移すべきであるという意見は16％にとどまっている。また，日米安保体制の維持を支持する意見は7％しかなく，軍事的な同盟関係をやめ，平和友好条約に変えるべきだという意見が55％と半数を超えている。これは，沖縄の「痛み」を他県に転嫁するのではなく，「痛み」そのものをなくしたいという沖縄の人たちの気持ちを表している。

　沖縄のアメリカ軍基地返還問題は，日米安全保障体制のあり方とリンクして考えなければならない問題である。日米安全保障条約が締結されて60年が経過したが，その間世界情勢は大きく変化した。日米間の軍事的な関係を根本的に見直す時期にきているといえよう。

駐韓米軍と平和を願う人々

　2002年6月13日，中学2年だったシム・ミソンとシン・ヒョスンは友だちの誕生会に向かっていた。道端を歩いていたふたりの女子中学生に，軍事訓練中だった駐韓米軍の装甲車が襲いかかった。50トンの装甲車の下敷きになった女子中学生はその場で死亡した。しかし駐韓米軍は「誰の過失もない」と言った。装甲車に乗っていた兵士と指揮責任があった中隊長は無罪宣告された。どうしてこのような結果になるのだろうか。

不平等な韓米行政協定

　韓国とアメリカの関係は，日本の植民地だった韓国が解放されるのと同時に本格的に始まった。韓国人の多くは米軍を解放軍として歓迎し，アメリカが自国の利益よりも自由と平等という普遍的価値を尊重する紳士の国と考えた。アメリカと結んだ友好関係は，1950年に朝鮮戦争が起こっていっそう強化された。アメリカは国連軍派遣を主導し，大規模に軍隊を派遣して北朝鮮の侵略を退けた。戦争が終わったあとには，莫大な経済援助で韓国を助けてくれた。

　1953年には韓米相互防衛条約を結んで米軍が韓国に合法的に駐屯できるようになった。1966年には駐韓米軍地位協定（Status of Forces Agreement）を結んだ。英語名の頭文字を取ってSOFAと呼ばれるこの協定には，問題点がある。まず米軍が駐屯する目的を明らかにしていない。撤収に関する合意規定もない。協定の有効期間は無期限である。韓国は米軍駐屯にかかる多

額の費用を負担し，駐韓米軍が犯罪を犯してもきちんと処罰できない。駐韓米軍基地が設置されるにともなって生じた韓国人の被害も適切に補償されえない。

　SOFAを改定しなければならないという声が高まっていっているが，アメリカの反対と韓国政府の消極的態度で何の進展も見られずにいる。

青少年行動の日

　韓国人はアメリカ合衆国を美しい国を意味する「美国(ミグク)」という漢字語で呼ぶ。1871年にはアメリカの軍艦が侵入してきて戦争を経験したが，韓国人はアメリカが韓国を助けて日本を追い払ってくれるだろうと考えた。江華島条約と異なり朝米相互通商条約には困ったときにお互いに助けるという条項があったためである。しかし，1905年の桂・タフト協定でアメリカが日本の韓国支配を認定したという事実が明らかになった。それでも多くの韓国人がアメリカに対する期待を捨てなかった。その後，解放と朝鮮戦争をへてアメリカの援助物資で飢えを免れた今の70代以上の韓国人に，アメリカは（美しさを超えて）恩人の国と思われている。アメリカは韓国を守ってくれる自由と正義の国であった。

　アメリカに対する認識の変化は，1980年の5・18光州(クワンジュ)民主化運動をへて始まった。当時，全斗煥(チョンドファン)の武力鎮圧に反発した光州市民たちはアメリカが第7艦隊を派遣したというニュースを聞いて歓呼した。軍部独裁勢力を追い払ってくれると期待したためである。しかし，アメリカが派遣した航空母艦は北朝鮮を牽制するためのものであって，光州市民を保護するためのものではなかった。さらにアメリカが全斗煥の光州虐殺を手助けしたという事実が明らかになって市民たちの意識が少しずつ変わりはじめた。それでも韓国人が最も好感をもっている国は依然としてアメリカであった。

　ふたりの女子中学生の死亡事件は，他の駐韓米軍の事件のように葬り去ることもありえた。この事件を社会的争点に拡大させた主人公は，議政府(ウィジョンブ)地域

の若者たちであった。ミソンとヒョスンの姉が，議政府女子高生約200人とともに米第2師団前に訪ねていって真相究明を要求して涙で抗議デモをした。高校生たちはインターネットなどを通じて，若者たちに参加を訴えた。高校生たちが定めた「青少年行動の日」には同じ年ごろの若者数百名が議政府駅広場に集まった。この事実が知らされると，大人たちも参加しはじめ，しだいに注目されるようにもなった。

　このような渦中に事件の加害者と目されたアメリカ兵らが無罪判決を受けた。これに，あるネチィズン（ネット市民）が11月30日に光化門(クァンファムン)でロウソクを掲げようと提案した。10万名を超える市民・学生がロウソクを掲げて集まった。ロウソクデモは以前にもあった。しかし今回のロウソクデモは単純なパフォーマンスではなかった。市民たちがみずから集まって，平和に自分たちの意志を示すデモ文化の始まりであった。その地点にまさに若者たちがいた。朴正煕(パクチョンヒ)政権期の1975年4月に信一(シニル)高校の学生が維新反対のビラをまいて9名が拘留処分を受けて以後，20余年ぶりに注目された高校生の社会参加であった。2002年のこのロウソク集会は大統領選挙にも影響を及ぼし，2008年のアメリカ産牛肉輸入反対のロウソク集会まで続いた。

図表1　ミソンとヒョスンの追悼集会に参加した若者たち

怪物になりはじめたアメリカ

　2006年に封切られた映画『グェムル（怪物）』は薄暗い米第8軍の霊安室

図表2　映画『グェムル(怪物)』のポスター

から始まる。勤務員が死体防腐処理に使われるホルムアルデヒト溶液を流し台に注ぐと，背景がしだいに霊安室から漢江(ハンガン)へ変わり，怪物の登場を暗示する。映画に登場した米軍基地の毒物放流事件は，実際に2000年に米第8軍霊安室で発生した事件である。漢江と怪物に関する映画のストーリーを準備していたポン・ジュノ監督はニュースを見て，この事件を怪物誕生の背景にすることに決めたという。

　これより1年前の1999年は，毒物の漢江放流，米軍基地内での油汚染，梅香里(メヒャンニ)誤爆など米軍と関連した大きな事件が各地域で起こった。この汚染事件が人々に知られて，アメリカを見る目が少しずつ変わっていった。平等で常識的な線で韓米関係を再確立しなければならないという国民的要求も大規模に発展したのである。

　アメリカに対する認識の変化は，その後の世論調査でも現れた。韓国人に最も好きな国を尋ねると，2001年にはアメリカという答えが36％を上回っていた。ところが2003年の同じ調査では25.3％がアメリカと答え，2001年より10％以上落ちた。特に20代から30代の間での好感度が大きく低下した。

3回も追われた人々

　2003年4月末，駐韓米軍は米第2師団を東豆川(チョンドゥチョン)から平沢(ピョンテク)へ移転すると明らかにした。その対象となった村は，平沢市彭城邑(ペンソンウプ)大秋里(テチュリ)とその一帯であった。1941年に日本は彭城邑にアジア太平洋戦争に必要な飛行場と軍事基地をつくり，住民を大秋里に強制移住させた。大秋里の住民たちは，朝鮮戦争の最中の1952年10月にふたたび故郷を追われなければならなかった。米軍がK-6(キャンプ・ホムプリス)基地をつくるためだった。当時，大秋里に住んで

いたチョ・ソルレというおばあさんは当時をこのように回想している。

> 私らは夫が早く亡くなって，息子たち3人だけを連れてそのまま追い出されたんだ。ブルドーザーで裏の垣根から押し壊し，窓に泥をつめこんだうえに出てけと！　そのまま身一つで追い出されたんだ。そしてこの村の人々は山で暮らすしかなかった。冬の一番寒いときに家は建てられない。身体の弱い人はそのときみな死んだ。幼い子どもたちと老人たちも。追い出された家族はおよそ150戸だった。

　このとき，住民の一部は村を離れたが，大多数の住民は離れずに近くの村へ行って荒れ地を開墾した。家を建て，水田と畑を開墾して，大秋里という名前のとおり，秋に豊かな実りをむかえる村をつくっていった。しかし2007年にまたふたたび「駐韓米軍の再配置と国家安保，強固な韓米同盟」を打ち出した政府がこれを奪っていったのである。3回目の強制移住である。
　住民たちは，「1回でもなく，2回でもなく，3回も追い出すなど人のすることだろうか」と抵抗した。土地を売って離れていった住民もいたが，多くの住民は数十年苦労して開墾した生活の拠り所を奪われまいと抵抗した。

> 私の息子を，遠くではなく，あの山裾（やますそ）に埋葬したんだ。会いたくなれば行けるが，あれをそのままにして，遠くへ行ってしまえば，来ることはできない。墓をつくらず（韓国では小さいときに死んだ子どもの墓をつくらないことがある），平らになって跡形がなくても，その場所はわかる。そこに行って，ただ眺めて涙を流し，母さんが来たよと，言うだけ。でも，私がほかの所へ行ってしまえば，もう来れないだろう。だから私はどこへも行けない，ということなんだ。

　20年前に満足に食べられずにお金もなく，病院にも連れて行けなかったために，10歳の長男を亡くさなければならなかったウォン・ジョンヒョンおば

あさんが大秋里を離れられない理由である。

　農民たちは最後まで政府の買収に応じなかった。ムン・ジョンヒョン神父を中心に結成された平和遊覧団「平和の風」が全国をめぐって，米軍基地の平沢総集結に反対する活動を繰り広げた。

東アジアの平和を脅かす軍事基地拡張

　2001年，ジョージ・W．ブッシュ大統領は，「非核保有国でも生化学兵器を使用する場合，アメリカは核で報復する」と発表した。最大の核保有国としてその能力を誇示したものであるが，多大な批判が沸き起こった。核戦争に対する憂慮が高まると，2010年にはアメリカは政策を変えた。バラク・オバマ大統領が非核保有国に対しては，「これらの国家が生化学兵器やサイバー空間を利用してアメリカを攻撃しても核兵器を使用しない」と発表した。その代わりにアメリカは１時間以内に全世界のどこでも迅速に攻撃できる軍事能力を確保するという計画を明らかにした。これが迅速機動軍である。

　駐韓米軍は北朝鮮の侵略にそなえる任務があった。しかし2006年，アメリカが「海外駐屯米軍再配置計画」を発表した。北朝鮮の侵略を防御する任務を韓国軍に引き受けさせる代わりに，駐韓米軍を「迅速機動軍化」するという計画であった。新たに「迅速機動軍化」された駐韓米軍の使命は，全世界のあらゆる国の紛争地域に向けた素早い投入である。すなわち北朝鮮を抑制するために駐屯していた米軍は朝鮮半島だけではなく，中国，台湾のような朝鮮半島周辺はもちろんアフリカの紛争にまで介入するという意味である。

　SOFAが改定されないかぎり，米軍が韓国の同意を求めないまま先に攻撃を断行しても韓国は認めるほかない。平沢に駐屯する迅速機動軍が紛争や戦争などに介入すれば，韓国はみずからの意思と関係なしにそれに巻きこまれ，平沢は攻撃対象になりうる。アメリカは「東北アジアの地域紛争に介入することを望まないという韓国の立場を尊重する」と明らかにした。しかし，このような約束が必ず守られるとは考えられない。

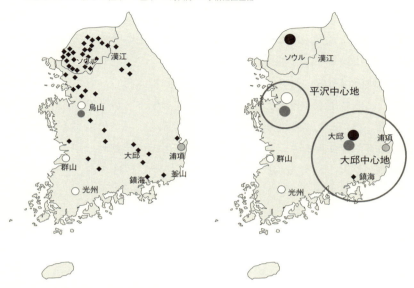

図表3　駐韓米軍の作戦地域変更
各地に散らばった基地を迅速機動軍の作戦計画に従って大きく二つの地域に統合する案である。

平和を追求する人々

　人は平和に暮らす権利がある。これを平和的生存権という。人はみずからの意思を決定して行動する権利もある。これを自己決定権という。しかし平沢米軍基地移転問題は，平沢で生活しつづけようとする人々の意見がまったく反映されていない。

　大秋里の住民と社会団体，そして多くの文学者と芸術家が米軍の平沢基地移転に反対した。人々は大秋里平野で平和を主題に詩を詠み，歌を歌った。何人かの芸術家は大秋里に住んで壁画と設置作品を制作した。文学者たちは本を編集した。村の石の壁に詩がかかり，絵が描かれて，大秋里は芸術村として生まれ変わった。2002年には沖縄の人々が運動を繰り広げて効果をあげ

た「一坪反戦地主会」と類似した「米軍基地拡張予定地一坪購入運動」も始まった。4万ウォンを出して一坪の土地の地主になったのち，政府の協議買収に応じないことで，米軍基地拡張に反対しようというのである。一坪購入運動に一般市民も多数参加した。

　しかし政府は買収に応じない土地70万坪を強制収用し，住民が農業をできないように農業用水を遮断したり，農道に穴を掘って農業機械が入れないように妨害した。そして2006年5月4日に大秋里の小学校の撤去を断行した。結局，2007年に住民たちが仕方なく引っ越して，米軍基地は平沢へ移転した。

　国防部が平沢土地を強制収用したのち，「一坪反戦地主会」は総会を開いて供託してきた地代で「平沢平和センター」を設立することにした。現在，平沢平和センターは，拡張しつづけている米軍基地の問題点を多くの人に知らせ，米軍の駐屯にともなう各種の被害報告を受けつけて被害者を支援している。

沖縄，平沢，済州島(チェジュド)

　済州島の南側の江汀(カンジョン)村には韓国軍の海軍基地が建設されている。これをめぐって政府・軍と市民・環境団体などとの対立が続いている。建設中の基地は米軍基地ではないが，将来，米軍基地になる可能性がある。SOFAの規定上，米軍が要求すれば，韓国は軍事施設利用を許可せざるをえないためである。済州島はアジア太平洋戦争末期，日本軍が日本本土を守るために各地に軍事施設をつくったところでもある。今も済州島のあちこちには当時つくられた陣地，対空砲基地，滑走路などが残っている。

　今，江汀村の住民たちは，多くの人がひどいストレスを感じ，うつ状態になっている。海軍基地建設が住民たちの生活を無視したまま進められたからである。基地建設に対し賛成・反対に分かれ人々が互いに争うなかで，隣同士，あるいは家族同士でもひどい心の傷を負うことになった。さらに政府は基地の必要性を強調して，補償金を支払ったという理由で事業進行を強行し

た。仲むつまじく平和に暮らしていた平凡な村の人々の生活が根底から揺さぶられている。

沖縄と平沢大秋里,済州江汀村で共通して見えるのは,軍事基地が住民の生活と平和を脅かすという事実である。だからこそ「命こそ宝」という沖縄の訴えが時間と国境を超えた共感を生みだすのである。

図表4　済州島に残っている日本軍陣地跡

休戦ラインを越えて汽車は走りたい

　2011年10月,京義線の列車を運転していた韓俊基さんが亡くなった。1927年に福岡で生まれ,1945年11月に帰国して機関士になった彼は,ソウルと開城をへて土城駅までの約80kmの区間を行き来した。彼が最後に運転してきた機関車はチャンダン駅で止まった。分断の象徴のように錆びたまま捨てられている汽車は,臨津閣でふたたび走る日を待っている。いつになったら,この機関車がソウルから開城をへて新義州まで走ることができるだろうか。

58年ぶりに会った100歳の母親と75歳の娘

　2009年9月29日金剛山離散家族面会所で100歳になった白髪のおばあさんキム・ユジュンが,75歳になった三女リ・ヘギョンと再会を果たした。ソウルから金剛山までは車で4時間しかかからないのに,母親と娘が会うのには58年かかった。何も言わずに泣く韓国の母親に北朝鮮の娘が「母さん,泣かないでください」といって涙を拭いた。たった2日間の再会のあとに,母と娘はふたたび別れた。

　分断と戦争で朝鮮半島には多くの離散家族が生まれた。離散家族は戦争が終わったあと,32年間会えなかった。韓国と北朝鮮がお互いに敵と思って交流しなかったためである。

　南北の政府が離散家族の再会を最初に話しあったのは1971年で,1985年になってはじめて会うことができた。2010年までに会った離散家族は全部で4130家族,2万848名である。それも数日間の短い再会ができただけである。

手紙の交換や自由往来は夢でしかない。2002年，南北の政府は，会いたいときに家族に会える離散家族面会所を金剛山に設置することに合意した。

図表1　金剛山離散家族面会所で再会したキム・ユジュン（左）とリ・ヘギョン（右）母子

建物は2007年に完工したが，南北関係悪化によって門は固く閉められている。

　2010年8月末現在，韓国政府に登録された離散家族捜索申請者数は12万8129名である。このうち4万4444名はすでに亡くなった。残っている申請者の年齢も70歳以上が77％を超え，将来は離散家族再会ではなくて，亡くなった人のお墓を訪ねなければならない状況に変わっている。

対決から対話へ

　離散家族のつらさは，南北が今も互いを敵視して対峙していることから生まれる。李承晩(イスンマン)政権をはじめ歴代政権は反対勢力をアカだとして弾圧した。第3代大統領選挙で進歩党党首曺奉岩(チョボンアム)が平和統一を主張して旋風を巻きおこしたが，李承晩政権は彼にスパイの罪を着せて死刑にした。このような状況で明確に南北対話を主張するのは容易ではなかった。

　しかし，南北交流と平和統一を主張する声は小さくとも途絶えはしなかった。平和統一の主張は，4・19革命で李承晩政権が崩れると堰(せき)を切ったように現れた。まず革命を主導した学生たちが，時局討論会を通じて統一問題を提起した。さまざまな革新政党と社会団体は，青年学生と力を合わせて南北

図表2 「行こう北に！　来たれ南に！　板門店に！」と書かれた横断幕を掲げ，統一を求める市民たちのデモ

会談を主張した。平和統一運動は，南北学生会談や南北学術討論会を提議するなど，しだいに具体化して激しくなっていった。このとき最も注目されたのが，朝鮮半島をスイスのように永世中立国にして統一しようという中立化統一論だった。このことは，李承晩政権のひどい弾圧にもかかわらず，統一への願いが強いことを示していた。1950年代後半に韓国で農民を対象に世論調査をした。「あなたが最も願うことは何ですか？」という質問に農民たちは，「豊かに暮らすこと」「子どもたちが豊かになること」とともに，「民族統一」が重要だと答えた。

　4・19革命後に政権に就いた張勉(チャンミョン)政権は「平和統一」の原則を建てた。北朝鮮を「打倒の対象」から「共存を通じた統一の相手」と考えたのである。しかし，張勉政権と保守勢力は，平和統一政策を掲げながらも，「先に建設，あとで統一」を主張した。すなわち経済開発に集中して，北朝鮮に対する経済的優位を確保したあとに，体制の優越性を基礎に統一を達成しようというものであった。この主張は，統一のための経済開発というよりは，経済開発のための統一留保論に近かったし，最小限の南北交流と接触の試みもなく，統一論議に実質的な進展は見られなかった。

　5・16クーデタによって対話と協議を通じた平和統一の主張はふたたびひどい打撃をこうむった。朴正煕(パクチョンヒ)政権は反共を国是として韓国・アメリカ・日本の三角同盟を強化して北朝鮮を圧迫した。政権に反対する勢力は，反共法，国家保安法違反嫌疑で拘束した。ひどい場合は，死刑宣告が下され，たった

18時間で死刑が執行されたりした。アカと烙印を押されると正常な生活ができなかった。

　しかし，このように残酷な弾圧も南北対話を主張する人々を完全に押さえつけることはできなかった。統一をめぐる状況は1970年を前後した時期から変わりはじめた。ベトナム戦争で困難を経験したアメリカ大統領ニクソンは，1969年に「アジアの国々は自国の防衛にみずから責任をもたなければならない。アメリカは将来，アジア地域で起こる戦争に介入しないだろう」と宣言した。この宣言はアメリカと中国，中国と日本の国交正常化へつながった。韓国の場合，1971年第7代大統領選挙で野党候補の金大中は，非政治的南北交流，朝鮮半島の平和のための四大国安全保障案などを選挙公約に掲げた。金大中は予想をはるかに超える得票を得たため，朴正煕政府は動揺を隠せなかった。続く国会議員選挙では共和党が勝利したが，野党も改憲を食い止められる議席を確保した。

　このような変化にともない，朴正煕政権は北朝鮮と高官交渉をして1972年7月4日に「自主，平和民族的大団結」という統一原則を発表した。7・4南北共同声明は政府当局者間の秘密会談でつくられ，韓国と北朝鮮の政権がお互いの権力基盤強化に利用したという批判を受けている。しかし対決を指向する統一路線を捨てて，平和統一の原則に合意したということに大きな意義がある。

　みずからの政権を維持するために南北でともにかもしだされた和解のムードは長続きせず，1973年にふたたび対決局面へ入っていった。しかし南北は少しずつ対話と交流の幅を広げていった。1980年代に入って南北赤十字会談やオリンピック単一チーム出場のための体育会談などが開かれた。南北政府は武力統一ではない平和統一案も発表した。韓国は経済と民間交流などを拡大しながら相互信頼を回復したのちに統一を達成するという「韓民族共同体統一案」を発表し，北朝鮮は南と北に相互に異なる体制をもつ「連邦制統一案」を主張した。

千葉の空にひるがえった朝鮮半島旗

　1991年，千葉市で世界卓球選手権大会が開かれた。このとき，南北統一チームを構成し，観客席では太極旗と人民共和国旗の代わりに，空色で朝鮮半島を描いた朝鮮半島旗がはじめて登場した。そして韓国のヒョン・ジョンファと北朝鮮のイ・ブニが中心となった単一チームは団体戦で中国を破って優勝した。当時日本にいたある留学生はこのように語っている。

　　　1970年代の韓国で初等学校（小学校）に通っていた私にとって，北朝鮮は赤い肌をして顔に恐ろしげな毛が生え，餌に向かって貪欲によだれをたらす狼でした。しかし，1991年の千葉での単一チームは統一の可能性を肌で感じさせたのでした。今まで見ることができなかった感動の旗。白地に空色の朝鮮半島の旗。その朝鮮半島の旗のもと，一つになった南と北。祖国が分断されたことも悲しいが，南と北に分かれて他人の地である日本でさえ互いに一つになれなかった同胞たちが，抱きあってともに応援をした瞬間。統一の可能性が直接肌で感じられた事件でした。

　すべて赤い色で彩られていた記憶のなかの北朝鮮は，千葉の南北単一チームを契機として崩れはじめた。これは当時の南北和解の気運が熟していたためでもあった。
　韓国で1987年6月の民主化闘争をへて統一への期待が高まった。この熱気が1988年オリンピック共同開催の努力へと続いたが，共同開催は実現できなかった。ちょうどそのころ，平壌で世界青年学生祭典が開かれ，北朝鮮の主催側が韓国の大学生の参加を要請した。学生たちは政府に参加許可を要請したが，政府は却下した。1989年は，民主化と統一運動を主導していた文益煥喚牧師と軍事政府に抵抗しながら社会批判的な作品を多数発表してきた作家黄晳映が秘密裏に北朝鮮を訪問して大騒ぎになった時期だった。彼らは北朝

鮮の孤立化をはかるアメリカに従う政府が主導する統一政策を克服して，民間が主導する統一運動を試みるために北朝鮮を訪れた。

このとき，大学生林秀卿(イムスギョン)は，東京と西ベルリン，東ベルリンをへて平壌に到着した。そ

図表3　世界卓球選手権大会の朝鮮半島旗
1991年4月日本の千葉で開かれた世界卓球選手権大会に南北が単一チームで参加して朝鮮半島旗が使用された。

して「一つになった祖国」と「平和」を叫んだ。白頭山(ペクトゥサン)から板門店(パンムンジョム)まで行進した彼女は，歩いて軍事境界線を越えて統一の意志を明らかにしようとした。しかし北朝鮮はもちろん，警備を担当した国連軍も突発事態を憂慮して拒否した。しかしその意志を曲げずに，8月15日，彼女を連れて北朝鮮に入ったカトリック神父とともに軍事境界線を歩いて越えたのだった。

1987年には韓国の民主化運動が高揚を迎えていた。ドイツが再統一され，ソ連が解体されるなど東欧の民主化も進んだ。韓国政府は積極的な北方政策を通じてソ連，中国などと国交を結んだ。また南北関係改善と朝鮮半島の平和安定のために国連加盟を推進した。それまでずっと二つの国が存在することを認めずに，単一議席による国連加盟を主張してきた北朝鮮も，変化する国際情勢，社会主義圏の弱まりと孤立を憂慮して，主張を変えなければならなかった。これによって1991年9月，韓国と北朝鮮が国連に同時加盟した。国連同時加盟は朝鮮半島に二つの国が存在することを公式に認定するもので分断を永久化するという憂慮があったが，韓国と北朝鮮のどちらも朝鮮半島の唯一の合法政府という主張ができないようになり，和解と共存を通じた統

一の道を模索することになった。

　国連同時加盟を契機として，朝鮮半島の平和安定に向けてさらに一歩踏みだした韓国と北朝鮮両国は，1991年12月，平和統一のための基本的枠組みとして南北基本合意書を締結した。基本合意書は統一を朝鮮民族の共栄のための過程と見た。そして韓国と北朝鮮が今すぐには統一はできないが，お互いに相手の体制を認めて，軍事的に侵犯せず，交流と協力を通じて段階的に統一に向かっていくという約束を公式に発表したことに大きな意味がある。また密使外交ではなく，南北の高官が公式会談を通じて合意したという点で南北対話の新しい場をつくったとも言える。統一のための協力の時代が公式に開かれたのである。

南北和解を開いた人々

　韓国最大の財閥の総裁である鄭周泳（チョンジュヨン）が1998年6月に牛500頭を連れて北朝鮮を訪問した。北朝鮮が故郷である彼は，南北に分かれている朝鮮半島で自分ができる最後のことは韓国と北朝鮮の和解と統一への寄与と考え，民間交流の先頭に立った。1998年に成立した金大中政権も「太陽政策」と呼ばれる南北和解協力策を立案して北朝鮮との宥和を推進した。

　1998年11月18日，江原道東海港（カンウォンドトンヘ）から1418名を乗せた遊覧船が北朝鮮の金剛山に向かって出発した。白頭山（ペクトゥサン）とともに朝鮮民族の霊山と考えられる金剛山で分断から半世紀ぶりに最大規模の民間人交流が行われたのである。「今回は，金剛山を見てくるだけですが，私たちの今回の訪問で，あとに続く人たちは家族にも会え，故郷にも行けるようになるでしょう」。38度線を越えてから夢に見た北の地を半世紀ぶりに踏んだ90歳の老人は，「空を飛ぶように気分がよい」と笑った。金剛山で北朝鮮の管理人が韓国の観光客に『金剛山の歌』を贈り，観光客は『われらの願い』をいっしょに歌ったりもした。韓国の観光客は「小さな統一になった」と言い，「頻繁に行き来ができればもっと親しくなるだろう」と語った。ほんの数年前には想像もできなかったこ

図表4　金正日と金大中
2000年6月平壌で南北首脳会談が開かれ，韓国の金大中大統領と金正日北朝鮮国防委員長が握手している。

とだが，韓国の民間人の北朝鮮訪問は，本当の和解に向けた大きな歩みだった。

　2000年6月15日には，平壌で韓国の金大中大統領と北朝鮮の金正日(キムジョンイル)国防委員長が会談を行った。分断以後はじめて南北の首脳が直接対話したのである。両国が合意した共同宣言は韓国と北朝鮮の統一と未来に向けたロードマップを提示した。1972年の共同声明で「外勢依存と干渉を排除」した統一に合意したとすれば，今回の会談では「二つの体制，二つの政府を維持する連邦制」という具体的な国家体制を示して「わが民族同士力を合わせて自主的に解決」しようと，さらに積極的な統一構想を示した。

　2007年10月には，盧武鉉(ノムヒョン)大統領が平壌で金正日国防委員長に会い，二度目の首脳会談を行った。このときは，2000年に合意した内容からもう一歩進めて，朝鮮半島の安定的な平和体制を構築するための実務的な協議が行われた。そして相互不可侵の遵守(じゅんしゅ)，南北の軍事的紛争を防ぐための西海(ソへ)(黄海)平和

29　休戦ラインを越えて汽車は走りたい　283

協力特別地帯設置，共同漁業区域と平和水域設定，白頭山観光，離散家族のビデオレター交換事業などの具体案が論議された。南北が分かれた60年あまりの間に広がってきた不信と敵対的関係の代わりに，同じ民族としてお互いに信頼を回復できるきっかけをつくったのである。金剛山観光拡大と京義線鉄道連結を通じた経済協力の活性化，離散家族の持続的な再会などの民間交流の拡大は，宣言のみで終わった韓国と北朝鮮の出会いが，一般人も肌で感じられるほど近くなったことを物語っている。

多文化共生社会をめざす日本と韓国

　日本でも韓国でも肌の色も違い，文化も違うさまざまな人々が暮らしている。グローバル時代の到来のためとも言われるが，私たちのまわりには以前から異なる文化をもつ人々が暮らしていた。この人たちはどのように暮らし，この人たちを社会はどのように受け入れているのだろうか。

2人の在日コリアンが歩んだ道

　2011年9月2日，埼玉県さいたま市にある埼玉スタジアム2002でサッカーのワールドカップ・アジア予選が行われた。日本代表と北朝鮮代表の試合であった。このピッチに，同じように朝鮮学校に通っていたふたりの選手が立っていた。ひとりは鄭大世（北朝鮮代表），もうひとりは李忠成だった。鄭大世は「チョン・テセ」，李忠成は「り・ただなり」という。奇しくも両者ともストライカーでもあった。

　1984年生まれのテセには，在日韓国人2世の父親と在日朝鮮人2世の母親がいた。テセが学校に行く年ごろになると，学校をどうするかで両親が争っていたという。母親はテセを朝鮮学校に入れて，朝鮮人として生きることを強く望んでいた。朝鮮高校から朝鮮大学校に進んだテセはサッカーの才能を花開かせ，プロの道に進んだ。日本のJリーグをへて，ドイツでも活躍し，現在（2014年12月）は韓国のKリーグのチームに所属している。

図表1　鄭大世　　　　　　図表2　李忠成

　2010年に北朝鮮の代表選手として，44年ぶりのワールドカップ出場に貢献した。ここでテセは政治の壁にぶつかった。韓国籍を放棄して朝鮮籍を取得しようとしたが，韓国政府に拒否された。そこで，在日本朝鮮人蹴球協会の助けを得て，韓国籍のまま北朝鮮のパスポートを取得し，FIFA（国際サッカー連盟）に北朝鮮代表としての出場を認められた。
　一方，1985年生まれの忠成は，サッカー選手をめざしていた父親の影響もあって小さいころからサーカーが大好きだった。小学校は朝鮮学校に通ったが，サッカーをするために日本の中学校・高校へと進み，18歳のときにプロ契約を結んだ。
　その後，U-19韓国代表候補に選ばれトレーニングキャンプに参加したが，在日韓国人だとしてチームメイトから冷たく扱われたという。2007年にはオリンピック代表メンバーに選ばれた。日本国籍を取得したのである。このとき忠成は「李という姓を残して日本社会で誇りをもって生きようって決めたんです」と発言している。
　Jリーグ内で他のチームに移籍した忠成は，スランプに陥ったり，膝にけ

がをしてしまい，リハビリに明け暮れる日々もあった。それでもストライカーとしての誇りを捨てることはなかった。現在は浦和レッズで活躍している。

名前が書けると，自分のからだに血がかようようになった

　東大阪市に夜間中学がある。在日コリアンが多く通う公立中学校夜間学級だ。1972年の開校時には2割程度だった在日コリアン生徒が，開校2年で大半を占めるようになった。在日コリアンの多い大阪市に近いこともあって学区外からも通ってきている。

　生徒たちのなかには，高齢の女性が多い。10年以上も学校に通う80歳を超えた人もいる。彼女たちは，朝鮮半島から渡ってきた在日コリアン1世で，ほとんど教育を受けたことがなかった。経済的な問題や家庭の事情から学校へ行く機会がなかったのである。

　学校へ通うようになって，まず鉛筆の持ち方から始まり，日本語の「あいうえお」や自分の名前の書き方を学ぶ。日本での生活が長いので，日本語での会話にそれほど不自由しない。だが，看板などの文字は勘で読んできた。70歳以上の在日コリアンのうち，男性は80％以上が日本語を読めるが，女性の場合は30％のみである。

　少したつと，まわりも自分と同じような境遇の生徒たちであることに気づく。教室では，先生も生徒たちもみな本名で呼びあう。1920年生まれの生徒は「うちでは銀行，仕事，みんな日本名にしている。ここでは先生がイ・カプセンさんて呼んだときはびっくりした」と作文に書くようになる。たとえ日本語であっても，文字が書けるようになると，自分の体験を綴りはじめる。ときには家族にも語れず胸にしまってきたことも表現していくことがある。自分の名前が書けると，「自分のからだに血がかようようになった」と感じる人がいるのである。

　ところが，小学校・中学校に行けなかったり，卒業できなかった人を対象として，国籍や年齢も関係なく何年でも通える夜間中学を，1kmも離れた

場所に移すという方針を1993年に突然教育委員会が発表した。180人以上の生徒に対して教室が三つしかなく，養護教員もいない，自転車置き場もないなど，生徒たちにとっては民族差別以外の何ものでもなかった。

生徒会を中心にビラ配りや教育委員会への要請，そして座りこみまでして「私たちの夜間中学を取り上げないで」と訴えた。日本人も交えた運動が実って，2001年には別に，新しい夜間中学が発足することになった。

このような公立夜間中学は全国で35校あり，およそ3000人の生徒たちが通っている。2000年代以降は，新しく日本に来た外国人（ニューカマー）の生徒が在日コリアンよりも多くなっている。

在日コリアンの努力による多文化共生社会への道

1951年，在日コリアンは日本国籍を失い無権利状態におかれた。さらにGHQによる占領や朝鮮戦争をへて冷戦体制のなかで在日コリアンに対する日本国内の人権侵害は続き，在日コリアンの生活は苦しい状況だった。しかし，1970年代になると日本で生活する住民としての在日コリアンという意識をもちはじめ，国籍条項・就職差別撤廃運動を繰り広げた。在日2世の朴鐘碩(パクチョンソク)は愛知県で生まれ，新井鐘司(あらいしょうじ)という日本の名前（通名）で日本人の学校を卒業し，1970年，20歳のときにその名前で日立製作所の採用試験を受けた。試験の結果は合格だった。合格すると会社は戸籍謄本の提出を求めた。しかし日本人ではない彼には日本の戸籍謄本はなく，困って自分が在日コリアンであることを会社に話した。すると会社は外国人は雇わないとして採用を取り消した。彼はこれを就職差別・民族差別として裁判に訴えた。

この日立就職差別裁判は，在日コリアンや日本人の支援者に支えられていた。4年間の裁判の結果，1974年に日立製作所の行為は違法との判決が下され，日立製作所に就職することができた。そして，入社のとき，新井鐘司ではなく朴鐘碩という名前を使うことにした。

その後，公営住宅の入居や児童手当の支給条件となっていた国籍条項が撤

廃され，1975年に大阪府と大阪市，さらに1980年には全国的に公営・公団住宅への入居，住宅金融公庫・国民金融公庫の利用が認められるようになった。その後，現在までに多くの在日コリアンの弁護士が誕生し，権利擁護の運動はさらに加速した。

また当時の日本社会には，公務員になるためには日本国籍を取得していなければならないという国籍条項があった。しかし1982年の任用特別措置法の成立によって外国籍者を国公立大学の教員に採用する道が開けた。また1979年には大阪府八尾(やお)市は全国の地方自治体ではじめて市職員の国籍条項を撤廃した。そして1996年に神奈川県川崎市が消防士を除く一般事務職における国籍条項を撤廃した。このように在日コリアンの地道な運動や国際的な人権意識の高まりのなかで，地方自治体や日本政府は参政権・就職・教育をめぐる人権侵害の是正を迫られていると言える。

チャジャンミョン，そして在韓華僑の歴史

韓国では身近な食べ物であるチャジャンミョンには複雑な歴史がある。韓国仁川(インチョン)中華街の坂を上がってゆくと，「元祖チャジャンミョン」の店がある。

チャジャンミョン（ジャージャー麺）は韓国の中華料理として人気のあるメニューであると同時に，在韓華僑(かきょう)の歴史でもある。1882年の済物浦(チェムルポ)条約により中国からの移住が始まり，このとき，山東半島から仁川に移住した人々が中華料理の一つとしてチャジャンミョンをつくり，しだいに韓国に定着していったという。その後在韓華僑は，日清戦争，韓国併合，日中戦争など複雑な歴史をへてきた。1942年のピーク時には8万2000人あまりだったが，45年には1万2648人となり，冷戦体制・分断国家という状況のなかでも韓国と中華民国との関係は続き，61年には2万3975人に増えた。ところが，この年，朴正熙(パクチョンヒ)政権が外国人の土地所有を制限した「外国人土地法」を制定したことにより，華僑の土地所有や経済活動を制限し，さらに1963年に出入国を許可制とした。このなかでもチャジャンミョンは1980年代には韓国で一般的な食

図表3　仁川の中華街入口

事になっていった。ところが，韓国が中華人民共和国との国交を結び，台湾とは国交を断絶したことにより，在韓華僑は帰属選択に悩むことになった。

「私の国籍は台湾だが，故郷ではない。両親は山東省出身なので，そこが故郷だ」と考える50代以上の華僑もいるが，韓国を故郷とする10代から30代の若者も多い。母語も韓国語となっている。しかし，同時に中国人としての意識ももっている。韓国政府は彼らを難民のように扱い，台湾人は彼らを韓国人と思い，中国は台湾僑民と扱っている，と感じているのである。

その一方で，仁川空港や仁川港を通して中国との往来も増え，しだいに仁川の中華街もチャジャンミョン祭りをはじめ観光地としても活況を呈してきている。

若い世代の在韓華僑は，韓国・台湾（中華民国）・中華人民共和国がそれぞれ変化するなかで，国籍を韓国とするか，中華人民共和国の国籍に変えるか，あるいは今の国籍つまり台湾国籍のままにするかで悩みをかかえている。

韓国社会における多文化共生の進行

外国人は華僑だけではない。すでに外国人居住者が100万人を超えた韓国では，タレントやスポーツ選手として活躍する人たちを目にすることが多く

なった。学校でもクラスのなかに外国人の友だちがいるかもしれないし、家の近くに外国人が住んでいるかもしれない。また親戚に外国人と結婚した人がいるかもしれない。現在、ソウルには外国人がかた

図表4　ソウル竜山区のモスク（イスラム寺院）
1976年に韓国最初のモスクとして建てられた。

まって住んでいるところがある。たとえば、イスラム村、日本村、イタリア村などと呼ばれる。ここに住む人々は、みずからの文化を大切にして生きている。今や韓国社会は、韓国籍の人も外国籍の人もみずからの文化を大切にして生きていける社会をめざしている。

　韓国は日本の植民地支配への反発からか韓民族という単一民族の考え方や、韓国文化という文化的同一性が強調されてきた。しかし、現在のように外国人労働者や国際結婚の増加というグローバル化が進み、民族は違っていても韓国国民として暮らしている人も増えてきている。また逆に、韓民族でありながら他国の国民として暮らす人も増えている。このような現状に韓国社会も対応しなければならなくなってきている。

日本・韓国から世界へ，世界から日本・韓国へ移り住んだ人々

　2008年は日本からブラジルへの移民が始まって100年であった。ブラジルで日系人として生活する人、またその2世、3世として日本に来て生活して

いる人もいる。さらにハワイ，アメリカ本土，ペルーなどの中南米へ多くの人が移民し，多くの人々が在外日系人として生活している。こうして，2014年現在，中国，韓国・朝鮮，ブラジル，フィリピンその他からの在日外国人登録者数が210万人ほどになった。東京の渋谷にはイスラム教のモスク「東京ジャーミー」もある。

韓国では2003年にアメリカ移民100周年をむかえた。その後，アメリカ移民を前後して始まったロシア（ソ連），中国，日本などへの移民によって現在約700万人のコリアンが海外で生活している。また韓国にも日本や中国などからさまざまな人々が渡航してきた。そして2012年には，中国，アメリカ，東南アジア，日本などからやってきたおよそ145万人が在韓外国人として生活している。

在韓外国人と在日外国人の参政権保障

1997年12月に韓国で「国籍法」が改定され，子どもが出生したとき，父母のどちらかが韓国人であれば，韓国籍を取得することができるようになり，それまでの父系血統主義は改められた。これにより在韓華僑の韓国籍取得は容易になった。

2012年に韓国国内の外国人は145万人，そのうち外国人登録をしている人は約125万人，国籍別には中国国籍者が約64万人であり，ついでアメリカ，ベトナム，フィリピン，タイ，日本であった。この在韓外国人には単純技能労働者や国際結婚の場合も含まれている。韓国は在留外国人の人権を擁護する方向で努力していて，具体的には，急増する外国人との共生と外国人の社会統合をめざす「在韓外国人処遇基本法」が2007年5月に制定され，「在韓外国人」や「結婚移民者」の処遇改善がはかられる方向に進みはじめた。

また，2005年6月に韓国で「永住外国人地方選挙権法」が成立し，永住在留資格を獲得した日から3年を経過した19歳以上の外国人は，大統領・国会議員選挙を除いた投票ができることになった。実際に，2006年5月31日に行

われた韓国の統一地方選挙で条件を満たした外国人6726人が投票をした。

　さらに韓国で2009年2月5日に公職選挙法改正案が可決されて，国外に居住する19歳以上の韓国籍保有者に大統領選と国会議員選挙の選挙権を付与することになった。これによって在日コリアンを含む他国の永住権保有者も有権者と認められ，約240万人の在外韓国国民が2012年4月の総選挙から立候補および投票ができることになった。実際に，2012年4月11日投開票の韓国の総選挙で，在日韓国人2世の康宗憲（カンジョンホン）が，統合進歩党の比例代表候補として出馬したが落選した。さらにこの総選挙の在外投票が在外韓国人有権者約223万人に対して3月28日から4月2日まで実施された。

　一方，日本では国会に「永住外国人地方選挙権付与法案」が1998年10月にはじめて提出されたが，その後，提出と廃案を繰り返し，2009年7月の国会解散による廃案で姿を消してしまった。このため，在日外国人は地方選挙権を行使することはできていない。

竹島と独島

東アジアのいろいろな地域で領土をめぐる対立が繰り広げられている。千島列島（クリル列島），竹島（独島），尖閣諸島（釣魚諸島），西沙諸島（黄沙群島，パラセル諸島）などがその現場である。この対立は歴史，資源，民族主義を背景としていて，解決方法を見つけるのが難しい。この問題を解決することはできるだろうか。

東アジアの領土問題

　日本はロシア，韓国，中国，台湾などと領土紛争を繰り広げている。歯舞諸島，色丹島，国後島，択捉島の北方領土と竹島（韓国名―独島）はそれぞれロシアと韓国が実効支配しているが，日本政府はすべて自国の「固有の領土」だと主張する。一方，日本が実効支配している尖閣諸島（中国名―釣魚諸島）は中国と台湾が領有権を主張している。

　中国と韓国の間では中国の「東北工程」というプロジェクトの推進過程で古代史論争およびこれと関連した領土問題などが表面化した。

　中国と台湾，ベトナムは，南シナ海に浮かんでいる小さな珊瑚礁の島々をめぐって領土対立を繰り広げている。各国はこの島々を西沙諸島，黄沙群島，パラセル諸島と呼んで領有権を主張している。現在，中国が実効支配しているこの島は一般住民が居住せず，島自体に大きな価値があるわけではない。しかし，広大な排他的経済水域内に石油をはじめとした資源が多く，各国が

図表1　東アジアの領土紛争地域

領域権を主張しているのである。

　東アジアの領土紛争において，解決された事例もある。中国と旧ソ連は黒竜江（アムール川）支流にある中洲の珍宝島（ダマンスキー島）の領有権をめぐって対立した。一時，大規模な軍事衝突で両国は核戦争を含む全面戦争に突入するところだったが，1991年に中ソ国境協定が締結されて珍宝島（ダマンスキー島）が中国に帰属することで合意をみた。そして残る三つの島に関しては継続協議し，2004年に両国の首脳が最終的に中露国境協定を締結して，「歴史的快挙，双方の勝利」と宣言した。

竹島（独島）はどこにあるのか

　日本海（東海）にある竹島（独島）は東島，西島と小さい数十個の岩礁からなっている。周辺に暖流と寒流が交差していて漁業資源が豊富であると言われている。行政区域上，韓国では慶尚北道鬱陵郡，日本では島根県隠岐島町に属する。

　韓国において竹島（独島）と最も近い距離にある島は鬱陵島である。6世紀初，新羅がこの島にあった于山国を征伐した。鬱陵島は，陸地から遠く離れ，女真と倭寇の侵略をしばしば受けた。一方，竹島（独島）と最も近い日本の島は隠岐諸島である。ここは大きく南側の島前と北側の島後に分けられ，昔から政治犯の流刑地として知られた。江戸時代には直轄地であったが，実質的には，現在の島根県東部を支配していた松江藩が派遣した役人が支配した。

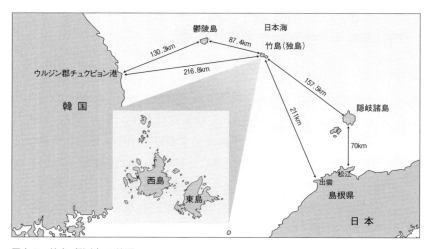

図表2　竹島（独島）の位置

なぜ両国は竹島（独島）を「自国の領土」と主張するのか

　韓国と日本はともに竹島（独島）をさまざまな根拠により「固有の領土」と主張している。鋭く対立している問題を考えてみよう。
　一つ目は，史料の解釈をめぐる対立である。朝鮮時代の地理書である『世宗実録地理志』（1454年）と『新増東国輿地勝覧』（1531年）に「武陵島（鬱陵島）」と「于山島」が出てくる。韓国は，この二つの島のうち，「于山島」を竹島（独島）と見て，すでに朝鮮時代以前から，鬱陵島と竹島（独島）を知っていたと主張している。しかし日本は，于山島は竹島（独島）ではないと主張している。この二つの資料に出てくる于山島には人が多く住み，竹が鬱蒼としているという記録があるが，竹島（独島）は無人島であり竹もないからである。また『新増東国輿地勝覧』に添付された地図に「于山島」は鬱陵島とほとんど同じ大きさで描かれており，朝鮮半島と鬱陵島の間（鬱陵島の西側）に位置しているなど，まったく実在しない島であって，竹島（独島）ではないと主張している。
　1877年に島根県が行政区域を確定するために，「鬱陵島のほかもう一つの島」を島根に含めるかの可否を日本政府に質問した。このとき，日本の最高権力機関であった太政官から「鬱陵島のほかもう一つの島に対して日本は関係がないということを明示する」という指令文を送った。これに対して，韓国は「もう一つの島」が竹島（独島）をさすと主張し，日本はこれが竹島（独島）を明確にさすものではないとしている。
　1900年に大韓帝国政府は勅令41号を出して鬱陵島を鬱陵郡に昇格して，「鬱陵島全体と竹島，石島」を自国の領土と規定した。韓国はこの勅令に出ている石島が独島と主張している。しかし日本は「石島」を鬱陵島のすぐ横にある「観音島」と主張している。
　二つ目は，1696年に日本に渡航した安龍福という人物に対する解釈である。韓国は，1696年に安龍福が鬱陵島に侵犯した日本漁民に対する抗議として

「朝鬱両島」という表示を船首に掲げて日本に渡って抗議したと主張している。その結果，鬱陵島と竹島（独島）に対して日本側から朝鮮の領土であると認められたというのである。1696年に江戸幕府が鬱陵島への出漁を禁止したのがまさにその確実な証拠とする。しかし日本は，安龍福が民間人であって，ありもしない官職名を偽称したその言葉は信憑性が低く，江戸幕府が下した鬱陵島出漁禁止措置が竹島（独島）まで言及したのではないと主張している。

　三つ目は，韓国併合前後の竹島（独島）の日本領土編入と関連した内容についての対立である。1904年に竹島（独島）周辺でアシカ猟をしていた中井養三郎が日本政府に竹島領土編入および賃貸請願した。これに対して，政府は1905年1月の閣議決定でこの島に竹島という正式の名前を付けて，島根県隠岐島司の所管とするとした。そして，島根県知事は同年2月22日付でその内容を告示した。

　これに対して韓国は，当時の措置が大韓帝国に何の問合せや通報もなしに一方的に決定されたものであり，それより以前の1900年の大韓帝国勅令で朝鮮の領土と規定したので，島根県の編入措置は無効だとする。一方，日本は，国際法上，領土取得要件が該当の土地に対する国家の実効的専有だとして領有権を主張している。

　韓国が日本の竹島（独島）領土編入を知るようになったのは，島根県の告示があってから約1年後の1906年3月28日，鬱陵島を訪問した島根県の役人が，鬱陵郡守に知らせたからである。その後，この事実はソウルの中央政府に報告され，大韓帝国政府は即刻反対して抗議した。しかし当時，第2次日韓協約（乙巳条約）によって外交権を強奪され，統監府の支配下にあったため，日本の措置に対して外交的手段による公式的抗議を提起することはできなかったと主張している。

竹島(独島)が両国間で問題になったとき

　竹島(独島)が両国間の紛争となったきっかけは，1951年9月8日に調印されて1952年4月28日に発効したサンフランシスコ平和条約である。日本はこの条約で自国が放棄しなければならない韓国の領土に竹島(独島)が入らないとして，自分たちの領土だと主張している。これに対して韓国は，サンフランシスコ平和条約の起草文書となる連合国総司令官覚書第677号(1946年)に竹島(独島)が入っていて，たとえ1951年のサンフランシスコ平和条約文に竹島(独島)が入っていないとしても，竹島(独島)より大きな島も記載されておらず，竹島(独島)が日本領土ということを認定していないと主張している。

　また，韓国政府はサンフランシスコ平和条約が発効する直前の1952年1月18日に「隣接海洋の主権に関する大統領宣言」をした。この宣言をした理由は，海洋主権の公表とともに，サンフランシスコ平和条約締結で1945年に連合国軍総司令部の総司令官であったマッカーサーが日本人の漁業活動区域を画定した制限ラインが無意味になり，これに代わる必要性が生じたためだと主張している。制限ラインであるマッカーサーラインには竹島(独島)付近が韓国水域に含まれていたが，日本が独立してマッカーサーラインが意味をなくしたので，新しい境界をつくったとも主張している。

　「李承晩(イスンマン)ライン」と呼ばれるこの線のなかに竹島(独島)が含まれると知った日本政府

図表3　竹島(独島)

は同年1月28日,竹島(独島)の領有権を主張する外交文書を韓国政府に送った。李承晩ライン宣布後にも日本漁民が日本海(東海)で操業をするとすぐに,韓国政府は日本漁民を拿捕し船員を抑留した。これに対して1954年9月,日本政府は竹島(独島)が日本領土という歴史的根拠があり,近代国際法の領土取得の要件に合致するので,国際司法裁判所に付託することを提案した。対する韓国政府は竹島(独島)が歴史的・地理的にも「固有の領土」ということが明白であるので,第三者の判断は必要ないという姿勢をとっている。

両国の漁民は竹島(独島)をどのように考えているのか

1994年,公海自由の原則を実質的に変化させた国連海洋法条約が発効した。沿岸国に排他的経済水域を設定して資源開発などを認定する代わりに,資源の管理と海洋汚染防止の義務を課したのである。日韓両国もこの条約を批准して協定締結を論議した。そして互いに重なる排他的経済水域に対して,韓国は竹島(独島)と島根県隠岐島の中間線を,日本側は鬱陵島と竹島(独島)の中間線を,それぞれ境界にしようと主張した。その後,両国は

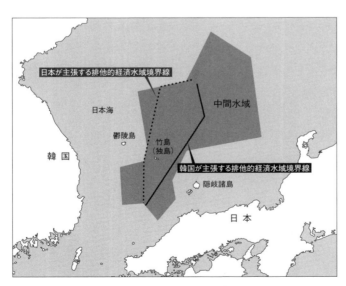

図表4　日韓排他的経済水域協議案概要図

1999年に竹島（独島）がないものと仮定した海域の中間線付近を暫定水域とした。

　協定が発表されるとすぐに，この水域で漁業をしていた両国の漁民は強く反発した。鬱陵島の漁民は1999年に新日韓漁協協定に規定された暫定水域設定によって漁業活動に大きな支障をきたしていると考えている。1965年の日韓漁業協定を適用したときより漁業活動領域が縮小したためである。一方，島根県と鳥取県の漁業関係者は暫定水域が共同管理区域であるが，韓国漁民が占拠して，この周辺海域が生活の基盤である漁民が大きな打撃をこうむっていると主張している。そして島根県議会はこのような状況に無関心な日本政府と国民に，自分たちの島の周辺でなぜ漁業ができないのかという不満を訴えるために，島根県に竹島（独島）が編入された2月22日を「竹島の日」とする条例を制定した。

未来に向かって

　日本が韓国を併合してから100年になった2010年8月，韓国のKBSと日本のNHKが日韓関係についての世論調査をした。「韓国と日本の関係を進展させるために何が必要か？」について，政治的対話，経済交流，歴史認識，竹島（独島）などから，重要と考えるものを二つ選ぶとした。

　この調査結果からわかるように，日本では大多数の世代で「政治的対話」の比率が高い反面，韓国のすべての世代は「竹島（独島）をめぐる領有権問題の解決」を最も多く選択した。つまり日本は現代的な問題を課題としてあげる一方，韓国は歴史的な課題を中心にあげるために，日韓両国が日韓関係の課題についても大きな差違を見せることがわかる。

　たとえば，竹島（独島）について，韓国人は領土問題ではなくて，歴史問題と見る傾向が強い。韓国は竹島（独島）を日本が朝鮮半島を植民地として支配する過程でまず最初に併合した土地と認識している。1905年に日本は朝鮮半島を手に入れるためにロシアと戦争を繰り広げて，イギリスとアメリカ

	20代		30代		40代		50代	
日本	政治的対話	34	文化・スポーツ交流	32	歴史認識	39	政治的対話	39
	文化・スポーツ交流	34	政治的対話	32	政治的対話	37	経済交流	32
	歴史認識	34	竹島（独島）	30	文化・スポーツ交流	32	文化・スポーツ交流	28
	経済交流	25	歴史認識	30	竹島（独島）	22	歴史認識	26
	竹島（独島）	21	経済交流	27	経済交流	21	市民レベルの交流	22
韓国	竹島（独島）	54	竹島（独島）	63	竹島（独島）	62	竹島（独島）	72
	歴史認識	35	歴史認識	41	歴史認識	31	歴史認識	32
	政治的対話	25	政治的対話	26	戦後補償	27	戦後補償	25
	戦後補償	24	戦後補償	20	政治的対話	23	政治的対話	19
	文化・スポーツ交流	19	経済交流	13	経済交流	15	経済交流	16

図表5　日韓関係の課題

の助けで勝利して朝鮮を保護国とした。そして5年後には，国権を強奪して植民地とした。この過程で，竹島（独島）は戦争遂行のためにまず最初に編入されて占領された土地だという認識である。すなわち韓国人は，日本が竹島（独島）を「固有の領土」だと主張することは過去の日本が引き起こした侵略戦争に対する正当性を主張する行為と見るのである。これに対して日本人は，ロシアとの北方領土問題，中国・台湾との尖閣諸島問題などとともに竹島（独島）問題を領土問題と認識している。

　竹島（独島）問題を解決するために，まず両国の国民が竹島（独島）問題について相手側の主張と理由を理解することが必要だろう。韓国人は竹島（独島）についてなぜそのような敏感な反応を見せるのか，島根県はなぜ竹島（独島）の日条例を制定して世論に訴えるのかを理解する必要があるのではないだろうか。

　双方の国民が理解しあったとしても，両国政府が国家の利害関係を冷静に分析し，合理的に対話をして竹島（独島）問題を解決することは現実的にとても難しい。したがって，民間レベルでその歴史的変遷を共有しながら問題解決の糸口を見つけてゆくことが重要である。そして特に若い世代が竹島（独島）問題に対する未来志向的認識を基礎に具体的な解決策を提示しながら互いに話しあうことが必要である。もちろん，竹島（独島）を生活の拠り

60代		70歳以上	(%)
政治的対話	43	政治的対話	34
経済交流	32	経済交流	28
歴史認識	27	文化・スポーツ交流	23
竹島（独島）	25	竹島（独島）	23
市民レベルの交流	23	歴史認識	15

竹島（独島）	56	竹島（独島）	65
歴史認識	39	戦後補償	39
戦後補償	30	歴史認識	26
政治的対話	20	政治的対話	17
貿易の不均衡	17	経済交流	14

所として生活してきた鬱陵島と隠岐諸島の人々の声を含む地域的な問題まで，多様な視角から見なければならない。

下の地図を見てみよう。日本海（東海）は，アジア大陸と日本列島に囲まれている内海である。水深が深く，海流が循環するために，隣接した国々の環境保護意識がとても重要だ。したがって日韓両国は現在の利益だけでなく，未来の子孫たちのためにも，ともに努力しなければならない。両国が本当の隣国として生まれ変わることは，未来の東アジアの安定のために重要な課題であることは，あらためて言うまでもない。その中心に竹島（独島）がある。

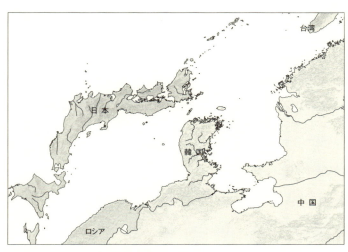

図表6　日本海（東海）を取り囲む国々

エピローグ

若者たちの東アジア宣言

韓流ドラマと日流アニメ

　2003年4月に初放映された『冬のソナタ』をきっかけに，日本では「韓流」ブームが起こった。このドラマではじめて韓国に魅力を感じ，ドラマを通して韓国の存在に気づき，韓国語を学びはじめた人も多い。さらに，このドラマの主人公を演じたペ・ヨンジュンの「独島（竹島）は韓国領だ」という発言を，「しっかりと考えたうえで発言している」と，韓国人の発想を理解しようとする日本人も少なくない。

　この『冬季恋歌（冬のソナタ）』が台湾でヒットしたのは，日本より1年早い2002年のことである。これを台湾の新聞は「韓流正強」と表現した。北京語の「寒流」と発音が似ていることから「韓国ブームが冬の寒波みたいに強い」という意味だった。その後，ドラマだけでなく，Kポップが若者を中心にブームになった。

　ほぼ同時期に中国でも「韓流」が起きている。1990年代に香港・台湾文化が流行し，その後日本文化が流入したものの「韓流」はそれらを一挙に乗り越えた。『大長今（宮廷女官チャングムの誓い）』はそれまで若者中心だったファンの年齢層を広げた。

　メディアが政府の厳しい統制下にあるビルマ（ミャンマー）でも，そしてベトナム，マレーシア，インドネシアなど東南アジアでも「韓流」は確実に広がっている。

　「日流」も負けてはいない。『ドラえもん』や『風の谷のナウシカ』など日

本のアニメ人気は他を寄せつけない。登場するキャラクターはみな魅力あふれ個性的で，制作者たちの高い技術と独創性が絶賛されている。

若者たちの韓国・朝鮮認識，日本認識

　日本では，韓国のドラマが毎日のように放送され，NHKの紅白歌合戦にも多くの韓国人スターが出演し，多くの関連書が出版されるなど「韓流」ブームが高まると，それに反発する「嫌韓流」の動きも強まった。それは，マスメディアやネットの影響を受けやすい若者のなかに，意識の分裂をもたらしている。

　韓国の文化や歴史認識をまっこうから否定する若者がいる一方で，Kポップにはまっている若者も多い。少女時代やKARAといった女性グループは男子・女子を問わず人気がある。鍛えられた歌声やスタイルのよさ，そして韓国訛（なま）りはあるが日本語ができるため，親近感をかもしだしているからだろうか。

　Kポップが好きな，ある女子中学生は東京・新大久保のコリアンタウンによく行く。その大久保で「朝鮮人をみな殺しにしろ」などの叫び声を響かせながら暴れている一団を見た。そして「日本のテレビは中国の反日デモをよく報道するけど，これは報道されないだろうな」と思ったという。

　その後，こうした嫌韓デモに反対するデモを行う日本人が増えている。露骨な民族差別を叫ぶ一団にはがまんがならないという気持ちからだ。

　一方，韓国の若者たちの日本観もステレオタイプ化されていることが多い。日本人が，独島が韓国領であることを認めなかったり，日本軍「慰安婦」について謝罪しないのは，かつての植民地支配が正しいと思っているからだと考えている。そして，一方でその同じ日本人がつくった『崖の上のポニョ』のような叙情あふれるアニメは人気が高い。

　「韓流」ブームのなかで，「近くて遠い国」から「近くて近い国」へ，という期待もあったが，その溝を埋めるのは，そう簡単なことではない。しかし，ドラマでは描かれることのなかった，「互いの歴史に向きあう」という難し

いテーマに取り組み始めた若者たちもいる。

平和な東アジアを築くために

　1997年，北海道北部の朱鞠内に，日本人，韓国人，在日コリアン，アイヌの若者たち約100人が集まってアジア太平洋戦時下のダム工事に動員され犠牲になった朝鮮人・日本人の遺骨を発掘しながら話しあった。この活動は，2001年からは「東アジア共同ワークショップ」としてその幅を広げ現在にいたっている。遺骨を掘るという共同の作業を通して共通の体験をもち，共同の論議のなかから共通の認識を育てる努力を続ける。彼らは，国境を越えてその論議を深めることで互いの違いを認め，尊重していくことに未来への可能性が見出せると考えている。

　歴史問題の発生と葛藤についての事実を正確に認識し，隣国の歴史や文化の理解を高めて平和と共存の重要性を考える機会とするために，日本・中国・韓国の中学生・高校生の直接交流も行われるようになった。「東アジア青少年歴史体験キャンプ」という名前で，2002年のソウルから始まり，三国の中高生が集う。2013年には京都市で12回目を迎えた。彼らは三国を順に訪れながらフィールドワークをしたり，スポーツ・交流活動をしながら東アジアの歴史についてもじっくりと話しあったりする。日本の中学生はこのキャンプに参加して「中国・韓国の子たちはよく勉強してきているなと思いました。アジアの歴史を知らなかった。もっと勉強したい」と語った。

　韓国の女子高生は「日本各地の歴史や平和を求める活動を体験しながら日本に対する認識が変わったし，これまで東アジアの歴史に無関心だったなあと思うようになった。そして，隣国の日本のことを少しでも知ろうとする努力が必要だと思う」という意見を感想として残している。

　また，日本の女子中学生は「日本人のなかにも平和のために努力した人がいるのに，なぜ中国や韓国では知られていないのだろう」と疑問をもちながら，「慰安婦問題などを教科書から削除するなど，日本が加害国であったという事実を隠すことは平和にはつながらず，逆に戦争への道につながってい

く」と発言した。

三国の中高校生は,「平和な東アジアを築くために,互いが意見を交換し,相手の価値観や文化を尊重することのできる機会を増やし,交流の輪を広げていく。みずから積極的かつ理性的に,事実に基づいて歴史を見つめていく」などの行動指針を決めてこれからも活動していこうとしている。

図表1　東アジア青少年歴史体験年キャンプに参加した中高校生たち

このように,人々の国境を越えた連帯が希望を生むことを今一度確かめあえる時代が来ようとしているのである。

東アジア青少年歴史体験キャンプに参加した若者たちも言っているように,歴史認識の違いは大きいし,その違いを乗り越えることはやさしいことではない。しかし,その違いを認めることはできる。つまり,現実や歴史を違って見ているとしても,その違いを認めあいつつ,互いに尊重することを通して歴史認識を深めることができる。日本人のなかにもさまざまな歴史の見方があり,それは韓国でも同じだ。だから,歴史認識の共有を急ぐのではなく,互いが異なった歴史認識をもった存在であることを認めることから出発して,何が,どのように違うのか,なぜ違うのかを探っていくことが大切なのではないだろうか。その一助としてこの本が役立てば,こんなにうれしいことはない。

参考文献

1　断髪が語る新しい時代
劉香織『断髪——近代東アジアの文化衝突』朝日新聞社，1990
牧原憲夫『日本の歴史13　文明国をめざして』小学館，2008
김태웅『우리　학생들이　나아가누나』서해문집，2006
김육훈『살아있는　한국　근현대사　교과서』휴머니스트，2007

2　民衆あっての国家か，国家あっての民衆か
福沢諭吉『現代語訳　学問のすすめ』（齋藤孝訳）ちくま新書，2009
鹿野政直『福沢諭吉』清水書院，1967
家永三郎ほか編『植木枝盛集』岩波書店，1991

3　朝鮮が進む道は
趙景達『異端の民衆反乱——東学と甲午農民戦争』岩波書店，1998
이이화『한국사　이야기 18 ——민중의　함성，동학농민전쟁』한길사 2003
박은숙『갑신정변　연구』역사비평사，2005

4　朝鮮をめぐる日本と清との戦い
原田敬一『シリーズ日本近現代史 3　日清・日露戦争』岩波書店，2007
大谷正『兵士と軍夫の日清戦争——戦場からの手紙を読む』有志舎，2006
趙景達『異端の農民反乱——東学と甲午農民戦争』岩波書店，1998

5　帝国主義に立ち向かうアジアの連帯
海野福寿『伊藤博文と韓国併合』青木書店，2004
歴史教育者協議会編『東アジア世界と日本——日本・朝鮮・中国関係史』青木書店，2004
三橋広夫『これならわかるベトナムの歴史 Q&A』大月書店，2005
김경일『제국의　시대와　동아시아　연대』창비，2011

6　日露戦争と日本による韓国の植民地化
山室信一『日露戦争の世紀——連鎖視点から見る日本と世界』岩波新書，2005
原田敬一『シリーズ日本近現代史 3　日清・日露戦』岩波新書，2007
井口和起『日露戦争——世界史から見た「坂の途上」』東洋書店，2005

7　日本，武力で朝鮮を支配する
李元淳・鄭在貞・徐毅植『若者に伝えたい韓国の歴史——共同の歴史認識に向けて』（君島和彦ほか訳）明石書店，2004
이승일『조선총독부　법제　정책』역사비평사，2008
허영섭『일본, 조선총독부를　세우다』채륜，2010

8　抵抗する人々
김만길『고쳐 쓴 한국 현대사』창비, 2006
송찬섭・홍순권『한국사의 이해』한국방송통신대학교 출판부, 1998
역사문제연구소『미래를 여는 한국의역사 5』웅진지식하우스, 2011

9　植民地時代の京城の人々
安載成『京城トロイカ』(吉澤文寿・迫田英文訳) 同時代社, 2006
한국역사연구회『우리는 지난 100년 동안 어떻게 살았을까? 2』1998
최규진『근대를 보는 창 20』서해문집, 2007

10　朝鮮民衆とともに闘った日本人
金賛汀『朝鮮人女工のうた――1930年・岸和田紡績争議』岩波新書, 1982
高崎宗司『増補三版 朝鮮の土となった日本人――浅川巧の生涯』草風館, 2002
大石進『弁護士布施辰治』西田書店, 2010
高史明・大石進・李熒娘・李圭洙『布施辰治と朝鮮（普及版）』高麗博物館, 2011

11　中国革命の熱い熱気
保坂正康『孫文の辛亥革命を助けた日本人』ちくま文庫, 2009
川島真『中国近現代史 2　近代国家への模索 1894-1925』岩波新書, 2010
배경한『쑨원과 한국：중화주의와 사대주의 교차』한울, 2007
김희곤 외『제대로 본 대한민국 임시정부：자주독립과 통합 운동의 역사』지식산업사, 2009

12　日本の侵略に対抗して朝鮮と中国が手を握る
김호웅・김해양 편저『김학철 평전』실천문학사, 2007
역사학연구소『함께 보는 한국근현대사』서해문집, 2004
염인호『조선의용대・조선의용군』한국독립운동사편찬위원회, 2009

13　若者たちが戦場に追いたてられる
水野直樹『創氏改名――日本の朝鮮支配の中で』岩波書店, 2008
日本戦没学生記念会編『きけわだつみのこえ――日本戦没学生の手記』岩波書店, 1982
중경고등학교 역사탐구반『10대들의 역사 리포트――남겨진 슬픔, 못다 전한 이야기』역사넷, 2003
길윤형『나는 조선인 가미카제다』서해문집, 2012

14　アジア太平洋戦争とアジアの人々
梅田正巳『これだけは知っておきたい　近代日本の戦争――台湾出兵から太平洋戦争まで』高文研, 2010
大日方純夫『はじめて学ぶ日本近代史（下）』大月書店, 2003
吉岡吉典『総点検日本の戦争はなんだったか』新日本出版社, 2007

15　南北に分けられた朝鮮半島
이기형『여운형　평전』실천문학사, 2000
정근식　외『8·15의　기억과　동아시적　지평』선인, 2006
정용욱『해방　전후의　미국의　대한　정책』서울대학교 출판부, 2007

16　同族間の悲劇, 朝鮮戦争
김동춘『전쟁과　사회』돌베개, 2006
박완서『그　많던　싱아는　누가　다　먹었을까』웅진출판 2005
박태균『6·25전쟁 : 끝나지　않은　전쟁, 끝나야　할　전쟁』책과함께, 2005

17　アメリカが敗北したベトナム戦争
アレン・ネルソン『「ネルソンさん, あなたは人を殺しましたか?」──ベトナム帰還兵が語る「ほんとうの戦争」』講談社, 2003
大石芳野『あの日, ベトナムに枯葉剤がふった──戦争の傷あとを見つめつづけた真実の記録』くもん出版, 1992
韓洪九『韓洪九の韓国現代史Ⅱ──負の歴史から何を学ぶのか』(高崎宗司監訳) 平凡社, 2005

18　問題を残した日韓条約
高崎宗司『検証 日韓会談』岩波新書, 1996
李修京編『海を越える100年の記憶──日韓朝の過去清算と争いのない明日のために』図書新聞, 2011
旗田巍ほか『アジア・アフリカ講座3　日本と朝鮮』勁草書房, 1965

19　ハルモニたちの涙は今も流れる
吉見義明『従軍慰安婦』岩波新書, 1995
日本の戦争責任資料センター/アクティブ・ミュージアム　女たちの戦争と平和資料館編『ここまでわかった!　日本軍「慰安婦」制度』かもがわ出版, 2007
윤미향『20년간의　수요일』웅진주니어, 2010
한일역사공동역사교재편찬위원회『역사의 눈으로 본 한일근현대사』한울, 2011

20　男女平等を求めた長い道のり
歴史教育者協議会編『歴史を生きた女性たち』全3巻, 汐文社, 2010
岩尾光代『新しき明日の来るを信ず──はじめての女性代議士たち』日本放送出版協会, 1999
「埼玉と朝鮮」編集委員会編『くらしの中から考える──埼玉と朝鮮』1992

21　反核平和を求める日本の市民運動
歴史教育者協議会編『知っておきたい　フィリピンと太平洋の国々』青木書店, 1995
歴史教育者協議会編『人物で読む近現代史 (下)』青木書店, 2001
丸浜江里子『原水禁署名運動の誕生──東京・杉並の住民パワーと水脈』凱風社, 2011

22　1970年代朝鮮半島の南と北
강만길『20세기　우리　역사』창비, 2009
강준만『한국　현대사　산책：1970년대』인물과　사상, 2009
정민수『북한의　이해』시그마프레스, 2004

23　暮らしを変えた高度成長
荒川章二『日本の歴史16　1955年から現在　豊かさへの渇望』小学館, 2009
大門正克『ジュニア日本の歴史7　国際社会と日本──1945年から現在』小学館, 2011
渡辺治編『日本の時代史　27　高度成長と企業社会』吉川弘文館, 2004

24　「産業戦士」の汗と涙が韓国経済を建て直す
김원『여공 1970：그녀들의　반（反）역사』이매진, 2006
이병천　편『개발독재와　박정희　시대：우리　시대의　정치경제적　기원』창비, 2003
조영래『전태일　평전』아름다운전태일, 2009

25　繰り返される教科書問題と市民運動
德武敏夫『教科書の戦後史』新日本出版社, 1995
俵義文『教科書攻撃の深層──「慰安婦」問題と「自由主義史観」の詐術』学習の友社, 1997
教科書検定訴訟を支援する全国連絡会編『家永教科書裁判のすべて──32年の運動とこれから』民衆社, 1998

26　1987年6月, 民主主義を叫ぶ
강준만『한국　현대사　산책 1980년대』인물과　사상, 2007
6월민주항쟁계승사업회『6월항쟁을　기록하다』민주화운동기념사업회, 2007
김원『87년 6월　항쟁』책세상, 2009

27　「命どぅ宝」は沖縄の心の叫び
伊江島反戦平和資料館「ヌチドゥタカラの家」写真・亀井淳『反戦と非暴力──阿波根昌鴻の闘い』高文研, 1999
佐々木辰夫『阿波根昌鴻—その戦いと思想』スペース伽耶, 2003
前泊博盛『沖縄と米軍基地』角川書店, 2011

28　駐韓米軍と平和を願う人々
강기회외 42인의　작가・7인의　사진가『그대, 강정』북멘토, 2013
평화유람단평화바람엮음『들이　운다, 땅을　지키는　팽성　주민들이　살아온　이야기』리북, 2005
이석우・이유진『한미행정정과　국제법：미군기지반환과　환경문제』학영사, 2007

29　休戦ラインを越えて汽車は走りたい
김찬정『재일한국인　백년사』제일앤시, 2010
서중식『사진과　그림으로　보는　한국현대사』웅진지식하우스, 2005

역사비평 편집위원회 『논쟁으로 읽는 한국사 2』 역사비평사, 2009

30　多文化共生社会をめざす日本と韓国
吉田清吾・姜成明『日本代表・李忠成，北朝鮮代表・鄭大世——それでも，この道を選んだ』光文社，2011
大門正克ほか編『高度成長の時代 3　成長と冷戦への問い』大月書店，2011
田中宏『在日外国人——心の壁，心の溝（第 3 版）』岩波新書，2013

31　竹島と独島
内藤正中『竹島＝独島問題入門——日本外務省「竹島」批判』新幹社，2008
外務省アジア太平洋局東アジア課『竹島問題を理解するための10のポイント』2008
김학준 『독도　연구』 동북아역사재단, 2010
동북아역사재단　편 『독도와　한일관계』 동북아역사재단, 2009

32　エピローグ
毛利嘉孝編『日式韓流——「冬のソナタ」と日韓大衆文化の現在』せりか書房，2004
殿平善彦『若者たちの東アジア宣言——朱鞠内に集う日・韓・在日・アイヌ』かもがわ出版，2004

図版提供元・出所一覧

1 　図表1　五姓田芳柳「散髪屋」／図表2　歌川国貞「相撲絵」Wikimedia Commons／図版3　仮名垣魯文『牛店雑談安愚楽鍋』横浜開港資料館／図表4　国立教育政策研究所教育図書館／図表5　国立中央博物館／図表6　独立記念館／図表7　東亜日報社

2 　図表1　慶應義塾図書館／図表2　『絵入自由新聞』（明治21年3月14日）1面，東京大学法学部付属明治新聞雑誌文庫／図表3　Wikimedia Commons／図表4　慶應義塾図書館／

3 　図表1　独立記念館／図表2　独立記念館／図表3　独立記念館／図表5　東学農民戦争革命記念館

4 　図表3　『図説日本史』東京書籍

5 　図表1　Wikimedia Commons／図表3　塩田庄兵衛　『幸徳秋水』新日本新書，1993年／図表4　塩田庄兵衛　『幸徳秋水』新日本新書，1993年／図表5　Wikimedia Commons／図表7　Wikimedia Commons

6 　図表2　『The illustrated London news』／図表3　Wikimedia Commons／図表4　国立国会図書館／図表5　辛基秀『映像が語る「日韓併合」史』労働経済社，1987年

7 　図表1　東亜日報社／図表2　独立記念館／図表4　東亜日報社／図表5　独立記念館

8 　図表1　独立記念館／図表4　東亜日報社

9 　図表1　ナショナルジオグラフィック／図表2　ヌンピッ出版社『近代を見る窓』西海文集，2007年／図表3　独立記念館／図表4　東亜日報社／図表7　アン・ジェソン『高等学校韓国近現代教科書』金星出版社，2010年

10 　図表1　在日韓人歴史資料館／図表2　金仲燮著・姜東湖監修『衡平運動』（高正子訳）解放出版社，2003年，115頁／図表3　浅川伯教・巧兄弟資料館／図表4　浅川伯教・巧兄弟資料館／図表6　岩根謙一撮影

11 　図表3　ヌンピッ出版社『韓国独立運動史』ヌンピッ，2005年／図表4　ヌンピッ出版社『韓国独立運動史』ヌンピッ，2005年

12 　図表1　ヌンピッ出版社『韓国独立運動史』ヌンピッ，2005年／図表3　ヌンピッ出版社『韓国独立運動史』ヌンピッ，2005年／図表4　ヌンピッ出版社『韓国独立運動史』ヌンピッ，2005年／図表5　キム・ヘヤン『金学鉄評伝』実践文学社，2007年

13　図表1　宮田節子・金英達・梁泰昊『創氏改名』明石書店，1992年／図表2　毎日新聞社／図表3　張俊河『石枕――韓民族への遺書（上）』サイマル出版会，1976年／図表4　毎日新聞社／図表5　Wikimedia Commons

14　図表2　桜井千恵美撮影／図表3　広島平和記念資料館

15　図表1　夢陽呂運亨記念事業会『韓国史17』ハンギル社，1994年／図表2　夢陽呂運亨記念事業会『歴史新聞6』四季節，2006年／図表3　ヌンピッ出版社『韓国史教科書』三和出版社，2010年／図表4　ヌンピッ出版社『韓国史教科書』三和出版社，2010年／図表5　独立記念館／図表6　独立記念館／図表8　独立記念館

16　図表2　東亜日報社／図表3　ヌンピッ出版社『6・25戦争』ヌンピッ／図表4　国際新聞社

17　図表1　日本ベトナム友好協会／図表2　中村悟郎撮影／図表4　新日本婦人の会／図表5　日本電波ニュース社

18　図表1　共同通信社／図表2　金星煥『爆笑コバウおじさん』／図表3　朝日新聞社／図表4　キム・ジョンミン撮影

19　図表2　朴中鉉撮影／図表3　ナヌムの家／図表4　キム・ジョンミン撮影

20　図表1　市川房枝記念会女性と政治センター／図表2　市川房枝記念会女性と政治センター／図表3　岩尾光代『新しき明日の来るを信ず――はじめての女性代議士たち』日本放送出版協会，1999年／図表4　在日韓人歴史資料館

21　図表1　堀口博史撮影／図表3　すぎなみ学倶楽部／図表4　朝日新聞社／図表5　東京電力

22　図表1　聯合ニュース／図表2　朝鮮日報社／図表3　朝鮮日報社／図表4　朝鮮日報社

23　図表1　平野昇撮影／図表2　毎日新聞社／図表3　朝日新聞社／図表5　独立行政法人都市再生機構

24　図表3　民主化運動記念事業会／図表4　ソウル市立大学校博物館／図表5　キム・ジョンミン撮影

25　図表1　子どもと教科書全国ネット21／図表2　子どもと教科書全国ネット21／図表3　琉球新報社

26　図表1　民主化運動記念事業会／図表2　李韓烈記念事業会／図表3　民主化運動記念事業会／図表4　民主化運動記念事業会／図表5　民主化運動記念事業会

27　図表2　伊江島反戦平和資料館「ヌチドゥタカラの家」／図表3　伊江島反戦平和資料館「ヌチドゥタカラの家」／図表5　宜野湾市

28　図表1　聯合ニュース／図表2　チョンオラム／図表4　朴中鉉撮影

29　図表1　聯合ニュース／図表2　東亜日報社／図表3　聯合ニュース／図表4　聯合ニュース

30　図表1　聯合ニュース／図表2　聯合ニュース／図表3　朴中鉉撮影／図表4　朴中鉉撮影

31　図表3　聯合ニュース

エピローグ　図表1　朴中鉉撮影

◎本書に掲載した写真・図版につきましては，できるかぎり著作権等を確認し必要な手続きをとりましたが，不明なものがあります。お気づきの点がありましたら，小社編集部あてにご連絡ください。

編集委員

日本：大図建吾（神奈川県歴史教育者協議会），大谷猛夫（大東文化大学），糟谷政和（茨城大学），鳥山孟郎（前青山学院大学），平野昇（千葉大学），三橋広夫（日本福祉大学）

韓国：李寅碩_{イインソク}（前文井高等学校_{ムンジョン}），李慶勲_{イギョンフン}（舒川高等学校_{ソチョン}），朴中鉉_{パクチュンヒョン}（蚕一高等学校_{チャミル}），朴範義_{パクボミ}（中央高等学校_{チュンアン}）

執筆者

日本：岩根謙一（東京都歴史教育者協議会），魚山秀介（帝京大学），楳澤和夫（千葉県立千葉女子高等学校），江里晃（実践女子学園中学高等学校），大図建吾，大谷猛夫，糟谷政和，小松克己（埼玉県歴史教育者協議会），桜井千恵美（神奈川県歴史教育者協議会），篠塚明彦（弘前大学），鳥山孟郎，丸浜明（歴史教育者協議会事務局長），平野昇，堀口博史（埼玉県歴史教育者協議会），三橋広夫，宮原武夫（前千葉大学），山田耕太（筑波大学附属駒場中・高等学校），山田麗子（埼玉県歴史教育者協議会），米山宏史（法政大学中学高等学校）

韓国：李寅碩，李京娃（仁倉高等学校_{イギョンジュ インチャン}），李慶勲，李慈英（前中央高等学校_{イジャヨン}），禹州妍（永登浦高等学校_{ウジュヨン ヨンドゥンポ}），金芝暎（光南中学校_{キムジヨン クァンナム}），金慧宣（仁憲高等学校_{キムヘソン イノン}），崔鍾順（蘆原初等学校_{チェジョンスン ノウォン}），朴星奇（河南高等学校_{パクソンギ ハナム}），朴中鉉，朴範義，梁正鉉（釜山大学校_{ヤンジョンヒョン プサン}）

翻訳

日本：大図建吾，大谷猛夫，糟谷政和，平野昇，三橋尚子，三橋広夫

韓国：李慶勲，朴星奇，朴中鉉，朴範義

編者

歴史教育者協議会（日本）
1949年7月14日に創立。現在，全国47都道府県すべての地域で約400の支会が活動している。月刊誌『歴史地理教育』発行。すべての子どもたちが主権者として育つために，「楽しくわかる社会科授業づくり」に専念している。また，地域民衆の生活と歴史を発掘して，歴史と現代を深く教える活動を進めている。

全国歴史教師の会（韓国）
1991年に創立。前身は1988年創立の「歴史教育のための教師の会」。会員2000人あまり。変化する学生と教育環境にふさわしい歴史教育方法を模索している。季刊『歴史教育』，各種授業指導案，資料集などを発行。その他の編著に『生きている韓国史教科書』（2002年，邦訳『躍動する韓国の歴史』），『生きている世界史教科書』（2005年，日本では未刊行）などがある。

装幀　臼井弘志

向かいあう日本と韓国・朝鮮の歴史　近現代編

2015年1月26日　第1刷発行　　　　　　　定価はカバーに表示してあります

編　者　歴史教育者協議会
　　　　全国歴史教師の会

発行者　中川　進

〒113-0033　東京都文京区本郷2-11-9

発行所　株式会社　大月書店　　印刷　太平印刷社
　　　　　　　　　　　　　　　　製本　中永製本

電話（代表）03-3813-4651　FAX 03-3813-4656　振替 00130-7-16387
http://www.otsukishoten.co.jp/

©History Educationalist Conference of Japan & The Association of Korean History Teachers 2015

本書の内容の一部あるいは全部を無断で複写複製（コピー）することは法律で認められた場合を除き，著作者および出版社の権利の侵害となりますので，その場合にはあらかじめ小社あて許諾を求めてください

ISBN978-4-272-52100-5　C0021　Printed in Japan